长江流域的春节

杨秀芝　贾　璐　著

HAN BOOK 版
WUHAN
PUBLISHING HOUSE
武汉出版社

（鄂）新登字08号

图书在版编目（CIP）数据

长江流域的春节 / 杨秀芝，贾璐著. — 武汉：武汉出版社，2023.12

ISBN 978-7-5582-5906-7

Ⅰ. ①长… Ⅱ. ①杨… Ⅲ. ①长江流域—春节—风俗习惯 Ⅳ. ①K892.18

中国国家版本馆CIP数据核字（2023）第083915号

长江流域的春节

CHANGJIANG LIUYU DE CHUNJIE

著　　者：杨秀芝　贾　璐
责任编辑：杨　振
封面设计：刘　蕾
出　　版：武汉出版社
社　　址：武汉市江岸区兴业路136号　　邮　　编：430014
电　　话：(027)85606403　　85600625
http://www.whcbs.com　　E-mail: whcbszbs@163.com
印　　刷：武汉盛世吉祥印务有限公司　　经　　销：新华书店
开　　本：787 mm×1092 mm　　1/16
印　　张：15.75　　字　　数：250千字
版　　次：2023年12月第1版　　2023年12月第1次印刷
定　　价：48.00元

关注阅读武汉
共享武汉阅读

前 言

春节，一个温暖的词汇。

春节，一个古老的节日。

春节因源远流长、流传面广、全民参与、内涵丰富的特点，于2006年5月经国务院批准，被列入第一批国家级非物质文化遗产名录。

长江流域有着独特的地域文化，长江流域的春节又有着怎样的历史和风貌呢？本书探寻了长江流域春节的源流，呈现了长江流域春节的完整流程，梳理了长江流域春节辟邪、祈福、祭祀、娱乐、饮食、交往及艺术诸民俗，总结了长江流域春节民俗的文化价值，并提出了长江流域春节民俗的保护对策。作为一个历久弥新的传统佳节，长江流域春节民俗事象丰富，活动丰富多彩：爆竹门神、年画春联、灯烛谜语诸典型符号的集中呈现，人们对财、福、寿、子的祈求，对灶、祖、紫姑的祭祀，腊八粥、屠苏酒、饺子、年糕和元宵的饮食讲究，划旱船、打花鼓、玩龙灯、舞狮子的游戏娱乐，拜年贺年、走亲访友的风习延续等。笔者认真研读资料，实地走访，对长江流域春节民俗进行全面梳理，反复提炼，从以上各个小切口入手，力图对长江流域春节民俗现象中蕴含的文化传统、心理、情感、信仰、伦理等进行准确把握和揭示，并对长江流域春节民俗的文化价值作出思考。

目　录

绪论：作为非物质文化遗产的长江流域春节

习近平总书记在2023年文化传承发展座谈会上高度概括了中华文明具有突出的连续性、创新性、统一性、包容性、和平性，并明确指出："中国文化源远流长，中华文明博大精深。只有全面深入了解中华文明的历史，才能更有效地推动中华优秀传统文化创造性转化、创新性发展，更有力地推进中国特色社会主义文化建设，建设中华民族现代文明。"① 为我们把握中华优秀传统文化的本质特征、推进中华优秀传统文化创造性转化与创新性发展、讲好中华文明的多彩故事、推进社会主义现代化强国建设指明了方向。

一、非物质文化遗产的特性与价值

"非物质文化遗产（intangible cultural heritage）指被各群体、团体、有时为个人所视为其文化遗产的各种实践、表演、表现形式、知识体系和技能及其有关的工具、实物、工艺品和文化场所。"根据联合国教科文组织《保护非物质文化遗产公约》规定，"非物质文化遗产"包括以下方面：*a*. 口头传说和表述，包括非物质文化遗产媒介的语言；b. 表演艺术；c. 社会风俗、礼仪、节庆；d. 有关自然界和宇宙的知识和实践；e. 传统的手工艺技能。传统节日文化列入非物质文化遗产保护之中。

2005年3月26日，《国务院办公厅关于加强我国非物质文化遗产

---

① 《习近平在文化传承发展座谈会上强调　担负起新的文化使命　努力建设中华民族现代文明》，《人民日报》2023年6月3日第1版。

保护工作的意见》将非物质文化遗产定义为“各族人民世代相承的、与群众生活密切相关的各种传统文化表现形式（如民俗活动、表演艺术、传统知识和技能，以及与之相关的器具、实物、手工制品等）和文化空间”[①]。2011年，《中华人民共和国非物质文化遗产法》将非物质文化遗产界定为“各族人民世代相传并视为其文化遗产组成部分的各种传统文化表现形式，以及与传统文化表现形式相关的实物和场所”[②]，首次以立法形式明确了非物质文化遗产的法律概念。

非物质文化遗产的中华民族历史记忆与中华文明发展脉络的生动记忆，是中华传统文化的宝贵财富。它包括人们生活的诸多方面，既与先民们对自然物候和时间变化的认识相关，也与各民族人民具体的生产生活实践相连，蕴含着各民族交流互鉴的历史与发展，积淀着中华民族的共有文化记忆和共同情感追求。深刻把握非物质文化遗产的文化特性及其蕴含的价值意义，加强非物质文化遗产的保护，实现非物质文化遗产的创造性传承与创新性发展，在回应当代社会发展和经济建设需要中实现非物质文化遗产的“活态”传承发展，对于坚定文化自信、推动文化繁荣、建设文化强国、建设中华民族现代文明具有重要意义。

（一）保护非物质文化遗产，有利于保护人类文化生活方式多样性选择

非物质文化遗产承载着人类社会的文明，是世界文化多样性的体现。加强非物质文化遗产保护，就是对人类文化多样性，以及人类社会生活方式多样性选择的保护。费孝通曾指出：“人类文明的多样性，是各个文明得以‘不朽’的最可靠的保证。一种文明、文化，只有融入更为丰富、更为多样的世界文明中，才能保证自己的生存。”[③] 进而提出了人类在文化上“各美其美”与“美美与共”的社会理想。中华民族是

① 《国务院办公厅关于加强我国非物质文化遗产保护工作的意见》，中华人民共和国政府网．http://www.gov.cn/gongbao/content/2002/content_63227.htm，访问日期：2023年6月9日。

② 《中华人民共和国非物质文化遗产法》，中华人民共和国政府网．http://www.gov.cn/flfg/2011-02/25/content_1857449.htm，访问日期：2023年6月9日。

③ 费孝通：《“美美与同”与人类文明》（下），《群言》2005年第1期。

一个“多元一体”的统一格局，虽然在漫长的历史长河之中，经历过“分分合合”的历程，最终由许许多多分散孤立存在的族群，形成了一个“你来我去、我来你去，我中有你、你中有我，而又各具个性的多元一体”；形成了丰富灿烂的中华文化，并为中华民族所“共享”。重视“现存的各民族的文化艺术活动”，保护好人类非物质文化遗产，让它变成我们丰富的生活资源，可以表达、传送和接受人类的各种感情，满足我们的感情需要和共有的精神文化追求。特别是在经济全球化和信息化迅速发展的今天，现代科技为人类社会带来了诸多福祉，同时也对传统文化传承发展带来诸多难以克服的负面影响。加强非物质文化遗产保护，从优秀的文化传统、宝贵的非物质文化遗产中获取灵感，更是满足人类文化多样性和社会生活健康发展的重要途径之一。

（二）保护非物质文化遗产，有利于保护传统文化中的“关键”资源

非物质文化遗产是各族人民世代相承、与群众生活密切相关的各种传统文化表现形式和文化空间。它是各民族人民长期生产生活实践的共同创造、共同传承，为多民族所共同拥有、共同分享，融汇多民族的生活和情感。非物质文化遗产通过构建区域性“规范语境”，融入人们日常生活之中，其本身成为参与建构人们生活的环境、生活的内容和生活的法则，使民众在日复一日的“日用而不觉”中受到熏陶和浸染，并将之纳入日常言行，丰富生活，融入共有的精神世界，被社会成员所共同接受、共同遵守和共同分享。比如，被列入世界非物质文化遗产名录的二十四节气，它是中华民族通过观察太阳周年运动而形成的时间知识体系及行为遵循，在帮助人们全面而系统地观察天象、气候和物象等自然现象变化，指导人们生产生活等方面具有重要意义，为中华民族代代相传，并能结合地区性和地理环境的差异，形成了“地域性”和“民族性”的融合发展。加强二十四节气的保护，将其融入人们生产生活实践中“活态”传承发展，就是保护了中华优秀传统文化的重要符号，滋养着中华民族共有的精神家园。

（三）保护非物质文化遗产，有利于加强对文化生态的整体保护

联合国教科文组织通过的《保护非物质文化遗产公约》对非物质文化遗产作出明确规定，主要包括作为非物质文化遗产媒介的语言，表演艺术，社会风俗、礼仪、节庆，有关自然界和宇宙的知识和实践，传统的手工艺技能五种类型，充分体现了非物质文化保护的全面性和系统性。

中华文化连绵不断、丰富多彩，充分表现出人与自然、人与社会和人与自身的和谐统一，是一种强调和谐的文化理念，也是应对人类生态危机的一种文化典范。在我国丰富的非物质文化遗产中，既有联合国教科文组织《保护非物质文化遗产公约》中规定的整体性文化资源，更有非物质文化遗产中强调的文化与生态保持着的和谐与互动的关系。从中华传统文化整体视野中挖掘整理中华文明中的非物质文化遗产，有利于形成文化发展与生态环境、文化保护与可持续发展、现代文化与传统文明的和谐关系，实现文化生态的整体保护和持续繁荣发展。

同时，非物质文化遗产是以人的生活为根本进行的文化创造和传承，是社会成员集体参与其中形成的以人为中心的关系建构，充分体现了一个民族或区域中人与自然、人与人、人与社会的互动联系。因此，加强非物质文化遗产保护，就是注重从以人为中心的视野强化人际关系的建立、维护、改善与加强，注重在共享非物质文化遗产中增强其主体性，增强人们的归属感、获得感和幸福感。

（四）保护非物质文化遗产，有利于增强群体认同、民族认同

中华文明中既有具有单一性和地域性的非物质文化遗产，也有许多跨越民族、地域界线，成为多民族、多地域共同享有的非物质文化遗产。如春节、清明节、端午节、中秋节、重阳节等非物质文化遗产，历史悠久，群众基础广泛，影响深远，蕴含着各民族共同遵循的道德品质、情感期待和审美价值。它们融入中华各民族的生产生活实践之中，并以各自的方式演绎和呈现，通过内容丰富、形式多样的活动增进不同民族之间的互动、沟通和理解，促进各民族交往交流交融，为中华民族共有精神家园建设奠定思想根基，提供文化土壤。

加强非物质文化遗产保护，就是对群体共同创造、共同享用的生活方式的尊重，是对维系和巩固群体团结、和谐黏合剂的增强。需要在非物质文化遗产的认定和传承发展中形成一种共识和社会机制，在充分尊重非物质文化遗产本真性的基础上，共同营造共同体历史连续性的日常经验，并通过“活态化”的传承发展实践，进一步达到对地域共同体的认同。

二、长江流域春节的非物质文化遗产

长江流域指长江干流和支流流经的广大区域，总面积180万平方公里，是世界第三大流域，覆盖中国东、中和西部19个省、市、自治区。长江流域通江达海，交通发达，自然地理、人文资源丰富。整个流域连接巴蜀、荆楚、吴越三大文化片区，是中华文明的重要源头之一。长江文化与黄河文化、长城文化等相互依存、彼此交融，共同铸就了中华文明。

（一）长江流域的春节与各民族的“年”

爆竹声中一岁除，
春风送暖入屠苏。
千门万户曈曈日，
总把新桃换旧符。

——王安石《元日》

春节是中国人最重视的传统节日，辞旧迎新，它标志着过去的一年已经结束，新的一年即将开始；冬去春来，它告诉人们放下烦恼和过去，拥抱希望和未来。春节是中华民族最富特色的传统节日，在中国已有数千年的历史，它是我国所有节俗中历史最悠久、时下最鲜活、礼仪最隆重、场景最壮观、持续时间最长、民俗现象最多的一个节日。

中国地大物博，历史悠久，民族众多，优秀的中华儿女在这块热土上劳动生产，繁衍生息，创造了灿烂的中华文明，留下了丰富的文化遗产。我们在文明的滋养中呼吸，在文化的熏陶下行止，文化遗产是我们最重要的精神财富。我国政府高度重视文化遗产保护工作，在各级政府和百姓的共同努力下，文化遗产保护工作取得了显著成效。

春节作为有历史价值和文化内涵的节庆活动，于2006年经国务院批准列入第一批国家级非物质文化遗产名录。

年末岁首，春晚、春运，构成了中国特有的春节景观；年心理、年文化，形成了中国特有的春节文化。作为民间传统节日，春节被列为中国四大传统节日之首。在我国，除了汉族，壮族、侗族、布依族、仡佬族、瑶族、畲族、京族、朝鲜族、达斡尔族等少数民族都过这个节日。

春节历史悠久，起源于殷商时期年头岁尾的祭神活动，后来逐渐形成内容丰富的新春佳节。春节俗称“过年”，相关民俗活动要持续一个月。春节是一种综合性的民俗文化，囊括精神、物质、文艺、体育、饮食、交往等各方面内容，具有重要的历史和文化价值。冯骥才曾经在《人民日报》发文论述，抢救非物质文化遗产，不仅意味着要救古老艺术，也要救人们不经意间可能丢失的“年味”。因为，“无论是文化价值还是精神内涵，春节都是中华民族最大的非物质文化遗产”。

长江流域许多少数民族除了过传统的春节，还有自己的年俗，有些少数民族年俗因其民族与地方特色及丰富的文化内涵，还被列入了国家级非物质文化遗产名录。

藏历年是根据藏历推算出来的，它是藏族人民一年中最为隆重的传统节日，与汉族的农历新年时间并不完全一致，有的年份与汉族春节相应，有些年份会比汉族春节晚一些。藏历年从藏历元月一日开始，持续三至五天不等，节日内容主要有插新经幡、驱鬼、吃“古突”、转山拜佛、拜年、赛马等。2011年5月，藏历年被列入第三批国家级非物质文化遗产名录。

土家年是湖南省湘西土家族一个重要而古老的节日，土家年比汉族春节提前一天，又叫作“过赶年”，在千百年的历史发展中，形成了一些较为固定而独特的风俗习惯。2011年5月，湖南省永顺县申报的土家年经国务院批准被列入第三批国家级非物质文化遗产名录。

水族端节是贵州水族人以水书水历推算出来的最重要的节日，源于水语，“端”意为“岁首”或“新年”，虽然节期对应农历的八月至十月，但节日内涵相当于汉族的春节。2006年5月，水族端节被列入第一批国家级非物质文化遗产名录。

四川羌族人称自己是“尔玛”或“尔咩”，是“云朵上的民族”。羌族人民有一个独特的节日——羌年，又称羌历年或羌年节，羌语称“日美吉”，意为羌族吉祥欢乐的节日，于每年农历十一月一日举行。2008年6月，四川省北川羌族自治县、茂县、汶川县、理县申报的羌年，经国务院批准被列入第二批国家级非物质文化遗产名录，2009年入选联合国教科文组织发布的《亟需保护的非物质文化遗产名录》。

彝族年，彝语称为“库斯”，意思是新年，是四川省凉山彝族自治州大小凉山传统的祭祀兼庆贺性节日。彝族年在农历十月庄稼收割完毕的季节举行，为期三天。彝族年的头夜叫“觉罗基”，相当于春节的除夕夜，全家团聚；过年第一天叫“库斯”，意为新年，主要内容是祭祖；第二天叫“朵博”，意为月首，主要内容是祭祀和拜年；第三天叫“阿普机”，意为送走祖灵。2011年5月，四川省凉山彝族自治州申报的彝族年入选国务院公布的第三批国家级非物质文化遗产名录。

苗族人的春节叫苗年，各地区过的苗年时间并不相同，从农历九月至正月不等。苗年相当于汉族的春节，也有春节意义上的除夕和初一，主要活动有杀年猪、打糯米粑、祭祖、吃“团年饭”、喝“串寨酒”、跳芦笙等。2008年6月7日，贵州省丹寨县、雷山县申报的苗年经国务院批准，被列入第二批国家级非物质文化遗产名录。

（二）长江流域春节的非物质文化遗产名录

习近平总书记指出：“长江是中华民族的母亲河，也是中华民族发展的重要支撑。”① 长江流域非物质文化遗产积淀深厚、资源丰富、价值突出，见证了中华民族优秀文化的诞生，是中华文化的杰出代表。一直以来，长江流域各省（自治区、直辖市）各级人民政府、社会团体十分注重各级各类非物质文化遗产的挖掘、整理和相关保护名录的申报工作，据不完全统计，现已成功申报国家、省、市（县）级非物质文化遗产名录达数百项。

---

① 《习近平在重庆调研时强调　落实创新协调绿色开放共享发展理念　确保如期实现全面建成小康社会目标》，《光明日报》2016年1月7日第1版。

其中，春节作为有历史价值和文化内涵的节庆活动，自 2006 年经国务院批准列入第一批国家级非物质文化遗产名录以来，长江流域各地成功申报的与春节民俗相关的非物质文化遗产名录达 30 余个（详见下表）。

长江流域春节的非物质文化遗产名录（部分）

（此表由湖北省长江文化研究院工作人员提供）

四川省						
序号	项目编号	类别	批次	项目名称	申报地区或单位	项目公布时间
1	X-82	民俗	国家级第二批	羌年	四川省茂县、汶川县、理县、北川羌族自治县	2008.6.7
2	X-129	民俗	国家级第三批	彝族年	四川省凉山彝族自治州	2011.5.23
3	X-81	民俗	国家级第二批	灯会（自贡灯会）	四川省自贡市	2008.6.7
4	X-1	民俗	四川省第一批	彝族年	凉山州文化局、乐山市马边县教育文体局	2007.3.1
5	X-2	民俗	四川省第一批	藏历年	甘孜州文化局、阿坝州文化局	2007.3.1
6	X-3	民俗	四川省第一批	羌年	阿坝州茂县、汶川县、理县文体局，绵阳市北川县文体局	2007.3.1
7	X6	民俗	四川省第一批	苏布士（羌年庆典）	阿坝州中国古羌释比文化传承研究会	2007.3.1
8	X-18	民俗	四川省第二批	傈僳族阔时节	凉山州德昌县文化馆	2009.7.13
9	X-10	民俗	四川省第三批	仡佬族送年节	攀枝花市盐边县文化馆	2011.6.13
湖南省						
序号	项目编号	类别	批次	项目名称	申报地区或单位	项目公布时间
10	X-128	民俗	国家级第三批	土家年	湖南省永顺县	2011.5.23
11		民俗	湖南省第一批	土家族过赶年	湘西土家族苗族自治州永顺县	2006.6.7

续表

湖南省						
序号	项目编号	类别	批次	项目名称	申报地区或单位	项目公布时间
12		民俗	湖南省第一批	乾州春会	湘西土家族苗族自治州吉首市	2006.6.7
13		民俗	湖南省第一批	土家族舍巴日	湘西土家族苗族自治州	2006.6.7
14		民俗	湖南省第二批	宜章夜故事	郴州市宜章县	2009.2.26
江西省						
序号	项目编号	类别	批次	项目名称	申报地区或单位	项目公布时间
15	X-81	民俗	国家级第二批	灯会（石城灯会）	江西省石城县	2008.6.7
16	X-13	民俗	江西省第二批	齐客过年风俗	南昌市青山湖区	2008.5.27
17	4-X-1	民俗	江西省第四批	南昌向塘灯棍节	南昌市南昌县	2013.8.15
安徽省						
序号	项目编号	类别	批次	项目名称	申报地区或单位	项目公布时间
18	X-30	民俗	安徽省第三批	八社神灯	芜湖市芜湖县	2010.7.19
19	X-31	民俗	安徽省第三批	九连麒麟灯会	芜湖市繁昌县	2010.7.19
江苏省						
序号	项目编号	类别	批次	项目名称	申报地区或单位	项目公布时间
20	JS X-2	民俗	江苏省第一批	秦淮灯会	南京市	2007.3.24
浙江省						
序号	项目编号	类别	批次	项目名称	申报地区或单位	项目公布时间
21		民俗	浙江省第二批	祝福（绍兴祝福、西兴祝福）	绍兴市、杭州市滨江区	2007.6.5

续表

贵州省						
序号	项目编号	类别	批次	项目名称	申报地区或单位	项目公布时间
24		民俗	贵州省第一、二批扩展项目	侗年	榕江县	2009.9.30
25		民俗	贵州省第一、二批扩展项目	苗族跳花节	赫章县、大方县、金沙县	2009.9.30
26		民俗	贵州省第一、二批扩展项目	仡佬族“吃新节”	六枝特区	2009.9.30
27		民俗	贵州省第四批	铁水冲龙	普定县	2015.1.15
28		民俗	贵州省第四批	羌历年	江口县	2015.1.15
29		民俗	贵州省第四批扩展名录	仡佬族吃新节	务川仡佬族苗族自治县	2015.1.15
陕西省						
序号	项目编号	类别	批次	项目名称	申报地区或单位	项目公布时间
30	X-54	民俗	国家级第二批扩展名录	洋县悬台社火	陕西省洋县	2008.6.7
31	IX-24	民俗	陕西省第一批	洋县悬台社火艺术	汉中市洋县	2007.5.11
32	X-29	民俗	陕西省第二批	南郑县协税社火高跷、丹凤高台芯子	南郑县文化馆、丹凤县文化馆	2009.6.11
33	X-55	民俗	陕西省第三批	扫五穷	汉中市民间文艺家协会	2011.6.3

续表

其他						
序号	项目编号	类别	批次	项目名称	申报地区或单位	项目公布时间
34	IX-1	民俗	国家级第一批	春节	文化部	2006.5.20
35	IX-62	民俗	国家级第一批	楹联习俗	中国楹联学会	2006.5.20

三、长江流域春节民俗面面观

上述各少数民族的年俗，无疑丰富了中国的年文化，但就影响力来说，都不及汉族春节，因此本书对长江流域年俗文化的探讨，主要着眼于汉族的春节。作为国家级首批非物质文化遗产项目，春节的内涵极为丰富，本书从不同角度对春节民俗进行了全方位的考察。

第一章探究春节源流。第一节对春节的源起进行了追溯；第二节梳理春节的发展和流变脉络，详细考证了每个阶段春节的民俗表现。

第二章梳理长江流域春节的流程。春节从头年腊八节开始，到元宵节结束，持续时间长，中间环节多。第一节分析腊八节的起源和风俗，第二节分析小年的时间、来历及习俗，第三节分析大年的团年、接年、占年等习俗，第四节分析元宵节的起源和习俗。

第三章研究长江流域春节的辟邪习俗。民间春节辟邪习俗种类繁多，方法多样，本章主要从爆竹和门神两大事象来研究长江流域春节的辟邪习俗。第一节分析爆竹的辟邪和迎神功能，第二节介绍门神的源流、种类及形象。

第四章研究长江流域春节的祈福民俗。长江流域春节的祈福民俗主要表现在对福、寿、财、子的期盼和祈求，第一节分析福神崇拜和祈福方式，第二节分析寿神崇拜和祈寿方式，第三节分析财神崇拜、各路财神和祈财方式，第四节分析传统祈子方式和元宵节张灯、饮食、走桥祈子的方式。

第五章研究长江流域春节的祭祀习俗。祭祀活动贯穿长江流域春节民俗始终，从腊八的腊祭，到小年的祭灶，再到大年的祭祖，最后到元宵节祭紫姑。第一节分析腊祭和蜡祭，第二节分析小年所祭灶神的来历，第三节分析大年时的家祭、坟祭和焚纸钱之俗，第四节分析元宵节所祭紫姑的别称、祭法、功能和紫姑神的来历。

第六章研究长江流域春节的交往习俗。春节是人际交往的大好时机，本章第一节分析春节拜年礼仪从朝正到团拜、从拜年帖到贺年片的变化；第二节分析元宵节妇女黄昏相约，幽会佳偶和走桥摸钉以祛病求子的习俗。

第七章研究长江流域春节的饮食习俗。节日总是和饮食习俗密切相关，腊八粥、饺子、年糕、汤圆是长江流域春节的代表性食品，都有各自的象征意义和功能寓意。本章第一节分析腊八粥的来历、做法和寓意，第二节分析饺子、年糕、屠苏酒的文化内涵，第三节分析元宵的来历、品种寄意。

第八章研究长江流域春节的娱乐习俗。长江流域春节期间文化娱乐活动很多，人们借此机会娱神娱人。本章第一节分析旱船和花鼓等歌舞展演习俗，第二节分析狮子、龙灯等游艺竞技习俗，第三节介绍社火、庙会、春会等春节期间的大型集会。

第九章研究长江流域春节的民俗艺术。长江流域的春节是民俗艺术的大汇展，本章第一节分析年画，分别介绍江苏苏州桃花坞年画、湖南邵阳滩头年画和四川绵竹年画；第二节介绍春联，分别分析春联的对称之美、吉祥之寓与谐巧之法；第三节介绍灯谜，分别分析灯谜与谜语的关系、灯谜的源流、灯谜的猜制与文化价值。

第十章探讨长江流域春节民俗的价值与保护。长江流域的春节是一个内涵丰富的文化系统，是长江流域人民精神智慧的集中体现，如何挖掘、整理、保护、传承长江流域春节文化，是一个时代课题。本章第一节分析长江流域春节民俗的价值，认为它是天人合一的时间认识依据、丰富多样的文化展示平台、族群认同与秩序维护的纽带、文学艺术的创作源泉、假日经济的消费动力；第二节分析长江流域春节民俗的保护，认为应该加强文化意识，推动春节文化建设；挖掘春节文化资源，弘扬春节文化传统；保护春节文化生态，放大春节文化效应；完善春节文化符号，做好春节文化产业。

作为中国传统四大节日之首的春节，对于中国人的意义不言而喻，其最早被列入非物质文化遗产名录是明智之举。希望本书对于长江流域春节的研究和探讨，对于发扬中国民间传统文化，加强中国人民的文化自觉和文化自信有所裨益，对于传统节日文化内涵的创造性转化、节日文化价值的合理开发利用有所贡献。

第一章 从“年”到节：春节源流

万事皆有源。一年一度，送往迎来，岁岁年年，永不间断，春节，总是如期而来，按时而去。在这样的周而复始中，我们习以为常，可能很少有人会去追根究源，探寻我们为什么会过这样一个节日，又是从何时开始过这个节日，这个节日的原始风貌和当下形态又有何差距。春节作为我国标志性的传统节日，作为一项具有重要价值的非物质文化遗产，这些问题都值得思考。

第一节 春节源起

一、春节传说

春节俗称“年”。我们为什么过年？过年的传统究竟源于何时？源于何故？这样的问题一直为世人关心和探讨，于是就有了关于“年”的种种传说，而以下两个传说是其中最为流行的。

1. “年”兽传说

相传中国古时候有一种叫“年”的怪兽，凶猛异常。它深居海底，每到除夕就爬上岸，吞食牲畜，害人性命。因此，每到除夕这天，人们便扶老携幼逃往深山，以躲避“年”兽的伤害。

这年除夕，桃花村的人们封窗锁门，收拾行装，牵牛赶羊、扶老携幼上山避难，人喊马嘶，一片匆忙、恐慌景象。这时，从村外来了个乞讨的老人，大家无心顾及，只有村东头一位老婆婆给了老人一些食物，并劝他快上山躲避“年”兽，那老人捋髯笑道：“婆婆若让我在家待一夜，我一定把‘年’兽撵走。”

老婆婆惊目细看，只见他鹤发童颜，目若朗星，精神矍铄，器宇不凡。老婆婆劝不动老人，无奈地上山避难去了。半夜时分，“年”兽闯进村，它发现村东头老婆婆家门贴大红纸，屋内烛火通明。“年”兽怪叫了一声，狂叫着朝老婆婆家扑过去。将近门口时突然听到一阵“噼噼啪啪”的炸响声从院内传出来，“年”兽吓得转身便逃，老婆婆的家门打开，乞讨老人身披红袍哈哈大笑。原来，“年”兽最怕红色、火光和炸响。

第二天是正月初一，避难回来的人们见村里安然无恙，十分惊奇。老婆婆想起了乞讨老人，带着大家跑回自己家，看见门上贴着红纸，院里一堆未燃尽的竹子仍在“噼啪”炸响，屋内几根红蜡烛还发着余光。乡亲们欣喜若狂，这件事很快在周围传开了，人们都知道了驱赶“年”兽的办法。从此，每年除夕，家家贴红对联、燃放爆竹，户户烛火通明、守更待岁。这风俗越传越广，过年也渐渐成了中国民间最隆重的传统节日。

关于“年”兽，还有另外一种传说：“年”是一种凶猛怪兽，它形貌狰狞，生性凶残，飞禽走兽、寻常百姓都是它口中之食，因而人人谈“年”色变。然而，人们发现“年”并非每天出来侵扰百姓，而是有一定活动规律。通过观察，人们慢慢掌握了“年”的活动规律，它是每隔三百六十五天窜到人群聚居的地方为害，而且出没的时间都是在天黑以后，等到鸡鸣破晓，它便返回山林中去了。掌握了这个规律，人们便想出对策：算准“年”肆虐的日期，在那一天做好各种准备，严阵以待，每家每户都提前做好晚饭，熄火净灶，拴牢牛羊，关闭门窗，全家老小围在一起，躲在屋里吃“年夜饭”，并敬奉祖宗，祈求神灵保佑家人平安地度过这一夜。百姓们便把这可怕的一夜视为关口，称作“年关”。吃过晚饭后，大家都不睡觉，挤坐在一起闲聊壮胆，相沿成习，逐渐形成了除夕熬年守岁的习惯。

2. “万年历”传说

除了“年”兽传说，关于“年”的来历，还有一个“万年历”传说。传说古代有一位名叫万年的青年，他家境贫寒，以砍柴采药为生。那时节令很乱，庄稼人无法掌握种田的规律，因此收成也不好。万年是个有心计的青年，他决定想个办法把节令定准，方便乡亲们劳作。

一天，万年上山砍柴，他受树影的移动启发，制作了一个日晷，用测日影的方法来计算一天的长短。可是，如果遇上阴天或雨天，就会影响测计，他就想再做一件计时器具，以弥补日晷的不足。经过反复的观察和摸索，他做出了一个五层漏壶。从此，他测日影、望漏水，坚持不懈，结果他发现每隔一百六十多天，天时的长短就会重复一遍，最短的一天在冬至。

万年带着他的日晷和漏壶求见天子祖乙，说了冬至点，讲了日月运行周期。祖乙一直为节令失常之事所困，听罢心中大喜，即令大兴土木，在天坛前修建日月阁，筑日晷台，造漏壶亭。万年让六个童子守日晷，六个童子守漏壶，精心记录，按时报告，并从中总结出规律："日出日落三百六，周而复始从头来。草木枯荣分四时，一岁月有十二圆。"

这件事让月令官阿衡感觉非常不服和不安，他一心想把万年除掉，便收买刺客行刺万年，没想到飞箭只射中万年的胳膊，人们捉住刺客，将其扭送天子。祖乙问明实情后，传令将阿衡收监，又立即出宫登上日月阁看望万年。此后，万年在日月阁中仔细观察草木荣枯，精心推算时日规律，年深日久，须眉皆白。一天，万年献上太阴历，祖乙深受感动，就把太阴历定名为万年历，后来人们也把春节称作年，以表达对功高德重的万年的怀念之情。

第一个传说中"年"是一种兽，是巫术的思维，体现了人们对自然的恐惧和敬畏；第二个传说中"年"是一种历法，是科学的认识，体现了人们对规律的了解和把握。巫术思维也好，科学认识也好，都是人们对春节的理解。

二、春节探源

传说终归是传说，学界对春节的起源则有学术的看法。

"春节"一词，最早是对立春节气的简称，《后汉书·杨震传》载："冬无宿雪，春节未雨，百僚燋心。"现在意义上的春节在过去和民间叫作"年"。"百节年为首"，在老百姓的心目中，年是一年中的第一个节日，也是一年中最重要、最盛大的节日。

年的确定是一件重大的历史事件。年是农业社会的时间标志，在漫长的混沌时期，人们过着“山中无历日，寒暑不知年”的生活。随着认识水平的进步，人们对时间的意识增强了，逐渐结束了盲目度日的状况，进而有了年的观念。

年的形成与古人对季节、收成的认识有关。《说文解字》曰：“年，谷熟也。”《尔雅·释天》曰：“年，取禾一熟。”甲骨卜辞里有“受年”“受黍年”“求年”等语，甲骨文中的年是一个象形字，其形象是一个人背禾苗的样子。作物的种收、四季的交替、冷暖的变化，对于靠天吃饭的农业民族来说，感受尤为深切，影响尤为巨大。庄稼丰收之时，人们要庆祝祭祀，感谢天神保佑，祈求来年丰收。《诗经·豳风·七月》曰：“九月肃霜，十月涤场。朋酒斯飨，曰杀羔羊，跻彼公堂，称彼兕觥，万寿无疆!”意思是说九月天高气爽，十月打扫场院把庄稼收获，满斟美酒，宰杀羔羊，登上高堂，同举酒杯，齐声共祝万寿无疆。诗歌描述了几千年前先民丰收过年时的喜庆场面，喜庆热闹在这里已经有了鲜明的体现。

年的形成也与古人对历法、天象以及人天关系的理解有关。《尔雅·释天》曰：“夏曰岁，商曰祀，周曰年，唐虞曰载。”唐虞时期以“载”称年，载是运载之意，与时间的运行与变化相关，说明当时“年”的概念与人们的时间意识和对时间的感受有关，只是那时人们的认识还较为模糊。夏朝以“岁”称年，这是用的星象纪年，那时的人们已懂得通过观测天象来确定方位、时间，即所谓“观象授时”。夏代根据北斗斗柄的指向和恒星的出没来定时月，并用天干纪年。岁是木星，木星运行一周为十二年。商以年度祭祀周期纪年，体现了“年”这个概念中的人天关系意识。商代已用干支纪日，当时已出现十二个月名。周朝以农业立国，因此以收获纪年，将禾谷成熟一次称为一年。

那么，一年的开始月即岁首究竟在什么时候呢？从现在的角度来看，一年的开始理所当然是一年的第一个月，也就是正月，但是历史上并非一直如此：夏代的历法建寅，以孟春之月，也就是现在的阴历正月为岁首。商代建丑，以季冬之月即今天阴历的十二月为岁首。周代建子，以仲冬之月即今天阴历的十一月为岁首，《诗经·豳风·七月》中的“九月肃霜，十月涤场”即表明当时是在十月底十一月初过年，庆祝丰收。秦朝建亥，以孟冬之月即今天阴历的十月为岁首。到了汉代中期，汉武帝组织天文历法学家依照夏历制订《太初历》，重新将开始月定位为夏历的孟春正月。汉代以后，历法虽不断修正变化，但是正月作为岁首的传统相沿成习，沿用至今，年节也就固定了下来。

历史发展到今天，年节仍然是中国人最为重视的节日，人们期盼它、热爱它，为它激动，为它忙碌，在年节的各种活动中人们的精神得以更新，身体得以释放，社会关系得以密切。年节无疑是中国节日中第一个也是最重要的一个节日。

第二节　春节流变

春节作为中国一年中的第一个节日，也是最重要的节日，其习俗被列入国家非遗名录，实至名归。春节从诞生发展到今天的模样，经过了漫长的过程。

一、汉代时的正旦

年节能够在汉代定型，是时代的必然。春秋战国时期，虽已有春节的雏形，但因国家四分五裂，战乱连年，没有形成普遍流行的风俗。秦朝有过短暂的统一，但暴虐的统治使得“百姓靡弊，孤寡老弱不能相养，道死者相望”（《汉书·主父偃传》)。汉朝初年实行休养生息政策，出现了“文景之治”，国家实力增强，人民生活富足，为年节的形成提供了物质基础。另一方面，历法的发展和定型也是年节形成的重要因素。“正月旦，王者岁首”（《史记·天官书》)，是说正月岁首是由王家所定。汉武帝有感于“朔晦月见，弦望满亏”（《汉书·律历志》）立法错乱现象，制订《太初历》，仍以夏历的正月为岁首，初一日被称为正月旦、正旦、正日，伴随这一节日的确定，出现了一系列相关活动。

1. 立神荼、郁垒

鬼魂的观念早已形成，汉代的人认为鬼神与人杂处，行踪不定，为害于人，王充专门写过《论衡·订鬼篇》讨论鬼怪的事情。为防鬼进门，人们在除夕之际削桃木梗制成神荼、郁垒形象，立于门上。张衡

神荼、郁垒

《东京赋》“度朔作梗，守以郁垒。神荼副焉，对操苇索”便是这一风俗的写照。

2. 行傩仪

鬼魅无处不在，神荼和郁垒仅能阻挡鬼魅进入家门，却不能将鬼魅清扫干净。为了彻底驱除鬼魅，汉代宫廷在除夕之夜还要举行盛大的逐傩仪式，张衡的《东京赋》里就说“卒岁大傩”。表演时，头戴四眼面具，身披熊皮，手执戈、矛、盾牌的方相氏带领一百二十个戴大红头帻、穿皂青衣、持大兆鼓的童男子舞傩逐疫，朝中文武百官头戴大红巾帻在殿前侍卫，舞罢，持火炬将鬼魅灾疫送出端门，再由卫士数千人接力将火炬掷于洛水之中，镇压鬼魅于水底。

傩面

3. 朝贺

朝贺又叫“正朝”，元旦黎明之时，百官要带着礼物去给皇帝行贺年之礼，皇帝则要设宴款待百官。在这君臣宴乐之时，皇帝借机考查官员学问，让群臣互相辩难，学理不通者需将座位让给通达之人。《后汉书·戴凭传》记载了戴凭凭借自己渊博的经学知识，在元旦正朝中夺席五十余的事迹。

4. 饮椒柏酒，喝桃汤

在汉人看来，椒和柏都是灵物。椒是玉衡星的精灵，柏是一种仙药，饮椒柏酒可以使人免除百病，身体健康，长命百岁。饮完椒柏酒后，还要喝桃汤，桃汤用桃树的枝、叶、茎煮成，据说喝了能压邪气、治百病。

5. 放雀

《三齐要略》中记载了一个传说：刘邦和项羽争夺天下，刘邦在一次战争中失利，遂躲避于荥阳的一口井中。项羽追过来，有人告诉他井中有人，项羽看见井口落有两只斑鸠，他认为井里如果有人，斑鸠肯定不会落在井沿，便没有查看水井，刘邦因此幸免于难，所以汉代正旦日要放生斑鸠，后来演变成放雀的习俗。

二、魏晋南北朝时的元正

魏晋南北朝时期，称岁首为“元正”“元日”“元会”，其时的年节习俗很多沿袭汉代，岁首朝贺仍然是朝中大典。曹植有《元会》诗曰：“初岁元祚，吉日为良。乃为佳会，宴此高堂。尊卑列叙，典而有章。衣裳鲜洁，黼黻玄黄。清酤盈爵，中坐腾光。珍膳杂遝，充溢圆方。笙磬既设，筝瑟俱张。悲歌厉响，咀嚼清商。俯视文轩，仰瞻华梁。愿保兹善，千载为常。欢笑尽娱，乐哉未央。皇家荣贵，寿考无疆。”描绘了曹魏时期元旦朝会的盛况以及君主希望快乐永久、皇家荣贵、万寿无疆的美好愿望。

魏晋南北朝延续汉代驱傩活动。南齐驱傩活动承汉制，但规模更大。据《隋书·礼仪志》记载，南齐驱傩舞表演者达到二百四十人。北周驱傩仪式则带上了政治色彩，《魏书·礼志》记载了北魏文成帝和平三年（462年）的一次驱傩舞：仪式上两军对垒，纯粹是一场军事演习，北魏皇帝让北军战胜南军，表达自己要吞并南朝的野心，而这种风格的驱傩仪式也成为北魏的常制。除了朝贺、驱傩等传统活动，南北朝时期出现的岁首习俗又有了一些新的内容。

1. 乞如愿

南北朝时的宗懔在《荆楚岁时记》里记载了这一风俗：以钱贯系在手杖一端，投入秽土堆，或者以细绳子系一小偶人，投入秽土中，名为“令如愿”。这种风俗起源于《录异记》中记载的一个神话故事：有一位叫欧明的商人，每次经过彭泽湖都要祭祀湖神青洪君。青洪君被他长年不断的虔诚祭祀所感动，一日出水凌波，问欧明：“君有何求？”欧明说：“但求如愿。”恰巧湖神有一名女侍者名如愿，湖神错会商人但求万事如愿之意，将婢女如愿赐给欧明。如愿来到欧明家中，凡欧明心有所想，如愿都能为他实现，欧明心花怒放。可是有一年元旦，如愿贪睡晚起，欧明一怒之下痛打了如愿一顿，如愿愤而跑到秽土堆中不见了。欧明心中着急，边用手杖敲打秽土堆，边高呼如愿的名字，可惜如愿再也没有出来。从此形成了除夕或元旦乞如愿的风俗。这一习俗在唐宋时期仍颇为流行，文人墨客把这一习俗写进诗中。北宋诗人黄庭坚在诗中写道：“正当为公乞如愿，作笺远寄宫亭湖。”范成大则专门写下《打灰堆词》一首描述了这一节俗：

> 除夜将阑晓星烂，粪扫堆头打如愿。
> 杖敲灰起飞扑篱，不嫌灰涴新节衣。
> 老媪当前再三祝，只要我家长富足。
> 轻舟作商重船归，大牸引犊鸡哺儿。
> 野茧可缫麦两岐，短衲换着长衫衣。
> 当年婢子挽不住，有耳犹能闻我语。
> 但如我愿不汝呼，一任汝归彭蠡湖。

除夕之夜，天将破晓，群星灿烂，人们开始“打如愿”活动，手杖打起的灰尘四处飞扬，弄脏了节日新衣也在所不惜。老妇人边打边说出自己的心愿：家庭长富足，年年乐有余，生意顺利；商船轻舟出门，重载而归；六畜兴旺，大母牛多生牛犊，老母鸡孵仔成群；劳动丰收，蚕多结茧，麦长双穗；不受冻馁，长衫换掉短衲衣。诸种美好愿望，悉数说出。虽说当年未能如愿留住婢女，但是老妇人相信，只要如愿有耳，就能听见自己诚挚的呼唤，并表示，如果一切能如我愿，就任你回到彭蠡湖。妇人所求虽多，不过衣食温饱，但要如愿，在物质生活匮乏的时代，倒也不易。

2. 服却鬼丸、五辛散、吞鸡子（鸡蛋）

在饮食习俗上，汉朝时流行元旦饮椒柏酒、喝桃汤，魏晋南北朝时流行元旦服却鬼丸、五辛散和吞鸡子（鸡蛋）。《酉阳杂俎》记载，南朝梁时，每年元旦，皇帝都要赐给群臣岁旦酒、辟恶散以及却鬼丸。岁旦酒以贺新年，辟恶散以防疾疫，却鬼丸则用来挡恶鬼。服却鬼丸的习俗，《荆楚岁时记》也有记载：正月一日“进敷于散，服却鬼丸”。下注引述了《天医方·序》里的一个故事：江夏一个叫刘次卿的人，正月初一来到街上，看见一个书生，书生所到之处，众鬼纷纷躲避。刘次卿就问书生：“你有什么方术，能使众鬼惧避？”书生说：“我没有什么法术，就是出来的时候，家师给我一颗丸药，装在囊中系在手臂上，以防恶气而已。”刘次卿向书生借来这个药丸，果然所到之处，诸鬼悉数避让。于是民间开始流行这个风俗。故事里还介绍了却鬼丸的方子：“用武都雄黄丹散二两，蜡和，令调如弹丸。”魏晋时人周处的《风土记》还记载：“元日造五辛盘，正月元日，五薰炼形。”“造五辛盘”即服五辛（也叫五辛散），因为五辛可以“发五脏之气”。葛洪的《炼化篇》记载了五辛散的服法：“方用柏子仁、麻仁、细辛、干姜、附子等分为散，井华水服之。”《风土记》还说：“正旦，当生吞鸡子一枚。”服却鬼丸、五辛散和吞鸡子（鸡蛋）是魏晋南北朝时期春节的饮食习俗，体现了民间防治疾病、除恶驱邪的意识。

3. 岁首预测

晋人董勋的《问礼俗》中说：“正月一日为鸡，二日为狗，三日为猪，四日为羊，五日为牛，六日为马，七日为人。正旦画鸡于门，七日贴人于帐。”这说明，当时即以初一到初七为新年人和各种动物命运的预测日，预测的根据则是天气的阴晴，天晴则吉，天阴则不吉。

三、隋唐五代时的元日

隋唐时，岁首称为“元日”，隋杜台卿在《五烛宝典》中说：“正月为端月，其一日为元日，亦云正朝，亦云元朔。”

隋唐时天下一统，繁荣昌盛，节俗更为隆重。隋唐沿袭汉代以来的元日朝会大典，唐太宗在《元日》诗中写自己“恭己临四极，垂衣驭八荒”的大气派，以及“霜戟列丹陛，丝竹韵长廊”的盛况。驱傩舞也一如既往举行，开始从宫廷走向民间，并且戏剧化，可以即兴表演、说唱故事，在当初的驱鬼逐疫以外增加了娱乐功能。除了沿袭传统，隋唐春节习俗出现了一些值得重视的新变化。

1. 守岁

魏晋南北朝时，春节守岁习俗即已出现。《风土记》里说：“除夕达旦不眠，谓之守岁。”隋唐时期，守岁风俗尤甚。隋炀帝极尽奢华，每年除夕夜大烧篝火，火焰冲天，香飘百里，一夜要烧掉沉香、檀木两百多车。唐朝时皇宫守岁也要燃巨烛，烧沉檀，皇宫耀如白昼。

唐代守岁之风遍及城乡，杜甫在《杜位宅守岁》中云：“守岁阿咸家，椒盘已颂花。”孟浩然在《岁除夜有怀》中也说“续明催画烛，守岁接长筵”。两人从不同层面、不同心情描写了春节守岁的习俗。在春节守岁时也常有人借守岁之契机反省思过，布局来年；或一家人团聚在一起相互鼓励、总结过去、展望未来。据《唐才子传》记载，贾岛在每年除夕守岁之时，“必取一岁之作置几上细心阅览，去粗存精，年复一年，岁岁如此”。当然，守岁之时，人们会因时、因地、因势不同，有着不一样的心情。如游子守岁会生出孤独、忧伤之情，像白居易的“守岁尊无酒，思乡泪满巾”（《客中守岁》），就表达了游子思乡的一片苦心。

2. 门神钟馗出现

宋沈括《补笔谈》里说：“禁中旧有《吴道子画钟馗》，其卷首有唐人题寄曰：明皇……忽一夕梦二鬼，一大一小。小者衣绛，犊鼻，屦一足，跣一足，悬一屦，措一大筠纸扇，窃太真紫香囊及上玉笛，绕殿而奔。其大者戴帽，衣蓝裳，袒一臂，鞹双足，乃捉其小者，刳目，然后擘而啖之。上问大者曰：‘尔何人也?’奏云：‘臣钟馗氏，即武举不捷之士也，誓与陛下除天下之妖孽。’”意思是唐人在吴道子画的钟馗像下记载了一个故事：唐明皇梦见一大一小两个鬼，小鬼偷了杨贵妃的紫香囊和自己的玉笛，绕殿奔逃，大鬼捉住小鬼，掰成几瓣吃掉了，唐明皇问大鬼是何人，大鬼说自己是钟馗，是武举考试不中的人，发誓替陛下除掉天下妖孽。后人就画他的像来除邪祟，钟馗也就从此成为门神。

另外，据《三教搜神大全》记载：一次太宗身体有恙，夜夜听寝宫门外有恶鬼号叫，六院三宫，夜无宁日。大臣秦叔宝上奏说：“臣平生杀人如摧枯，积尸如聚蚁，何惧小鬼乎！愿同敬德戎装以伺。”太宗准奏，二人立于宫门两侧，果然一夜平安无事，太宗非常高兴，但又体恤二位大臣整夜守门太辛苦，遂命画工画二人像，戎装打扮，执玉斧，佩弓箭，一如平常，悬挂在两扇宫门上，从此邪祟得以平息。故事虽发生在唐朝，但是直到元代人们才沿袭这种做法，奉二人为门神。

3. 大闹元宵

隋炀帝挥金如土，他曾于大业六年（610 年）正月十五日在洛阳皇城端门外端门街举行盛大的百戏。《资治通鉴·隋纪五》里说：“戏场周围五千步，执丝竹者万八千人，声闻数十里，自昏至旦，灯火光烛天地；终月而罢，所费巨万。”隋炀帝还登楼观灯，写下《元夕于通衢建灯夜升南楼》，诗歌极力渲染当时元宵节的热闹气氛。法轮梵声、灯树花焰、月影春风、灯火辉煌，这一切发生在黄金地、琉璃台，更觉繁华无限。隋炀帝以奢靡著称，从诗歌中，我们不仅能看见元宵节盛况，更能看到宫廷生活的奢华。

从此以后，每逢正月十五大闹元宵，一直延续到今天。

四、宋元明清时的元旦

宋元明清各代，岁首称为“元旦”或“新年”。宋代以后，过年的时间拉长，年节活动内容更为丰富。

1. 年画与春联

年画的出现和门神信仰密切相关。早在汉代时，门神神荼、郁垒的像被用桃木雕刻成朴拙的人形，挂在门上；唐代，门神钟馗的像已被吴道子这样的画家画出来贴在门上，但当时门神画像并未普及；到了宋代，印刷技术已相当成熟，门神画像被大量印刷出来贴在门上，既能辟邪，又可装饰门户，一时间成为流行风俗；后来发展出各种以美人、吉祥图案为内容的木版年画，年画集辟邪、祈福、装饰功能于一身，颇受百姓欢迎，因此发展迅速，到明末清初，出现了天津杨柳青、江苏桃花坞以及山东潍坊三大民间木刻年画派系。此外，北京、福建漳州、四川、广西、上海等地的年画也各具特色，深受百姓喜爱，年画习俗也一直流传至今。

春联也起源于门神信仰，是门神信仰走向文字的结果。春联起源于五代的后蜀，后蜀主孟昶之子孟玄喆在除岁桃符上写下了“天垂余庆，地接长春”八个字，一般认为这是历史上的第一副对联。宋以后，除夕题写对联走向流行，《宋史·五行志》记载，每当除夕日，“命翰林为词题桃符，正旦置寝门左右”。到明清时期，对联更为流行。清代对联形式和功能更加多样化，不仅春节时贴对联，一般庆祝祀典、婚丧嫁娶都贴对联。

贴宜春方胜字是和春联相关的一个习俗。除夕时剪方形纸，上书“财”“喜”“吉”“宜春”“百顺”等吉祥词语，贴在门楣、米仓或其他家具器物上，这也是唐宋以后盛行的风俗，北宋官员王沂公就有“年年金殿里，宝字贴宜春”的诗句。

2. 祭灶

唐代诗人李廓在其《镜听词》里这样写道：“匣中取镜辞灶王，罗衣掩尽明月光。”可见当时已有“灶王”之说以及辞灶王习俗。但辞灶王习俗的盛行是在宋代以后，宋代民间驱傩仪式中有一项重要的内容就是“跳灶王”，这项仪式一直延续到明清时期。清人褚人获的小说《坚瓠集》里记述吴中地区自腊月一日到二十四日“丐者”的“跳灶王”活动。清人顾张思《土风录》卷一载：“谓之跳灶王者，旧俗在二十四日，是日必祀灶，有若娱灶神者，犹满洲祀神，谓之跳神也。”清代苏州文士顾禄的《清嘉录》是记述苏州及附近地区节令习俗的笔记随录，书中对当时苏南腊月跳灶王的风俗有更详细的记载："乞儿三五人为一队，扮灶公、灶婆，各执竹枝噪于门庭以乞钱，至二十四日止，谓之'跳灶王'。"从记载来看，祭灶活动在我国东南地区颇为流行，腊月二十四祭灶，送灶神"上天言好事"，除夕又接灶神回家，成为延续至今的民俗。

3. 馈岁与拜年

宋代以后，人们开始注重年节的人际交往功能，馈岁与拜年风俗渐盛。北宋时，年底人们互赠礼物，称为"馈岁"。宋仁宗嘉祐六年（1061年）十一月，苏轼任职陕西凤翔府，客居异乡，难免思乡情浓，第二年年终岁末，一连写了《馈岁》《守岁》《别岁》三首诗寄给自己的弟弟苏辙，《馈岁》诗下有题："岁晚相与馈问，为馈岁；酒食相邀，呼为别岁；至除夜，达旦不眠，为守岁。蜀之风俗如是。余官于岐下，岁暮思归而不可得，故为此三诗以寄子由。"该诗写道：

农功各已收，岁事得相佐。
为欢恐无及，假物不论货。
山川随出产，贫富称小大。
置盘巨鲤横，发笼双兔卧。
富人事华靡，彩绣光翻座。
贫者愧不能，微挚出舂磨。
官居故人少，里巷佳节过。
亦欲举乡风，独唱无人和。

这是一首有名的风俗诗。馈岁的礼物贵在人情，山川出产之物即可，不重礼物的大小贵贱。富者可以送大鲤鱼、肥蒸兔，贫穷之人不能像富人那般"华靡"，只能拿出自己舂出的米、磨出的面和做出的饼儿、糕儿做礼物，祝贺新年。南宋周密《武林旧事》也记载，一入腊月后，路上便可见挑担者送酒肉，称为"送年盘"。馈岁风俗在顾禄的《清嘉录》里也有记载："岁晚，亲朋互以豚蹄、青鱼、果品之属相馈问，谓之'送年盘'。"

除了馈岁，拜年也是年俗中的一项人际交往习俗。汉代已有拜年之俗，宋代以后风气更盛。元旦新年，人们携带礼物，拜望尊长，拜访亲朋，恭贺新年，这种风俗直至今日仍旧盛行不衰。过去达官贵人交游广泛，拜年时，亲者登堂，疏者“投刺”（相当于今天的投送名片），投名刺多不亲往，而是派人“望门投刺”，这种风气在明代尤甚，明代文人文徵明的《拜年诗》就是对这种风俗的记载。

清代时名刺又称“名帖”，清人褚人获《坚瓠集》称：“拜年帖，国初用古简，有称呼，康熙中则易红单，仅书某人拜贺。素无往还，道路不揖者，而单也及之。”流风所及，就是平素不来往的，也送去红色名帖拜年，简直就像今天发小广告了。

4. 压岁

宋代以后，民间开始流行春节时压岁，这种风俗到清代更盛。压岁有多种方式，主要有压岁果子和压岁钱。顾禄《清嘉录・压岁盘》载：“长幼度岁，互以糕果朱提相赉献，谓之‘压岁盘’。长者贻小儿以朱绳缀百钱，谓之‘压岁钱’。置橘、荔诸果于枕畔，谓之‘压岁果子’。”除夕，亲朋好友互相馈赠用盘子盛装的糕果之类，叫作压岁盘；长辈用红绳将钱币串起来馈送给小孩，叫作压岁钱；将橘子、荔枝等寓意吉祥的果子置于枕边，大年初一食用，称为压岁果子。清人吴曼云写过一首《压岁钱》诗：

> 百十钱穿彩线长，
> 分来再枕自收藏。
> 商量爆竹饧（xíng）箫价，
> 添得娇儿一夜忙。

除夕之夜，长辈们把用彩线串起来的压岁钱分给孩子们，孩子们将压岁钱压在枕头底下，一夜忙着商量用它来买爆竹、箫等玩具。关于压岁果子，吴曼云还写过一首《咏吉利》诗，其小序云：“杭人除夜以朱橘、荔枝置枕旁，岁朝取食之，呼曰‘吉利’，音相近也。”

5. 放爆竹

自宋代开始，春节普遍流行放爆竹。上文提到，在汉代就有春节燃青竹发出爆裂声以驱恶鬼的风俗；魏晋时期，炼丹家们发现硝石、硫黄和木炭合在一起燃烧能发出巨大的响声，于是开始有将这几样东西放在竹筒里燃放的“炮仗”，这都是爆竹的前身。宋代造纸术和火药已相当普及，用纸裹火药的鞭炮出现。《东京梦华录》记载：“是夜（除夕），禁中爆竹山呼，闻声于外。”除夕到元旦，大街小巷，家家户户，鞭炮齐鸣，极大地增加了节日气氛。自宋代至明清，经过不断的改进和创新，爆竹的品种不断增加，出现了“一声雷”“二踢脚”“母子炮”等。爆竹声中除旧岁，迎新年，热闹而喜庆。

6. 庙会娱乐

宋代以后，元旦娱乐活动增加，节日庆祝形式更加多样。《东京梦华录》记载，元旦期间，开封府北封五门外一带“皆结彩棚，铺陈冠梳、珠翠、头面、衣着、花朵、领抹，靴鞋、玩好之类。间列舞场歌馆，车马交驰。向晚，贵家妇女纵赏关赌，入场观看，入市店饮宴，惯习成风，不相笑讶”。《清嘉录》记载杭州一带“杂耍诸戏，来自四方，各献所长，以娱游客”，提到的杂耍有高竿、走索、吞剑、弄刀、舞盆、大变金钱、西洋镜等。各种猴戏、木偶戏、皮影戏等民间小戏也在元旦期间上演，《清嘉录》还记载安徽凤阳的猴戏：“令其自为冠带，并豢犬为猴之乘，能为《磨房》《三战》诸出。”这些习俗，到如今仍然十分盛行。

五、近代以来的春节

1911 年辛亥革命以后，中国节日习俗发生了重大变化，出现了官方节日和民间传统节日的分离。1912 年，孙中山就任临时大总统后引进西洋历法，以公历为标准纪年，将 1912 年公历 1 月 1 日定为民国元年的元旦，这个元旦所指的时间和传统正朔元旦完全不一样了。1914 年 1 月，北京政府内务部向袁世凯提交呈文，提议“定阴历元旦为春节，端午为夏节，中秋为秋节，冬至为冬节”。从此，“春节”这个词开始用来指称传统农历新年岁首，这个称呼一直沿用至今。

由此，民国时期出现了两个新年：公历元旦、农历春节。政府曾一度强制人们过公历元旦，不过农历新年，但是老百姓不理会公历元旦，仍坚持过农历春节，弄得官方和民间十分对立。1934 年，在认识到“对于旧历年关，除公务机关，民间习俗不宜过于干涉”后，国民政府停止了强制废除阴历的做法，阴历、阳历并行不悖，老百姓又可以按照传统习俗，名正言顺地过春节了。

春节自汉代定型至今，流传千年，时间的累积、文化的沉淀，使得节日形式更加多样，节日内容更加丰富，长江流域的春节民俗便是在这样的大背景下形成和发展，成为今天的模样。

第二章　辞旧迎新：长江流域春节的流程

在长江流域诸多的节日之中，仅从时间跨度上看，没有哪一个节日能与春节相比：传统春节从头一年的腊月初八开始到第二年的正月十五结束，历时一个多月，中有腊八、小年、大年、元宵等风俗相异、节日寓意有别的四个节点。俗话说“过了腊八就是年”，腊八是新年到来的信号和序曲；腊月二十三或二十四的祭灶，也就是小年，是春节的预演；除夕和正月初一是春节的高潮；正月十五闹元宵则是春节的尾声。在这一个多月中，人们除旧布新，祭祀神祖，祈求长寿、富贵和丰收。春节既是长江流域人民一年一度的狂欢节，也是长江流域人民释放情感、满足心理诉求的重要载体和精神纽带。

第一节　腊八

“年”到底从哪一天开始？民间有“吃罢腊八饭，开始把年办”的俗语。京、津地区有一首儿歌：

小孩小孩你别馋，
过了腊八就是年。
腊八粥你喝几天，
哩哩啦啦二十三。
二十三，糖瓜粘；
二十四，扫房子；
二十五，做豆腐；

二十六，炸羊肉；
二十七，杀公鸡；
二十八，把面发；
二十九，蒸馒头；
三十晚上玩一宿，
大年初一扭一扭
…………

因为北京的政治文化影响力，这首儿歌广为流传。其实，中国各地都有各自地方特色的过年民谣，位于长江流域的湖北京山民谣里唱道：

腊月里来腊月八，
家家户户把猪杀；
炒米泡，塌豆皮，
做饼子，炸麻花，上新鞋，
磨豆腐，熬麻糖，打糍粑。
买回对联和年画，
香纸蜡烛敬菩萨。

全国各地，大江南北，都视腊八节为春节的序曲。《隋书·礼仪志》曰："腊者，接也。"是说"腊"寓有"新旧交替"的含义。按照我国传统历法，每年的农历十二月是一年的结束，也意味着新一年的开始。腊八节是春节的序幕，从这天开始，人们进入过年的准备阶段，俗称"忙年"。腊八历史悠久，相传起于秦朝，但由于各朝各代所使用的历法不同，因此腊月所处的具体时间并不一致，直至南北朝时才将腊八定在每年的农历十二月初八。

一、腊八节起源

任何节日都有缘起，任何节日的缘起都不是简单的事情，至于腊八节，其来源主要有二，一是原始腊祭的延续，二是佛成道节。

1. 原始腊祭的延续

《汉语大辞典》解释“腊”字：“古代称祭神为‘蜡’，祭祖先为‘腊’。”秦汉以后统称为“腊”。在上古时期，人们在一年的最后一个月即腊月都要进行蜡祭和腊祭，《礼记·郊特性》谓：“天子大蜡八，伊耆氏始焉蜡。蜡也者，索也。岁十二月，合聚万物而索飨也。”三皇五帝之时，天子对为啬稼作过保护、出过力的八神举行蜡祭。《礼记·郊特性》里说蜡祭时要头戴白皮弁，身穿素服，腰系葛带，手持棒杖，天子师徒通过庄严神圣的蜡祭保证农业的丰收。《风俗通义》卷八《祀典》说：“腊者，猎取兽祭先祖。”《礼传》里说：“腊者，猎也，言田猎取禽兽，以祭祀其祖也。”这都是说腊祭就是将猎来的野兽用以祭祖敬神，其中既有慎终追远的文化传统，也有祈福求寿、避灾迎祥的美好愿望。汉代以前，蜡腊两祭，蜡祭在先，腊祭在后，虽都在十二月，但具体时间或为月初，或在月末，没有固定。到了南北朝，蜡、腊两祭合二为一，固定在腊月初八，统称腊祭，后称腊八节。《辽史·礼志三》中有详细的记载：“腊仪，腊十二辰日（即初八）。前期一日，诏司腊官选猎地，其日，皇帝皇后焚香拜日，毕，设围，命猎官左右翼。”腊、猎相通，皇室冬季出猎，以所获上供宗庙。

2. 佛成道节

佛成道节也是腊八节重要的源脉之一。相传释迦牟尼于十二月八日悟道成佛。据《因果经》记载，在约与孔子同一时代的古印度，有一个叫乔达摩·悉达多的王子，痛感人生为生老病死、劳累奔波所苦，无法解脱，遂舍弃优裕的王室生活，走出家门，寻求觉悟之道。乔达摩·悉达多王子苦行五年，形销骨立、形容枯槁，但仍未能觉悟。在公元前525年的一天，乔达摩·悉达多从修行的迦都山下来，步入摩揭国，因饥饿劳累而晕倒在比哈尔邦的尼连河畔，牧羊姑娘苏耶妲（意为善生）将随身所带乳糜状粥饭喂给昏迷不醒的王子。王子逐渐恢复体能，清醒过来，在尼连河中沐浴，后来到佛陀伽耶的菩提树下静坐苦思，竟然在这一天觉悟成佛，并创立了佛教，而这一天正是中国农历的十二月初八。乔达摩·悉达多是释迦族人，人们便尊称他为“释迦牟尼”。为了感念释迦牟尼六年苦修的历程，以及牧羊女施粥的恩德，佛教徒每年于十二月初八日举行法会，称为“佛成道日”、“成道节”、“成道会”或“腊八会”，熬粥供佛也成为常仪。《百丈清规》卷二中就有记载：“腊月初八，恭遇本师释迦如来大和尚成道之辰，率比丘众，严备香花灯烛茶果珍馐，以申供养。”随着佛教的兴盛，这种风俗传到民间，得到虔诚民众的认同，“佛成道节”就逐渐演变为“腊八节”。

当然，佛教作为外来宗教，要在中国本土立足，必然会依附在本土文化之上，或许腊八节的形成，是这两种因素的合力。

二、腊八节风俗

长江流域的腊八节有诸多风俗，有些已留在历史文献中，有些仍然盛行，下面逐一梳理列举。

1. 藏钩之戏

腊八节有玩藏钩之戏的习俗。《荆楚岁时记》载：“岁前，又为藏钩之戏……”这种游戏据说是汉武帝时创制的。相传汉武帝时期有一女子，生下来就两手攥拳，从不伸开，直到遇见汉武帝时双手才得伸展，并且手中藏有一钩，武帝娶她回宫，号“钩弋夫人”。《三秦记》载，当时女人仿效钩弋夫人，攥紧双拳，是为“藏钩”。

西晋时期，吴郡阳羡（今江苏宜兴市）人周处在《风土记》中细致地讲述了“藏钩”的玩法：“藏钩之戏，分为二曹，以较胜负。若人偶则敌对，人奇则奇人为游附，或属上曹，或属下曹，名为‘飞鸟’，以齐二曹人数。一钩藏在数手中，曹人当射知所在……藏在上曹即下曹射之，在下曹即上曹射之。”这里的“射”和李商隐诗“隔座送钩春酒暖，分曹射覆蜡灯红”中的“射”同义，是“猜度”之意。此游戏分为“两曹”，即两组，如果有人单出来则作为游戏依附者，称为“飞鸟”，可以随意依附这组或那组。游戏时，一组人暗暗将一小钩或其他小物件攥在其中一人的一只手中，由对方猜在哪人的哪只手里，猜中者为胜。现在腊八节已没有藏钩之戏，但是长江流域有些地方的腊八节还是有游戏之俗流行，如《黄冈县志》载：是日，“儿童以鸡毛植钱孔中，缚以彩绵，踢之，名曰毽子。”

2. 扮傩逐疫

《吕氏春秋·季冬记》载："命有司大傩。"高诱注："今人腊岁前一日，击鼓驱疫，谓之逐除是也。"魏晋南北朝时的腊日，人们要击鼓、戴假面扮傩以逐疫。《荆楚岁时记》中记载："十二月八日为腊日。谚言：'腊鼓鸣，春草生。'村人并击细腰鼓，戴胡头，乃作金刚力士以逐疫。"说的是腊八节那天，村人戴面具，击腰鼓，以金刚力士之威，驱邪逐祟，以求来年人寿年丰，平安吉祥。如今，远古傩戏在全国各地都有不同程度的遗存，而作为巫术活动的腊月击鼓驱疫之俗，在今天的陕西汉中、湖南新化、贵州安顺等地仍有留存。

3. 浴僧与浴佛

南梁时长江流域有腊月八日沐浴习俗，《荆楚岁时记》中说："十二月八日为腊日——村人并系腰鼓逐疫，沐浴转除罪障。"沐浴有浴僧与浴佛两种。唐代僧人道世所撰《诸经要集》卷八引用《譬喻经》说："佛以腊月八日，神通降伏六师，六师不如，投水而死，仍广说法度诸外道。外道伏化，白佛言：佛以法水洗我心垢，我今请僧洗浴以除身秽，仍为常缘也。"这是说，因为佛陀于腊月八日降伏邪魔外道，于是有了请僧人沐浴的习俗。唐代湖北襄阳诗人孟浩然《腊八日于郯县石城寺礼拜》曰："讲席邀谈柄，泉堂施浴衣。愿承功德水，从此濯尘机。"说的是正当佛成道日即腊月初八，虔诚礼佛的诗人邀请寺中大和尚升堂讲法，并受施浴衣去泉堂沐浴净身，诗人希望自己的凡身在承受功德水的洗涤后，能够除尽名利等尘俗机心，身心清净。

腊八日还有浴佛活动。《东京梦华录》卷十记载了当时北宋都城东京开封府的浴佛场景：腊八当日，街巷中可见僧尼三五人，以银铜沙罗或好盆器，中置一金铜或木佛像，浸以香水，杨枝洒浴，虔诚念佛，排门教化。各大寺庙则有专门的浴佛会。浴佛习俗在长江流域也颇流行，清嘉庆二十二年（1817 年）湖南《长沙县志》载："腊八日灌佛，为浴佛会。"清同治十二年（1873 年）湖南《黔阳县志》也载："（十二月）八日，以糯米酿酒，谓之腊八酒，各寺亦以是日浴佛。"

4. 喝腊八粥、贮腊水、酿腊酒、腌腊肉、做腊八豆

节日总是和饮食习俗相伴的，腊八节也不例外。腊八节更为流行的

是喝腊八粥，喝腊八粥习俗很早就在长江流域流行。《梦粱录》是一部记载南宋首都临安（今杭州）习俗的书，书中有这样的记载："此月八日，寺院谓之'腊八'。大刹等寺，俱设五味粥，名曰'腊八粥'；亦设红糟，以麸乳诸果笋芋为之，供僧，或馈送檀施、贵宅等家。"南宋诗人陆游《十二月八日步至西村诗》中有"今朝佛粥更相馈，更觉江村节物新"之句，陆游晚年在故乡山阴闲居，当时的山阴就是今天的浙江绍兴，诗中所写正是乡村腊八粥的习俗。近世仍有寺院于腊八日施粥的记载，《中华全国风俗志》中引《南京采风记》，记载了南京仓巷卧佛寺于腊八前数日，由方丈率领全寺僧人，身披红衣，手执钵盂，沿街化米，收集煮粥材料，僧人于十二月八日，沿门施粥的景况。

除了腊八粥，长江流域的湖南、湖北等地区还有贮腊水、酿腊酒、腌腊肉、做腊八豆之习俗。清道光元年（1821 年）湖南《辰溪县志》载："（十二月）初八日，酿糯米糟酒，曰'腊八糟'。或汲泉水以缸贮土中，曰'腊八水'。次年暑月饮之，可以疗病。"清同治十二年（1873 年）湖南《溆浦县志》也载："（十二月）初八日，以糯米酿糟，曰'腊八糟'，谓是日酿者味甜，而可久窨。食之愈泄痢，止烦渴。"做腊八豆也是湖南数百年以来的节日食俗，腊八豆在立冬后开始腌制，至腊月八日后食用，故称之为"腊八豆"。湖北的《江陵县志》也说："是日，人家汲水贮盎，谓之腊水；酿秫曰腊酒；盐脯曰腊肉，盖亦周礼之腊酒、大易之腊肉也。"

5. 湖北阳新县安舱酬水神[①]

湖北阳新县地处长江中游，该地腊八节有一个特殊的安舱酬水神风俗。少雨干燥的冬季，湖水枯退，阳新县的船家在腊八节这一天相约聚集，举行隆重的"安舱"酬神活动，以求水神保佑来年财源广进。

安舱仪式颇为神圣，男女老少齐聚，沐浴设坛，祭品中有香火蜡烛、米食粽子、纸箔宝锭，另有蜡灯七根寓意"圆登"，活鱼数条寓意"带伴"有余。男人负责主祭，妇人则向水中抛撒米、钱、粽子等物，彩词艺人讲书唱经。最后以酒奠歌，高唱《谢恩咒》："福矣！长发吉

---

① 参见韩致中《新荆楚岁时记》，上海文艺出版社，2001，第 205—206 页。

祥。寒来暑去，日月阴阳。船神担待，水神帮忙，土地蕃稼，四季扬长。谢舵神、桅神，谢洗神、梆神；谢梁神、网神，谢篷神、舱神；谢东南西北神……”在神圣的谢恩咒中祈求水神荫庇，以求来年水事兴旺。

第二节　小年

小年是大年的序曲和前奏，是大年来到之前各种民俗、隆重庆典的预演。

一、小年日期

湖北省西北部的老河口市有《腊月歌》：

二十日杀公鸡，
二十二打堂灰，
二十三过小年，
二十四写对子，
二十五炒苞谷，
二十六磨豆腐，
二十七去赶集，
二十八把面发，
二十九蒸馒头，
三十供祭。

农历腊月二十三，老河口称这一天为“小年”。过小年是中国各地都有的习俗，只是在时间上略有不同。在旧时有“官三民四船五”的传统，即官家的小年是腊月二十三，百姓家是腊月二十四，而水上人家则是腊月二十五。因为北方长久以来是政治中心，所以一般北方小年多为腊月二十三，而远离政治中心的南方，小年为腊月二十四；长江中下游、广东、福建等沿湖靠海地区以打鱼为生的居民，则保留了船家的传统，小年定在腊月二十五。相传，百姓家中如果有人在科举中考取了秀才以上的功名，官府为进行褒扬，通常也会允许他们在腊月二十三日祭灶过小年。一个节日时间，有着民间与官方、地位与身份的差异，有着鲜明的政治色彩。

二、小年来历

那么，小年是怎么来的呢？这和中国一种古老的历法——十月历有关。十月历以 36 天为一个月，每年共 10 个月 365 或者 366 天。十月历的元月一日，也就是新年，相当于农历的正月初一，十月历过年日的第一天则相当于农历的腊月二十三日或者二十四日，于是人们就把腊月二十三日叫作小年，正月初一也就是春节叫作大年。

以上是关于小年来历的科学解释，民间的说法却有着现实生计的基础。在北方，有这样一种说法：腊月二十三祭灶日的晚餐中必须有饺子，旧社会生活艰苦，普通百姓一年之内只有两次吃饺子的机会，一是春节，二就是祭灶节，于是就把祭灶节叫作“小年”。湖南省凤凰县毛坪一带称腊月二十三过小年，又叫过假年，其原因是传说古代土家族土司带兵跟随异族国王打仗，要提前在腊月二十三日出征，因此提前过年。

小年的来历，或关历法，或关饮食，或关战争，都与生存相连，与希望相随，与对生活的热爱相伴。

三、小年习俗

1. 扫年

腊月二十四日掸尘扫房子，我国北方民间谓之“扫年”，或称“扫房”“打尘埃”等，南方多称为“掸尘”，江汉平原一带称为“扫扬尘”，虽然名称不同，但做法一样，都是洒扫庭室，清洗用具，掸拂尘垢，清除集秽，以全新的居住环境迎接新春到来。《天门县志》载：“扫庭户尘垢，曰打扬尘。弃大道上，谓之送穷。”伴随扫年习俗的传播，民间流传着一首《洗扫歌》：“一扫金，二扫银，三扫扫个聚宝盆。聚宝盆里有个宝，子子孙孙用不了。”歌谣反映了人们除旧布新、穷去富来、驱邪祈福的愿望。

据典籍记载，扫年习俗起源于远古时期，由驱除病疫的一种宗教仪式演变而来，《吕览注》中记载：“岁除日，击鼓驱疠疫鬼，谓之逐除，亦曰木难。”这种“谓之逐除”的巫傩仪式后来演变成了年底的大扫除。唐宋时期，扫年之风更为盛行。宋人吴自牧著的《梦粱录》是一本介绍南宋都城临安即今日之杭州城市风貌的著作，其中记载：“十二月尽……士庶家不论大小，俱洒扫门闾，去尘秽，净庭户……以祝新岁之安。”无论年龄大小、无论贫富与否，都要参与去尘秽、净庭户的行列中来，以求新岁之安。顾禄《清嘉录》中也说：“去庭户尘秽，或有在二十三日、二十四日及二十七日者，俗呼打埃尘。”清代苏州诗人蔡云《掸埃尘》诗也说“茅舍春回事事欢，屋尘收拾号除残”。可见，扫年是很早就有的传统。

为何腊月二十四日扫房子？除了典籍记载外，民间百姓另有一个“三尸神”的诡异有趣的故事：玉皇大帝为了掌握人间的善恶，让每个人的身上都附有一个三尸神，不想三尸神是个神中的小人，他经常给玉皇大帝打小报告，说人间的坏话。有一天，玉皇大帝得到密报，说人间要谋反。玉皇大帝听后大怒，立即召见三尸神，命他在要谋反的人家墙上做上记号，再让蜘蛛结张大网，挂在屋檐下，并命王灵官在除夕之夜下凡，将三尸神做了记号的人家满门抄斩。三尸神心术不正，将每户人家的墙上都做了记号。灶君发现了三尸神的阴谋，急忙找来各家的灶王爷共同商议，决定提醒人们从送灶之日起，在除夕前把房屋打扫得干干净净，不留一点痕迹。人们依计而行，等王灵官大年夜奉旨下界察看时，发现家家户户都很干净，没有任何标记。事后，玉皇大帝从王灵官和灶君嘴里得知实情，斥责三尸神谎报民情，犯了欺君之罪，下令将三尸神关到天牢。从此，腊月二十四扫尘也成为民间的习俗。

三尸神的传说流传很广，一般被认为是小年洒扫的原因。但是湖北咸丰县却有一个相反的传说，在这个传说中，灶神是个反面角色，他经常上天说人间的坏话。一次，一个樵夫在竹林里听到这样的对话。一个人问：“灶神，人间做的事、说的话多如牛毛，你怎么能都记住，向玉帝一一报告呢？”灶神答：“我把人们说的话、做的事都随时记在柱头上、瓦檩上，还用灰尘盖着，外人都不知道。到了过年，自然就会照样子向玉帝告状了。”砍柴的人将情况告诉了各家各户，人们便在灶王上天以前到竹林去砍竹子，顺便看能否听到灶神的对话，然后把砍下的竹梢绑在竹竿上用来打扫房屋。打扫时尤其注意高处的柱头、瓦檩等处，以便把灶神留下的黑账扫得不留痕迹。

在老百姓心目中，灶神一会儿是个心地善良的正义之神，一会儿是个上天告密的心机小人，无论形象如何，扫年的习俗似乎都与他老人家有关。

2. 祭灶

小年祭灶是自古以来各地共同的风习，但是祭灶时间却因时因地略有不同。反映吴越风俗的《风土记》中载：“腊月二十四日夜祀灶。”《梦粱录》卷六“十二月”条载南宋杭州习俗，谓：“二十四日，不以穷富，皆备蔬食饧豆祀灶。”明代沿袭腊月二十四日祭灶的习俗，《西湖游览志余》卷二十载：“十二月二十四日谓之交年，民间祀灶。”清朝，有些地区改用二十三日祀灶，清人英廉等奉敕编纂的《日下旧闻考》谓：“京师居民祀灶……其祀期用二十三日，惟南省客户则用二十四日。”二十四日祀灶当是沿用传统，但作为政治中心的京师，居民祀灶于二十三日的习俗逐渐向全国传播，首先表现在与政治关系密切的官绅和军士之间，而百姓还是沿用传统的二十四祀灶。清嘉庆元年（1796 年）四川《井研县志》载，当地祀灶有“衿三民四之谣”，“衿”是古代服装下连到前襟的衣领，能穿这样衣服的一定不是《孔乙己》里说的劳动人民短衣帮，古代以“青衿”代称秀才，此处应该就是指官绅。清同治五年（1866 年）湖北《远安县志》载：“（十二月）二十四日为小年，朝拂屋尘，夜祀灶……营署官兵均以二十三夜祀灶。”大致来说，北方地区因受王化，多在腊月二十三日祭灶，南方地区则因远离政治文化中心，多在二十四日，如陕西民谣“二十三，祭灶官；二十四，扫房子”，湖北多地民谣则是“二十三打土尘，二十四送灶神”。但是湖北境内，也有例外，例如湖北省宜昌地区就很特殊，当地是二十二日祭灶，二十三日扫屋。还有一些地方则没有严格的规定，比较随意，二十三、二十四日都可以，或者二十三日祭灶，二十四日打扫屋子，或者二十四日祭灶、扫尘一块进行。

灶王爷一年四季留在家中，保护一家，也监督一家，到了腊月二十三或二十四，便要升天向玉皇大帝汇报一家人的善恶、时运，玉皇大帝则根据汇报安排这家人新年的凶吉祸福、时运，因此灶王爷的汇报具有重大的利害关系。

“一碗清汤诗一篇，灶君今日上青天。玉皇若问人间事，乱世文章不值钱。”这是北宋名臣吕蒙潦倒困顿时写的一首《祭灶诗》。意思是在祭灶那一天，诗人要灶君上天以后，若是玉皇大帝问起人间的事情，就告诉他“乱世文章不值钱”。若要灶王上天言实事、言好事，下届降公正、降吉祥，必得在他老人家出发之前好好贿赂一下，宋代的范成大在他的《祭灶诗》书写家乡江苏苏州的祭灶景况：

古传腊月二十四，灶君朝天欲言事，
云车风马小留连，家有杯盘丰典祀。
猪头烂热双鱼鲜，豆沙甘松粉饵圆，
男儿酌献女儿避，酹酒烧钱灶君喜。
婢子斗争君莫闻，猫犬触秽君莫嗔，送君醉饱登天门。
杓长杓短勿复云，乞取利市归来分。

腊月二十四，灶王朝天时，以云为车，以风为马，临行之前，家家户户酒杯满盏，食物满盘，举行盛大的祀典，猪头炖得烂，鱼儿烧得鲜，豆沙糕点做得甜，男子斟酒献祭，女子一边回避：灶王爷，丫鬟们和内人的争吵您就当没听到，猫和狗的打斗您只当没看见，等您酒足饭饱，送您登上天门，家事长长短短休提起，乞求取得来年的生意兴隆，等您回来分给您。寥寥数语，把祭灶的场面、人们的愿景描写得细致入微，富有情趣。

人们寄希望于灶王爷，灶王爷又是怎么想的呢？元代程文海有一首《祭灶诗》写道：

何年呼得灶为君？
鼻是烟囱耳是铛。
深夜乞灵余不会，

但令分我胶牙饧。

这是一首模仿灶王爷口吻写成的祭灶诗。诗中灶君觉得自己就是一个“鼻是烟囱耳是铛”的灶台，却被呼为灶君，感到十分不理解：你们深夜向我祈灵，其实我不会，只不过是要你分一点糖果给我吃罢了。（“胶牙饧”即麦芽糖）祭灶本是十分郑重严肃的事情，诗人却用大不敬的语言把灶王爷嘲讽了一番。

祭祀灶王爷，常用祭品是糖，周密《武林旧事》记载腊月二十四日“祀灶，用花饧、米饵”。吴自牧《梦粱录》记载：“二十四日，不以贫富皆备蔬食饧豆祀灶，此日，市间及街坊叫卖胶牙饧。”清代神童谢学墉《祭灶诗》曰：“忽闻爆竹乱出声，香黍盛盘酒正盈。莫向玉帝言善恶，劝君多食胶牙饴。”“花饧”“胶牙饧”“胶牙饴”都是麦芽糖。为什么要以糖祀灶？明嘉靖《萧山县志》载：“祀用糖糕，以（防）灶神言人过于天帝，取胶牙之意，名日送灶。”《吴县志》记载：“用糯米团、糖饼，云灶神以是日上天，言人过失，用此二物粘其口。”《孝感县志》：“祀灶神，俗云：送灶神上天。用果糍、豆腐，以糖为饼，云：粘住灶神齿，勿令说人间是非。”鲁迅在《华盖集续编·送灶日漫笔》中写道：“灶君升天的那日，街上还卖着一种糖，有柑子那么大小，在我们那里也有这种东西，然而扁的，像一个厚厚的小烙饼。那就是所谓‘胶牙饧’了。本意是在请灶君吃了，粘住他的牙，使他不能调嘴学舌，对玉帝说坏话。”麦芽糖香香软软，甜甜黏黏，人们希望它的甘甜会带来灶王汇报时的甜言蜜语，也希望它的黏性使灶王爷在想搬弄是非时张不开嘴。

灶王爷似乎还是个酒鬼，上引谢学墉所作《祭灶诗》中“香黍盛盘酒正盈”，是说祭灶不仅要鞭炮齐鸣，胶牙饴呈贡，还要用盘子盛上香黍美酒。灶王爷不会真的喝酒，人们便把酒抹在灶上。唐人著作《辇下岁时记》中有“以酒糟涂于灶上，使司命醉酒”的记载；宋朝孟元老《东京梦华录》也记载“年贴灶马于灶上，以酒糟涂其灶门，谓之‘醉司命’”。何谓“司命”？《孝感县志》云“俗呼灶神曰司命”。灶神为什么又叫“司命”呢？东晋葛洪《抱朴子·微旨篇》载：“月晦之夜，灶神亦上天白人罪状。大者夺纪，纪者，三百日也。小者夺算，算者，三日也。”灶王爷向玉皇大帝汇报人的功过，大错减寿三百天，小错减寿三天。灶王爷能夺人寿命，故曰“司命”。灶王爷的全名是“东厨司命九灵元王定福神君”，让掌握东厨的定福灵王在家喝得醉意朦胧，上天自不会胡乱汇报。

祀灶君以美酒、胶牙糖，已成共识，鲁迅的《庚子送灶即事》诗却这样写：“只鸡胶牙糖，典衣供瓣香。家中无长物，岂独少黄羊。”是说祭灶除了胶牙糖，还要有“黄羊”，这又是何意？典故出于《后汉书·阴识传》：“宣帝时，阴子方者，至孝有仁恩，腊日晨炊而灶神形见，子方再拜受庆。家有黄羊，因以祀之。自是已后，暴至巨富，田有七百余顷，舆马仆隶，比于邦君。子方常言‘我子孙必将强大’，至识三世而遂繁昌，故后常以腊日祀灶，而荐黄羊焉。”南阳人阴子方，至孝有仁恩，一日看见灶神显形，杀黄羊祭祀，后来交了好运，良田车马，奴隶仆从，可与国君匹敌，子子孙孙，几代为皇亲国戚，四世封侯。从此，杀黄羊祭灶成为著名典故，而宰“黄羊”祭灶神作为富人的风俗流传下来了。《荆楚岁时记》载用“豚酒祭灶”，湖北位于长江中游，祭灶用鱼，可见祭灶供品也有地域与身份的不同。

灶君上天前被渴望幸福的人们侍候得心中甜蜜，醉眼迷离，上天的姿势也是潇洒飘逸：“云车风马小留连。”据说灶君上天乘马，周到的人类不仅精心侍奉灶君，灶君的坐骑也不能马虎了，顾禄《清嘉录》引蔡云的《吴歈》，说吴地祭灶：“媚灶家家治酒筵，妇司祭厕莫教前。斲柴撒豆喂神马，小小篮舆飞上天！”诗中写家家治酒筵祭灶，还要斲柴撒豆喂神马，好让灶君骑着青云直上。安徽合肥等地，祭灶时要准备一些炒黄豆和剪成寸把长的瓤草（稻草）装在一个碗里，给灶王爷上天时骑的马吃。《孝感县志》载：“送灶神上天……又剪草，和豆盛于旁，云：灶神马料。”有些地方的灶君上天乘的不是抽象的“云车风马”，在湖北襄阳，祭灶这天家家杀鸡，把鸡褪毛洗净，两翅插上筷子，便成了飞马，将鸡肝搭在鸡背上，就是马鞍，用它祭灶，灶王的坐骑就非常具体形象了；湖北南漳祭灶时，在灶前放一把新扫帚，象征司命上天要骑的马。

蔡云诗中“妇司祭侧莫教前”是什么意思？这说的是祭灶的一个禁忌习俗，旧有“男不拜月，女不祭灶”的说法，所以，灶神一般由当家男人主祭。明嘉靖《萧山县志》云："是夜，男祀灶，女子不至。"女不祭灶是因为传说灶神是个英俊潇洒的小白脸，担心女人祭灶心生邪念。

祭灶不仅有贡品的讲究、性别的禁忌，还有专门的念词。有的说："灶王灶王，你上天堂。多说好，少说歹，五谷杂粮全带来。"有的说："今年又到二十三，敬送灶君上西天。有壮马，有草料，一路顺风平安到。供的糖瓜甜又甜，请对玉皇进好言。"湖北新洲一带的祭灶歌唱道："一个萝卜两棵葱，我送灶神上天宫。你爷就对玉皇说，就说我家真是穷。多带皇粮少带灾，再带财宝下界来。多带福禄喜寿财，少带瘟病火星阳世山间来。"安徽合肥祭灶时，人们拿着事先准备的草和豆子，从后门走向大门，一边撒一边念念有词："灶爷菩萨上西天，好话多讲一点。今年早早去，明年早早回。好话多讲一点去，好运多带一点来。"人们祭祀灶王不仅要他向上天说好不说歹这一个要求，而是所求甚多，要他带来五谷杂粮、金银财宝、福禄寿喜、健康好运，甚至还要求他带个孩子来："腊月二十三，灶王上西天。多说好来少说歹，马尾巴上带个胖小子来。"相较而言，荆楚大地的湖北松滋市祭灶时唱的仪式歌则相当文雅："九天司命，为神最灵，通天达道，出入幽冥，惩恶劝善，一刻不停。成功之日，明书上敬。"

有些地方还观祭灶物象以知道农事。湖北南漳县祭灶时，把书写的"九天司命灶君"的牌位供在灶台上，牌位的供盘里装上豆、谷、麦、茶叶、草节等，代表五谷，盘中另扣一碗，碗底上放一个小盘，盘里注上清油，并放六根棉花捻儿，朝着周围不同的方向一一点燃，观察那六根点燃的油捻：哪一根燃的是白灰，就意味着它所指的一方多雨，要在田里种水稻；哪一根燃的是黑灰，就意味着它指的一方多风，要在田里种旱作物。

灶神菩萨一年四季常驻人间，只是在小年的时候做一个短暂的出差，因为他"二十三日去，初一五更回"，当然，有的地方是腊月三十晚就被接回家跟家人一起过新年。灶君的迎来送往讲究"晚送灶，早接灶"，腊月二十三或二十四的深夜，家家户户爆竹三响，把印有灶君"骑马升天"的图像和装有豆子、草料的纸褡裢一起烧掉，送灶君上天；正月初一五更时分，把灶君"牵马回归"图像烧掉，贴上新写的灶君神位，接灶君回家。

《清嘉录·接灶》中说："安灶神马于灶陉（xíng，灶的边缘）之龛，祭以酒、果、糕、饵，谓之'接灶'。谓自念四夜上天，至是始下降也。"灶神离家四日，人们仍然以酒、果、糕点之类相迎，将新的灶君像贴在灶的边沿，两旁还要贴上一副对联："奏去人间事，带来天上春"，或"一家司命主，万载降福神"，再在上方贴上"一家之主"或"司命主"几个大字，安置完毕，灶君便一直在这里守候到第二年的腊月二十三。接灶的形式各地都有自己的讲究，据《清嘉录》记载，江苏吴地除夕接灶时要在神龛两边悬灯挂锭。所谓锭是用锡纸糊成，间以彩牌、方段、玲珑的一串装饰。当地还有"一事无成，先买挂锭"的俗语，意思是今年一事无成，祭灶时悬灯挂锭，来年便有好利市。《中华全国风俗志》记载，南京一带除夕接灶时，"先置豆腐一块于釜上，俗谓诸神见是家惟有豆腐在釜，其家必奇贫，冀神生怜悯之心，次年佑之使富"，这便有点向神哭穷的意思了。有的地方则是要求接灶时全家都要到齐，湖北襄阳有民谣："祭灶祭灶，全家都到，一个不到，灶王不要。"各地接灶形式不同，目标却都一样，那就是希望灶神给家庭带来新起点、好光景。

3. 迎玉帝

人间不可一日无神看管，在灶神上天言事并小住几日的时候，玉皇大帝便根据灶神的报告，亲自到人间巡查。明代刘侗和于奕正合撰的《帝京景物略》卷二"春场"条中记载："二十五日，五更焚香楮（chǔ，纸的代称），接玉皇，曰玉皇下查人间也。竟此日，无妇妪詈（lì，责骂之意）声。三十日，五更又焚香楮送迎，送玉皇上界矣。"

谢承举的《迎神诗》曰："三十六天高几重，珠宫贝阙金芙蓉。清都上位玉帝子，陛罗将辅排群龙。呼雷叱霆宝幢拥，蹑云驭气金舆从。魁罡赫赫豹骈下，冰雪锋矛随万马。赤脚巨门口吐虹，披发天游面涂赭。八万浮尘一霎过，来察诸方不平者。二十五日年尽时，帝来人间人不知。寻常窃掠乃末技，纤毫斗秤真小儿。区区琐琐何足较，置之国法性可移。盗权奸手掩日月，僭极雄心欺鼎彝。渠魁当歼胁从宥，未睹灵威降神疚。年年此日枉帝来，渠尚骄张当白昼。方山丈人有一言，便欲留神仗神奏。吁嗟乎，近来比屋兴咨嗟，请帝先过民牧衙。"诗后小字批注："拟俗：十二月二十五日，迎玉帝降人间，察善恶也。"

这位玉皇大帝住在"珠宫贝阙金芙蓉"的三十六重高天之上，呼雷叱霆、蹑云驭气，宝幢相拥，金车相从，四大金刚威威赫赫，宝剑刀锋寒光闪闪，骑着虎豹，领着骏马，赤着双脚，披散头发，赭石涂面，口吐虹光。他"八万浮尘一霎过"，来到人间察看不平，他老人家气度恢宏，寻常窃掠的末技、纤毫斗秤的小事从不过问，他要查处的是"盗权奸手掩日月"的大恶，而且擒贼先擒王，只抓头领，胁从从宽。但是作者似乎对玉帝的查处功效不甚满意，所以"请帝先过民牧衙"。

长江流域也有迎玉帝之俗，《清嘉录·接玉皇》载："（二十五日）是日又相传为玉皇下降之辰。察人善恶，各设香案迎之，谓之'接玉皇'。"同条按语引道家典籍《景霄琅书》谓："十二月二十五日，玉皇、三清巡视诸天，定来年祸福。"清代庞鸿文主纂的《常昭合志》记今常熟一带习俗说："是日，夙兴持斋，诵经、烧烛、拈香。相传天帝降世，察人善恶，故以此日迎之，谓之接'玉皇'。"

"玉皇"一词，最早出现在南北朝陶弘景之《真灵位业图》中，可能与中国古人视玉为珍奇至宝的观念有关。自宋代以后，玉皇就成了天界地位最高的神。天上有玉皇，地上有皇上，天上的玉皇就像人间的皇上一样，具有最高的绝对权威。他不仅执掌天宫大权，还评判人间百姓的公平善恶，对自己安插在人间的耳目神——灶王——的汇报，他不偏听偏信，而是亲自到人间核查定夺。灶王在天宫小住数日，玉皇便在人间小住数日，灶王下界之日，即是玉帝回宫之时。腊月三十夜，正月初一晨，人间百姓便一通烧香、磕头、上供，香氛缭绕，鞭炮齐鸣，既是送玉皇，又是迎灶君，两场大事一起办。

4. 老鼠嫁女儿

老鼠嫁女儿是广为流传的民间故事，但老鼠嫁女儿的时间，传说版本各不一样，在荆楚大地流传着民谚"（腊月）二十四，老鼠嫁姑娘"。湖北很多地方都传说腊月二十四这一天是老鼠成亲的日子，躲在磨架子底下可以听见、看见老鼠们吹吹打打，客来客往，热闹非凡，于是就有了相应的民俗。对于老鼠嫁女儿，各地态度不一样，做法也不一样。鄂西北地区这天流行拍簸箕，神农架一带说这天拍簸箕是为老鼠嫁女催妆，拍完后然后保持安静，不再打扰它们。宜昌一带似乎比较嫉恨老鼠，腊月二十四一大早，一家老小就去拍簸箕，“赶老鼠”。大家左手拿着簸箕，右手拿着木棒，到房间每一个角落，边敲打簸箕边念：“簸箕刮两刮，草鞋拖两拖，老鼠子下儿十二窝，窝窝梭（流产）。”或者“二十四，拍簸箕，老鼠子下儿不成器……”。

更多地方的人们对老鼠嫁女儿是成全。湖北荆、沙等地在老鼠嫁女的日子，家家户户都不推磨、不舂碓、不动剪刀、不大兴土木，以免弄出声响；看到老鼠要装着视而不见，悄无声息地避开，决不打它们。因为“谁要是闹他们一天，他们就要闹谁一年”。在湖北武汉，腊月二十四老鼠嫁女这一天，人们要丢一朵花到蚊帐顶上，表示对老鼠新婚夫妇的祝贺。湖北黄冈团风县的人们，则要用碗盛点米，连同一小块花布放在暗处，以供它们的衣食之用。

湖北建始县流传着一个童话故事，传说老鼠要嫁姑娘，他相中了太阳。太阳说：“云能遮住我，他比我强。”他去找云，云说：“风能把我吹散，他比我强。”他去找风，风说：“墙能把我挡住，他比我强。”他去找墙，墙说：“老鼠把我都掏空了，他才最强。”老鼠非常高兴，便把姑娘嫁给了同类。他们十二月二十四日成亲，大模大样，敞出敞进，以为谁也不敢惹哩。

5. 忙年

过完小年，全国各地都开始忙年，各地都有关于忙年的歌谣。如湖北歌谣：“二十三打土尘，二十四送灶神，二十五打豆腐，二十六办鱼肉，二十七洗金漆（洗澡），二十八刜（fú，刀割）鸡鸭，二十九家家有，三十夜（方言读 yā）鏾罐呤。”

春节的脚步越来越近的时候，年味愈来愈浓，人们开始赶年集、办年货，《清嘉录・年市》中十分详尽地描述了鸡鸭鱼肉、蔬菜水果、酒糟药物、纸马香烛、箪瓢箕帚、瓷器竹筐应有尽有的年市景象。年关将近，无论穷家富户，无论北地南国，都要忙年。《红楼梦》第五十三回写道：“当下已是腊月，离年日进，王夫人和凤姐儿治办年事。”“凤辣子”因为操持年事，竟然累得小产：五十五回说她“因年内外操劳太多，一时不检点，便小月了”。鲁迅的《祝福》写大年将近：“家中却一律忙，都在准备着‘祝福’。这是鲁镇年终的大典，致敬尽礼，迎接福神，拜求来年一年中的好运气的。杀鸡，宰鹅，买猪肉，用心细细的洗，女人的臂膊都在水里浸得通红，有的还带着绞丝银镯子。”忙年的内容大致分为两类，一是准备过年的食品，二是准备过年的用品，无论什么东西，务必在小年之后将一切准备妥当，以便在隆重的大年节上圆满呈现。

第三节　大年

“一夜连双岁，五更分二年”，这特殊的一夜便是除夕。除夕俗称“年三十”，是一个与“年”（岁）有关的概念，又称“除日”“除岁”“除夜”“岁尽”“岁暮”“暮岁”等，它是民间“过年”的重要组成部分。除夕被赋予特定的民俗活动内容，始于汉代，在晋代至南北朝时得到进一步的发展，初步形成了以辟邪、守岁、聚餐为民俗功能与内容框架的节俗。

一、除夕团年

除夕作为春节的高潮，有许多习俗：清洁沐浴、装饰门户、压岁守岁、焰火鞭炮、敬神祭祖，等等。这里只探讨最为隆重，也最具有代表性的除夕习俗：团年。

从根本上说，中华民族从来都是一个尚“圆”的民族：为人处世须“圆融”，夫妻合葬叫“圆坟”，故事戏曲喜欢“大团圆”，逢年过节更是要“团圆”。春节作为一年中最盛大的节日，离乡的游子，不管路途多么遥远，不管交通多么拥挤，不管有钱没钱，都要在除夕前赶回来和家人“团年”。若确为空间阻隔不能回家，家人也要为他留一个位子、一副碗筷，表示与他团聚。除夕之夜，每个中国家庭都是一个格外温馨甜蜜的空间。在古代，有人性的监狱官员甚至允许囚犯回家与家人团年，由此可见团年对中国人是何等的重要！

长江流域团年时间一般都是腊月三十晚上，但是湖北沙市有的人家天不亮就吃年饭，叫作“越吃越亮”。湖北丹江口市的多数人家中午吃年饭。居住在陕西、祖籍为湖北黄冈一带的人家却是在二十九的半夜团年，所以有谣谚云："鸡不叫，狗不咬，半夜团年湖北佬。"[①]

团年的具体表现形式为团年饭，俗话说："打一千，骂一万，三十晚上吃顿饭。"团年饭又称"年夜饭""宿年饭""年根饭""共欢宴""合家欢""年饭"等。吃团年饭之俗，至迟在晋代已经开始，《风土记》中说："酒食相邀，称曰'别岁'。"《荆楚岁时记》中说："岁暮，家家具肴蔌（sù，菜肴），谓宿岁之储，以迎新年。相聚酣饮，请为送岁。"可见，当时在除夕之夜，要举办丰盛的筵宴，辞旧迎新。《清嘉录》中说："除夕，家庭举宴，长幼咸集，多作吉利语，名曰'年夜饭'，俗呼'合家欢'。"清朝诗人周宗泰《姑苏竹枝词》云："妻孥（nú，子女）一室话团圆，鱼肉瓜茄杂果盘。下箸频教听谶语，家家家里合家欢。"清人范祖述在《杭俗遗风》中也记载："岁终，家家必祀年神，俗谓之烧年纸……送神而后，合家团聚饮食，名曰散福。"

民谣说："吃了年饭旺，神鬼不敢撞。"这顿年饭有祝贺丰收和团圆之意，也有驱邪健身，预祝来年美好的愿望。除夕的家宴菜肴因为各地饮食习俗的不同而各具特色。作为一年中最后的晚餐，人们都是竭尽所能制作出大席。安徽南部某些地方的团年饭，仅肉类菜肴就有红烧肉、虎皮肉、肉圆子、木须肉、粉蒸肉、炖肉、炒肉片、炒肉丝等，还有猪肝、猪心、猪肚制品。湖北仙桃一带年夜饭为"三蒸""三糕""三丸"。"三蒸"为蒸全鱼、蒸全鸭、蒸全鸡；"三糕"是鱼糕、肉糕、羊糕；"三丸"是鱼丸、肉丸、藕丸。湖北宜昌秭归县团年饭必有圆子，一般为双数，放在桌子的正中间，叫做"圆子不滚边"。

团年饭已不是一般意义上的饭菜，更是一种文化，很多菜品的名称和吃法都有寓意。安徽合肥的管家人在团年宴上要吃一只鸡腿，名为"抓钱爪"，另有一碗大家都可以吃的"鸡抓豆"，寓意"抓钱发财"。安庆的当家人要在饭前先吃一碗面条，叫"钱串子"。六安菜肴多为十碗，品类不定，但不可缺少肉圆子、粉丝、猪耳朵、豆腐，分别寓意"元宝""钱串子""顺风""都富"；碗里要留下一些饭菜，名为"留仓底"，以寓年年有余。怀宁人吃年饭前要在桌边的地上奠酒请祖宗，称作"陪

① 韩致忠：《新荆楚岁时记》，上海文艺出版社，2001，第225页。

祖”，小孩子要吃挂面，借挂面之长寓“年年有得长”之意。

江西南昌地区必食红烧鱼、炒米粉、八宝饭、糊羹，其寓意依次是年年有鱼、粮食丰收、八宝进财、年年富裕。

湖北恩施咸丰县，宜昌五峰县、长阳县一带的土家族人吃团年饭，主菜是用猪肉、粉条、海带、豆腐、白菜、菠菜、白萝卜和胡萝卜合成的八宝和菜，因为萝卜俗称“菜头”，谐音“彩头”，所以八宝和菜尤其不能少了萝卜。

苏中地区的团年饭颇为丰盛：讲究的人家，宴席上必有鱼肚、海参、蹄筋、肉圆、肚片、咸肉做成的“全家福”，象征合家团聚；有摆成扇形的六个冷菜拼盘，象征“六六大顺”；有糯米、莲子、桂圆、金橘、蜜枣、樱桃、蜜冬瓜、薏苡仁、瓜子仁、红绿丝做成的八宝饭，象征“聚宝纳福”；还有寓意“连年有余”的烧鲢鱼、寓意“代代有余”的炸带鱼、寓意“步步高升”的炒年糕、寓意“好运长久”的炒肝肠、寓意“迎春吉兆”的炸春卷（清人林兰痴在《扬州风土词萃》中有一赞美春卷的诗句：“调羹汤饼佐春色，春到人间一卷之。”）；有希望吃了遇上好人的芋头羹（苏中地区盛产芋头，兴化龙香芋更是闻名）；有希望吃了平平安安的青菜豆腐汤（“青菜豆腐保平安”是流传于苏中地区的一句素朴而隽永的民谚，而且“青菜”与“千财”、“豆腐”与“陡富”谐音）。

除了谐音寓意外，年夜饭在数量上也有一些讲究。浙江有些地方一般为“十大碗”，讨“十全十福”之彩。湖北多数地区年夜饭菜品要凑足十八碗，因为十八谐音“要发”。安徽黄山市屯溪区吃年夜饭时，家中虽不足十人也要摆上十副碗筷，意谓“满福满寿”。

不管吃什么，人们总是为了讨个吉利，希望来年吉祥如意，因此，有很多普通菜肴，到了团年宴上都改了名称，如苏州人年夜饭的饭桌上还要有黄豆芽，称为“如意菜”，花生叫“长生果”，芥菜叫“聚财”。苏中一带年饭桌上的猪舌头不能叫“舌头”，因为“舌头”和“折头”谐音，不吉利，而是称为“招财”或者“口条”；猪尾巴不叫猪尾巴，而叫“节节高”，过年时小孩子在门槛上吃猪尾巴，会越长越高。

年夜饭不能吃完，一定要剩余一些寓意“年年有余”。《荆楚岁时记》载：“留宿岁饭，至新年十二日，则弃之街衢，以为去故纳新。”可见南北朝时年夜饭要留到正月十二。安徽合肥长丰县年饭不能吃完，要剩些饭菜喂牛；六安吃团年饭时碗里要留下一些饭菜，名为“留仓底”，预示来年钱粮有余。苏中地区除夕吃团年饭之前必须要有“装陈饭”这一仪规，所谓“装陈饭”是将预先蒸熟的糯米饭装在“陈饭盆”内，堆成馒头状的顶，用手抹实，并在顶上进行装饰：“将准备好的财神糕、馒头、糯米团、福橘、红枣、桂圆、荔枝、栗子等，排列有序地用手捺在饭面上，再插上柏枝一根，芝麻秸、冬青各两根，柏枝上挂着许多铜钱，再将白果（银杏）壳咬破，夹在柏枝尖上，像果实累累下垂，叫‘摇钱树’。芝麻秸贴上黄纸剪的‘金钱’，还要插一根‘陈饭旗’。‘陈饭旗’是扎花灯、糊纸人的艺人做的。有财神、八仙、寿星等图案，贴在芦柴秆上，再配上一些金纸的元宝，装陈饭的大碗正面贴一张红纸‘福’字。”[①] 陈饭装好后将供奉在家神柜的两侧，祈求来年五谷丰登，物阜民安。长江流域的团年饭上几乎都会有鱼，而且，团年时只能象征性地动动筷子，不能吃完，意为“吃剩有鱼，年年有余”。安徽黟县是将鱼留在大年初一吃，有些地方甚至要留到元宵节吃。

团年饭不仅有着美好的寓意，有的地方团年饭还有卜测的作用：湖北秭归县在除夕的早上吃一餐煮烫饭，俗称“糊烂草”，据说可使田里不长草。武汉地区，人们常把做团年饭的米汤留下，到正月初一看年成：如果它是清的，为涝年；如果结皮、干裂，为旱年，裂在哪个方向就旱在哪个方向。[②] 还有些地方团年饭有些特殊习俗：在湖北咸宁市，吃年饭都要关上大门，不大声说话，不撞击碗筷，一切都静悄悄地进行，这叫“闭门生财，开门大吉”。民间传说原来都是开门吃年饭，铁拐李装成叫花子逐户讨吃食，家境贫富一清二楚，结果富的遭灾、穷的托福，只有一个大户关门吃饭，未露风声，得以继续享福，后人遂效仿成风。湖北来凤县的土家人，吃了团年饭以后，不马上抹桌子、洗碗。传说，土家人和异族打仗，腊月三十日，敌军派一个小孩子进来，弄清了情况，回去报告，结果土家人除夕正吃团年饭时，敌军突然袭击，人们来不及抹桌子、洗碗，便匆忙应战，结果遭到失败，后为土家人为了

---

① 章国荣：《苏中除夕团圆饭》，《神州民俗（通俗版）》2016 年第 1 期。

② 韩致忠：《新荆楚岁时记》，上海文艺出版社，2001，第 224、225 页。

永远记住这一事件，就长期保留这种习惯。[①]

二、初一接年

广义上说，春节是一个从腊八到元宵节的节庆时间段；狭义上说，春节应该是指正月初一这个“岁之元，月之元，时之元”的三元之日，一般和除夕一起称为“大年”。在时间上，正月初一这一天虽是真正的春节，但是节日活动有相当长一段时间的持续。根据国家假日办的规定，初一到初七是法定的春节假期，这样的规定也是和民间春节习俗密切相关的。一般来说，重要的新年民俗活动持续到初七，一段时间的间歇以后，又迎来一个新的庆祝高潮：元宵节。

辞去旧岁，迎来新年，人们以各种方式庆贺、祈福，除秽、辟邪，占侯、问兆，聚餐、会饮，交往、互动。在诸多习俗之中，由于行文章节的需要，这里只论及接年民俗。

新的一年开始，民间有许多迎神接神活动：下界降平安的灶神、带给人财富的财神、幸福之神福神，统统都要接回家，以全方位地确保新一年的幸福和美好。因为迎喜神活动和接年活动紧密相连，此处只展开“迎喜神”这一习俗。

在中国许多地方，有新年“迎喜神”的风俗。华北地区的人们在新年第一天迎喜神，对准喜神所在的方位，在一定的时辰出迎，焚香、鸣鞭炮，叫“走喜神方”。《北平风俗类征·岁时》引《京华春梦录》载：“院中有俗，元旦黎明，携帕友走喜神方，谓遇得喜神，则能致一岁康宁。”北京迎喜神的习俗在二月河《雍正皇帝·九王夺嫡》第五十回中也有记载：“连冬起九，算是进入岁终。北京人最讲究过冬至，有‘冬至大如年’的说头。年年此时媳妇归宁的要赶回婆家，迎喜神、做年饭、包饺子……”有些地方迎喜神习俗非常有趣，如陕北农村正月初一，一个村子里的男女老少吆上牛驴马骡，赶上羊群，效古时牲牢飨神之举，朝喜神的方向出游。陕西关中地区过年时，贴过春联和门神后，就把大门关上不准外出，子时一到，就开门“迎喜”。谁家先开门，喜

① 韩致忠：《新荆楚岁时记》，上海文艺出版社，2001，第225页。

神就会先上谁家，所以迎喜越早越好，家家户户都要在这时抢先迎喜。

长江流域迎喜神，说法不一，或谓“出天行”，或谓“出天方”，或谓“兜喜神方”，或谓“走喜神方”等。

湖北地区称迎喜神为“出天行”，简称“出行”。所谓“出行”就是开门出行，面向吉方跪拜行礼迎接喜神。五峰土家族自治县清代诗人田泰斗有《竹枝词》写当地出行风俗：“除夕何曾废迎送，辞年客去夜三更。忽听爆竹声声碎，莫是邻家已出行。”湖北人出天行方式各有讲究，鹤峰县出天行时都轻轻开门，毕恭毕敬，同时念道：“财门大敞开，元宝滚进来。滚进不滚出，滚满一堂屋。”然后向东方燃放鞭炮，上供品，燃香纸，跪拜。荆州出天行时要点一对芦苇扎成的火把，俗称“发把”，烧得越旺表示越发家。孝感出天行除了要点火把外，还要供上一个泥巴做的元宝，叫“元宝座”，象征出门得宝。迎喜神的方向上，恩施鹤峰朝东方，宜昌宜城朝背对堂屋的方向，襄阳南漳是朝喜鹊窝所在的方向，荆州则是朝流水的上游方向。十堰、神农架的人们出行，迎喜神回来要往家里滚石磨，边滚边说：“元宝滚进来，四季大发财。滚进不滚出，金银堆满屋。”念词和鹤峰差不多，神农架人出天行以后，还要抱一捆柴进屋，这叫“空手出门，抱财回家”。①

江西各地迎喜神叫“出行”，又称“贺正”。正月初一早餐后人们会照历书所指吉利方向外出，走一段路，然后朝四方作揖礼拜，在空旷地燃放鞭炮。有些地区不叫“出行”而叫“出天方”。九江武宁南皋山以北乡镇至今保持着一种较为独特的春节“出天方”习俗：每逢大年初一，全村男女老少穿新衣戴新帽，由族姓长者号令，众人敲锣打鼓，齐聚一处，持香烛鞭炮，赴祠堂或社坛，焚香燃烛，先拜东方，依次而揖，而后齐放鞭炮。

四川迎喜神或称“出天行”，或称“走喜神方”。《宣汉县志》载：“正月元日鸡初鸣时，祀喜神于其方，曰出天行。”巴金的《家》描写了20世纪20年代初期四川成都一个封建大家庭的罪恶及腐朽，也记载了成都的一些生活风习，书中说：“（女眷们）到了街上，向着本年的‘喜神方’走去，算是干了一年一度的‘出行’的把戏。”说的是过去成都

① 韩致忠：《新荆楚岁时记》，上海文艺出版社，2001，第16页。

的新年“走喜神方”。晚清到民国时期，成都人流行正月初一一早就到武侯祠烧香拜神、吃茶会友，“走喜神方”。

上海地区的迎喜神叫“兜喜神方”，很流行按历书所指示的喜神方位祭拜求喜。《海上花列传》是描述清末中国上海十里洋场中妓院生活的一本书，书中有妓院女子穿着红裙和恩客一起去“兜喜神方”的描述。近人刘雅叔的《上海闲话》中也记载了上海人“兜喜神方”的情景：“据时宪书所载，如甲戌喜神在东北，则出门即向东北行，谓可遇佳运。远近不拘，绕街一匝而返。十里洋场，素称繁华，纨绔子弟以及富商巨贾往往以兜喜神方为名，挟青楼粲者，乘钢丝马车招摇过市，得得蹄声彻夜不绝。”1910 年上海环球社出版的《图画日报》“上海新年之现象”栏，画有“兜喜神”图，配文描述了上海女子“兜喜神方”风俗：“鸡鸣烧罢岁朝香，马路熹微透曙光。挈（qiè，带，领）姊呼姨趁吉利，大家兜个喜神方……”作为水乡城邑的上海，城墙是圆的，城里的街道曲折多弯，于是“迎喜神”在上海叫作“兜喜神方”。以前上海“兜喜神方”是靠步行的，汽车出现以后，“兜喜神”变成“兜风”了，朱延寿《岁事竹枝词·喜神方》中写道：“百年难遇岁朝春，择定何方有喜神。驾御汽车行驶处，风驰电闪蔽飞尘。”

江浙一带也有迎喜神之俗。鲁迅《彷徨·长明灯》中讽刺地说：“这屯上的居民是不大出行的，动一动就须查黄历，看那上面是否写着‘不宜出行’；倘没有写，出去也须先走喜神方，迎吉利。”杭州建德大慈岩镇新叶古村永锡堂出行迎喜神在半夜子时，先由各房派头首准备好供品，家家户户开门拜天地后，便一起来到永锡堂。有意思的是，去永锡堂的路上，碰到同房长辈、亲友大家都不打招呼也不说话，即使父子相遇也一样，等族人到得差不多的时候，便关上大门“拜太公”，即在太公像前点烛上香，烧纸钱祭祀先祖，再到祠堂天井边，拜天地，然后打开祠堂大门，到南塘边朝道峰山方向点烛插香拜天地，最后大放烟花爆竹。

相较而言，湖南人迎喜神的姿态则显得形色匆忙，洒脱随意。《中华全国风俗志·湖南·长沙新年纪俗诗》说：“出行都向喜神方，翎顶官靴奔走忙。路上逢人施一揖，口中犹自吃槟榔。”

那么喜神的原型究竟是什么呢？其实，喜神是民间信仰中幻想的吉神，它最大的特点是没有具体形象，既没有星宿之说，也没有神形可辨，源出何时何地，也无法考证，只能说它是一个人们构想出来的、虚拟的神。《山海经·中次三经》中说有个吉神叫泰逢，人形虎尾，出入有光，能够动天地、兴云雨，是一个主吉的神灵，传说凡人有喜庆之事就能看见泰逢。这个传说与喜神或许多少有点渊源关系。

宋代以后，喜神就多指祖先画像。元郑廷玉《看钱奴》第三折中说："你孩儿趁父亲在日，画一轴喜神，着子孙后代供养着。"这类喜神亦称真容、喜容。清末作家吴趼人在《二十年目睹之怪现状》一书里有这样一段对话：

> 到了正日的头一天，便铺设起寿堂来，伯明亲自指挥督率，铺设停妥，便向雅琴道："此刻可请老伯母的喜神出来了。"
>
> 雅琴道："甚么喜神？"
>
> 伯明道："就是真容。"
>
> 雅琴道："是甚么样的？"
>
> 伯明道："一个人死了，总要照着他的面庞，画一个真容出来，到了过年时，挂出来供奉，这拜阴寿更是必不可少的。"

春节挂祖先画像以称喜神的习俗至近现代在我国部分地区仍有留存，如《中华全国风俗志·江苏·吴中岁时杂记》"挂喜神"条说："新年比户悬挂祖先画像，具香蜡、茶果、粉丸、糍糕，肃衣冠，率妻孥以次拜。或三日、五日、十日，上元夜始祭而收之。至戚相贺，或有展拜尊亲遗像者，谓之拜喜神。"俞明先生的现代小说《五妹旧梦》一书里记载彭家旧事时写道："廿四夜后，宅子里到处披红挂彩。门厅里挂起四盏大红灯笼，环形厅上挂着几盏走马灯。供桌上请出喜神，喜神就是祖宗神像，正中一幅大红喜字，是咸丰帝赐给彭启丰的御笔。"

为什么祖先画像会被当作喜神呢？喜神是宋代俗语，指的是画像。宋代著名画家宋伯仁所画的梅花被编为《梅花喜神谱》，可见当时喜神就指画像，宋代以后，喜神就多指祖先画像。但是风行于各地的正月初一接年迎喜神活动中的喜神，似乎是一个很抽象而又全能的神灵，不像福神、禄神、财神、寿神专司一职，而是全面负责人们的诸种好事、各种顺心、吉利欢喜、幸运如意。

人们相信，出天行后，喜神会保佑自己一年里凡事顺当，喜事频临，因此大年初一，鸡鸣即起，视岁吉所向行礼，燃放爆竹。所谓“岁吉所向”即喜神方向。那么喜神究竟在何方呢？俗传喜神所在的方位变幻不定，清代的择吉之书《协纪辨方书》载：“喜神于甲巳日居艮方，是在寅时；乙庚日居乾方，是在戌时；丙辛日居坤方，是在申时；丁壬日居离方，是在午时；戊癸日居巽方，是在辰时。”因此出行之前须查历书确定喜神所处何方，然后根据方位称“出天行”“出天方”“走喜神方”“兜喜神方”……以求新岁大吉。

三、岁首占年

新年伊始，万象更新，新的一年，一切都让人期待，一切又都是未知，因此便有了春节占年的古老民俗。从魏晋时起，古人已将正月岁首数日跟人畜诸物相联系。岁首各日成为人畜的年日，其说始于汉东方朔的《岁占》，谓岁后八日，一日为鸡日，二日为犬日，三日为猪日，四日为羊日，五日为牛日，六日为马日，七日为人日，八日为谷日。后来又有岁首诸日预卜人畜盛衰的占候风俗，即以新正初几日的天气阴晴来占人畜的兴旺与否，如果当日晴朗，则所主之物繁育；当日阴雨，所主之物不昌。

后世由占岁发展成一系列的占卜活动。温州一带，正月初一出门前要选方向。先在灶神前烧香，然后拿个一空锅，锅中放一勺，旋转勺柄，根据勺柄停下时所指的方向，由一人持剪前去，然后听见和记住遇见第一人所讲之话，以假装剪裁，意即取其一半，归来占卜，这叫“卜剪听”，根据听到的内容卜此行吉凶。出行的平安与否为人们所关心，但是对农业大国的子民，更为关注的是年成的丰歉，而年成的好坏直接受天气的影响，所以民间有一系列卜阴晴雨旱的方法：四川简阳一带腊月三十日，人们在灶上放十二个装满水的酒杯（闰年则放十三杯），正月初一察其干湿，以占是年十二月雨旱。浙江宁波一带和四川内江风俗相似，除夕夜，各家米缸内放置米团和一碗米饭，正月初五开缸收饭，碗中见水，谓新岁多雨；若米饭干燥，则谓新年多晴天。湖北地区的土家族则相信，腊月打糍粑流的汗越多，表示明年雨水多、农事好。除了这些，还有望月占年，《齐民要术》引《物理论》说，正月望夕也就是正月十五须立晷表测月影长短，以卜当年雨水。

围绕这个大年，团年、接年、占年，人们忙碌而开心，慎重而严肃，一切的欢乐相聚、美好期待、吉祥寓意、抽象愿望，都包含、落实在这些具体的活动之中。

第四节　元宵节

作为一个中国人，很少有不知道南宋词人辛弃疾《青玉案·元夕》这首词的：

> 东风夜放花千树。更吹落，星如雨。宝马雕车香满路。凤箫声动，玉壶光转，一夜鱼龙舞。　蛾儿雪柳黄金缕，笑语盈盈暗香去。众里寻他千百度，蓦然回首，那人却在，灯火阑珊处。

一般人喜欢这首词，多半是因为这首词的下阕“众里寻他千百度，蓦然回首，那人却在，灯火阑珊处”之句。这首词也因为这一句而变得举足轻重。这句词被王国维比作成大事业者、大学问者的第三种境界，即“独上高楼，望尽天涯路”和“衣带渐宽终不悔，为伊消得人憔悴”之后的最高境界，也作为名言佳句，被人争相传诵。可是，人们在传诵佳句的时候，往往忽略了词人设置的场景：元夕。其实，这首词除了这一句，都在描绘元夕美景、节日风俗：元宵花灯如同春风吹开的火树银花，元宵烟火如同自天而降的彩星，宝马雕车，暗香浮动，凤箫声声，鼓动耳膜；圆月如玉盘银壶，东升西落，龙灯鱼灯，一夜舞动不停；美人谈笑风生，雾鬓云鬟，闹蛾儿、雪柳儿插满头，衣香暗影，随风飘动。辛弃疾在书写人生感怀，呈现给我们名言佳句的同时，还帮我们还原了宋朝元夕的节日记忆。

元宵节在整个春节流程中是最后一个节点，也是民俗活动最多的一个节点，节日内容之丰富，节日民俗之多样，在中国传统的四大节日中，只有端午节可比拟。辛弃疾在词中写尽了灯月交辉、歌舞游乐、美人如织、香气浮动的元宵盛况，这种热闹非凡的节日景象是中国人固有的集体记忆，民间“正月十五大似年”的说法，正是元宵节在国人心目中重要性的见证。

长江流域形成了多种多样的元宵民俗。湖南省宜章县有一个习俗叫宜章夜故事。所谓“夜故事”，即在晚上，城内百姓走向街头，将汉族民间传统、神话故事、戏剧情节和各时期新人新事等汇集于一个抬桌上，用化妆、着装、造型，配之以道具和场景，做成“夜故事”，利用马、板车、轿子、彩棚等，将“夜故事”高高托起游行展示，使观众见其形而悟其意，联想其故事情节。这项活动从每年的大年初一一直持续到元宵节。2011 年，“宜章夜故事”被国务院公布为第三批国家级非物质文化遗产。

一、起源诸说

元宵节在古代又称“上元”“元夜”“元夕”和“灯节”。关于元宵节的起源众说纷纭，归纳起来主要的有四种：汉文帝庆祝平定吕乱说，汉武帝祭祀太乙神说，汉明帝点灯敬佛说，以及道教“三元”说。

1. 汉文帝庆祝平定吕乱说

汉文帝刘恒是历史上一个有作为的皇帝，和其子汉景帝创下“文景之治”的繁荣局面。他本为汉高祖刘邦第四子，汉惠帝刘盈之弟，汉高祖死后，吕后专权，吕姓一族掌握朝廷军政大权，公元前 180 年，吕后一死，太尉、丞相等大臣戡平诸吕，迎立刘恒入京为帝，是为汉文帝。因为扫除诸吕的日子是正月十五，所以每当到了这天晚上，汉文帝就出宫游玩，与民同乐，以示庆贺，并将这一天定为元宵节。

2. 汉武帝祭祀太乙神说

元宵节起源的另一说法是，汉武帝采纳方士的建议，在甘泉宫修建太乙祠坛，祭祀太乙神。此说在元宵节起源诸说中是最先提出来的。所谓太乙神即太阳神，就是道教所谓的“太乙真君”。汉武帝信奉道教，在甘泉宫频繁祭祀太乙神，正月十五的祭祀活动尤其隆重，从黄昏开始，通宵达旦，灯火通明，由此形成了正月十五张灯结彩的习俗，并形成了元宵节。唐高祖李渊下令编修的《艺文类聚》卷四里说：“《史记》

曰：‘汉家以望日祀太一，从昏时到明。’今夜游观灯，是其遗迹。”

3. 汉明帝点灯敬佛说

还有一说认为元宵赏灯始于东汉明帝时期。佛教教义中把火光比作佛之威神，灯一直作为佛前的供具之一。汉明帝提倡佛教，因听说佛教有正月十五日点灯敬佛之俗，于是下令这一天夜晚在皇宫和寺庙里点灯敬佛，士族庶民都挂灯于宅，以后相沿成习，由宫廷到民间，由中原到全国，逐渐形成民间盛大的元宵佳节。

4. 道教“三元”说

三元，在道教中原指宇宙生成的本原，后来衍化为道教主要节日的名称，即正月十五上元节、七月十五中元节、十月十五下元节。早期道教尊奉的三位天神天官、地官、水官各有所司：天官赐福，地官赦罪，水官解厄。并以三元配三官，上元天官，中元地官，下元水官。吴自牧在《梦粱录》中说：“正月十五日元夕节，乃上元天官赐福之辰。”故上元节要燃灯。明朝郎瑛《七修类稿》中认为元夜张灯，源自道教的三官祀典，他引唐人说法说正月十五是“三官下降之日”，三官职责各有所司，喜好也各不相同，天官好乐，地官好人，水官好灯，因此在上元节要纵乐、张灯、夜游。

以上诸种，均言之成理，实际上元宵节应是多种文化和习俗复合而成的，帝王的个人提倡、朝廷的祀神仪礼、佛教的法事庆典、道家的“三元”之说，均对其形成产生过影响。从发展过程来看，汉代应是节日的形成期，汉代以后，历经魏晋南北朝、隋、唐、宋、元、明、清各朝代，都有所发展。

二、灯火烟花

魏晋南北朝时期元宵节已经成熟，北魏孝文帝曾诏令暂停“三元告庆之典”；南朝梁简文帝曾作《列灯赋》，其中有“南油俱满，西漆争燃。苏正安息，蜡出龙川，斜晖交映，倒影澄鲜”之句。油灯、漆灯，燃香，点蜡，灯月交辉，倒映水中，诗中描写的正是元宵张灯的情景。

隋代的正月十五灯节已是盛况空前。《隋书·柳彧（yù）传》载柳氏上奏隋文帝说：“窃见京邑，爰及外州，每正月望夜，充街塞陌，聚戏朋游。鸣鼓聒天，燎炬照地，人戴兽面，男为女服，倡优杂伎，诡状异形。以秽嫚为欢娱，用鄙亵为笑乐，内外共观，曾不相避。高棚跨路，广幕陵云，袨服靓妆，车马填噎。肴醑肆陈，丝竹繁会，竭资破产，竞此一时。尽室并孥，无问贵贱，男女混杂，缁素不分。”

正月望夜，京城内外，街头巷陌，人们聚戏朋游，鸣鼓燎烛，兽面易服，倡优杂技，欢娱笑乐，高棚广幕，车马袨服，肴肆丝竹，无问贵贱，不分男女，竭尽家资，恣肆狂欢，这本是柳彧上书隋文帝批评元宵节不良风气的，却为我们保存了当时的节日记忆。隋文帝提倡节俭治国，根据柳彧的奏疏对元宵节民间大闹元宵的习俗严加禁止。其子隋炀帝却奢靡浪费，挥金如土，在元宵节大肆铺张，大业六年（610 年）元宵节曾调集民间艺人进城，在洛阳城端门外举行盛大的百戏，而这位浪荡天子则带着他的后宫妃嫔登楼观灯。《资治通鉴·隋纪》里还记载了当时的盛况：“戏场周围五千步，执丝竹者万八千人。声闻数十里，自昏至旦，灯火光烛天地；终月而罢，所费巨万。”这位颇受争议的帝王还写下了《元夕于通衢建灯夜升南楼》诗：

法轮天上转，梵声天上来；
灯树千光照，花焰七枝开。
月影疑流水，春风含夜梅；
燔动黄金地，钟发琉璃台。

法轮天上转动，佛音天庭传来，火树银花，焰火缤纷，月影泻地，风含夜梅，明晃晃的火把在金黄色的土地上燃烧，清远的钟声发自琉璃色的乐台。既有佛法的庄严，又有世俗的奢华，作为人君的隋炀帝，且不说其浪费财力、奢靡享乐之过，单看此诗中显露的情怀胸襟、风格才华，颇让人称道。

隋代还有个动人的爱情故事，故事的背景就是元宵节。南北朝时期陈朝最后一位皇帝陈后主的妹妹乐昌公主，才貌双全，嫁给太子舍人徐德言为妻。国破家亡之际，二人打破一面铜镜，各执一半，并约他日在正月十五元宵节卖镜于街市，互相寻访。不久隋文帝灭陈，乐昌公主落入越国公杨素之家，而徐德言却流离颠沛，千里寻妻到京城。乐昌公主于正月十五日，派人以卖破镜为名，暗中寻夫，为徐德言所见，两个半面镜合在一起，严丝合缝，破镜重圆。徐德言为找到夫人下落高兴，却因得知夫人落入杨素之手而叹惋，怅然题诗曰：“镜与人俱去，无复嫦娥影。镜归人未归，空留明月辉。”乐昌公主得诗后，连日涕泣。杨素问清缘故后，竟“怆然改容”，让他们夫妻团圆，这就是成语“破镜重圆”的故事来历，也反映了当时元宵节的热闹景况。

唐代生产力发达，社会富足，城市人口众多，元宵节更是盛况空前。元宵节时，长安城往往放三夜花灯，称为“放夜”。高祖李渊、太宗李世民对元宵放灯尚未大力提倡，但是中宗以后风气大盛。景龙四年（710 年）元宵节，中宗偕皇后踏月赏灯，并借机巡幸大臣。睿宗先天二年（713 年）正月十五、十六、十七日，在安福门外做一高达二十丈的巨型灯轮，悬挂花灯五万盏，饰以丝绸锦缎、黄金白银，五彩缤纷、霞光万道，似花树一般。睿宗上安福门观灯，让太常作乐歌，同时让“宫女数千人，衣罗绮，曳锦绣，耀珠翠，施香粉”（《朝野佥载》），在灯轮下踏歌三日，踏歌“声调入云”。唐玄宗比其父皇更胜一筹，他曾命南方工匠毛顺，以缯（zēng，丝织品的总称）采结为广达二十间、高达一百五十尺的灯楼，灯楼上挂珠玉、悬金银，微风吹来，珠玉金银铮铮作响。灯上又绘龙凤虎豹，腾跃俑匐，栩栩如生。皇亲国戚也争相夸富斗奇，杨贵妃的大姐韩国夫人更独出心裁，制作高达八十尺的“百枝灯树”，“树之高山，上元夜点之，百里皆见，光明香目也”（《开元天宝遗事》）。唐代诗人苏味道《正月十五夜》描绘了当时长安元宵盛景：

火树银花合，星桥铁锁开，
暗尘随马去。明月逐人来。
游妓皆秾李，行歌尽落梅。
金吾不禁夜，玉漏莫相催。

元宵佳节，长安之夜，灯辉灿烂，象明艳的花朵，如此良辰，平时的宵禁也取消了，铁锁开启，平日黑沉沉的护城河桥被灯影照耀，有如天上的星河，任人通行。夜间马儿激起的尘土暗中飞扬，明月此时追赶着人而来。花枝招展的歌妓们打扮得分外美丽，她们一面走，一面唱着

《梅花落》的曲调。豪门贵族的车马喧阗，市民们的歌声笑语，汇成一片。欢娱苦日短，不觉已到更深，人们怀着留恋的心情，希望“金吾”（京城禁卫军）取消宵禁，漏鼓不催人，让时光停留，让美景良辰不要匆匆离去。

苏味道描述的是京城长安的元宵盛况，其实，节日习俗不分地域，不分阶层，是属于全民共有的财富。白居易在描写杭州的《正月十五夜月》中写道：“灯火家家市，笙歌处处楼。无妨思帝里，不合厌杭州。”可见唐代的元宵盛景不仅出现在政治、经济、文化中心的长安，长江流域也是灯火家家，笙歌处处，热闹非凡，堪与京师相比。

唐代元宵节期间，民间还兴起了拔河比赛。拔河在中国有悠久的历史，早在春秋战国时期，就有拔河这项活动，不过那时叫“牵钩”。唐人封演的《封氏闻见记》记载：“拔河，古谓之牵钩，襄、汉风俗，常以正月望日为之。相传楚将伐吴，以为教战。”“牵钩”活动是楚国用来训练士兵拉力的一项活动，是拔河运动的雏形，后演变为荆楚一带民间流行的“施钩之戏”。到了唐代，正式有了拔河之名，而且拔河已经成为广泛流行的节日风俗，民间通常在每年的农历正月十五举行盛大的拔河活动。该书还对拔河的规则、方法作了详细的记述：“以大麻絙（gēng，粗绳索）长四五十丈，两头分系小索数百条挂于胸前，分二朋，两向齐挽，当大絙之中立大旗为界，震鼓叫噪，使相牵引，以却者为胜，就者为输。”那时的拔河与现代大体相似，都是长绳中立旗为界，比赛双方经过一番角力，向后退的为赢，向前进的为输。但不同之处也很明显，一是拔河双方是背对背地拉，二是所用绳子“两头分系小索数百条”，可见当时拔河参与的人数更多，场面和规模也更大。

元宵节俗在唐代已基本形成，在注重享乐、分外文艺的宋代得到更大发展，唐代元宵节本在十四、十五、十六三日放灯三夜，在宋代时增加了十七、十八两日，一共放灯五日。至于为何增加两日，宋人孔平仲所撰《孔氏谈苑》说宋代本来在京城开封放灯三夜，太平兴国三年（978 年），吴越王钱俶（chù）献两浙十三州土地归宋，纳土进钱，买得十七、十八两夜放灯，《西湖游览志余·熙朝乐事》也有此记载。到了南宋理宗淳祐三年（1243 年）时又从十三日起预放元宵灯，放灯时间增为六夜。

宋代元宵的灯笼制作也比唐代更为豪华。冬至开始，开封府就开始搭山林形状的“灯山”，灯山彩绘神仙故事，还饰以骑狮子、跨白象的菩萨造型。更有甚者，菩萨的胳膊可活动自如，五指中还可喷水，状如瀑布。灯映水帘，飞珠溅玉，煞是好看。此外宋代元宵花灯还有火龙灯、五色琉璃灯、白玉灯、走马灯等样式，灯上绘有山水人物、神仙故事、花卉翎毛、珍禽瑞兽等。观灯仪式更是隆重，从正月十四日开始，皇帝车驾要先到五岳观迎祥池，然后绕灯山一周，文武官员及侍从都要穿戴节日盛装，威威赫赫，随驾而行。

南宋国力衰微，但是统治者比北宋统治者更会享乐，据周密《乾淳岁时记》记载：南宋时，从九月赏菊灯之后，就开始“预赏元宵”，早早试灯，一到正月，“灯火日盛”。且花灯式样竞出新意，品种繁多不胜枚举。皇帝禁宫别出心裁，制作出“琉璃灯山”，高达五丈，上面的人物、楼宇皆可活动自如，宝光花影，令人眼花缭乱。普天之下，莫非王土，率土之滨，莫非王臣，天下好物，最终都归皇室，朝廷不仅竭尽财力大做花灯，还要在民间搜罗。自古江南多巧思，在众多进贡的灯式中，以苏州进奉的“万眼罗”最好，能工巧匠们在罗帛上剪镂百花等图案，极其细巧，点燃蜡烛后，放射万道灯光，美轮美奂。福州的“白玉灯”用白玉制成，如清冰玉壶，耀眼夺目；新安的“无骨灯”更为灯中一绝，巨大的灯圈全用玻璃制成骨架，内燃灯烛后，明亮无比。

由于宋代从京师到民间都十分重视元宵放灯，因此有专门的“灯市”。范成大在《灯市行》中写道：“吴台今古繁华地，偏爱元宵灯影戏。春前腊后天好晴，已向街头作灯市。”

宋代皇室对元宵观灯者都予以赏赐，百姓元宵赏灯，有可能得到来自皇家的绢帛、糖果，多么让人惬意！《词林纪事》根据《宣和遗事》记载了一个更有意思的故事，足见宋朝帝王的慷慨、宋朝风气的浪漫：宋徽宗赵佶每年元宵夜都要上宣德楼观灯，并向楼下仰窥圣颜的仕女亲赐御酒。有一年元宵节，一对夫妻同游观灯，在闹市中走散，妻子正好碰上宋徽宗赐酒，她喝完御酒后，偷偷藏起了金杯，被人当场抓获，扭送到御前盘问。这位女子急中生智，吟诵了一首《鹧鸪天》词：

月满蓬壶灿烂灯，与郎携手至端门。

贪看鹤阵笙歌举，不觉鸳鸯失却群。
天渐晓，感皇恩。传宣赐酒饮杯巡。
归家恐被翁姑责，窃取金杯作照凭。

蓬壶（即蓬莱，古代传说中的海中仙山）月满，灯光灿烂，我与夫君端门携手，因为贪恋鹤灯笙歌，不想二人在人群中走散，听闻皇恩浩荡，传宣赐酒，怡然饮过杯巡，倏忽天色欲晓，归家恐见责于翁姑，因偷藏酒杯，以作凭证。女子描绘了灯市盛况，以示国泰民安，天下太平，皇帝自然高兴；解释自己并非有意偷杯，一则自己归家太晚，二则和夫君走散难以说清自己的踪迹，偷藏酒杯是为了消除误会，说得合情合理，自己不但不是贼，还是严守家规、注重名节的良家女子，徽宗一高兴，干脆以金杯相赠。

富贵荣华，歌舞升平，都是属于上层阶级的专利，皇家大张旗鼓、挖空心思制作各色花灯，如此热衷元宵观灯，而生计温饱都成问题的普通百姓，对元宵观灯却有另一番理解。《鼍氏客话》里记载，蔡君谟任福州知州时，在上元节令民间每家必须点灯七盏。当时有一个叫陈烈的人制作了一盏径长丈余的大灯，并在上面题诗一首：

富家一盏灯，太仓一粒粟。
贫家一盏灯，父子相对哭。
风流太守知不知。
犹恨笙歌无妙曲。

蔡君谟是北宋著名书法家、政治家、茶学专家，诗、文、书法自成一家，为官也颇有建树，之所以有如上命令，只能说是他不知民间疾苦，了解实情后，蔡君谟知错就改，马上收回成命。而有的官员却不一样。陆游《老学庵笔记》中记载了一名叫田登的官员，做州官时，不允许别人说到他的名字，一旦触犯，必挨竹板，因为“登”“灯”同音，整个州的百姓于是都把“灯”叫作“火”。一年正碰上元宵节放花灯，要在集市上张贴告示，官吏思来想去，最后在告示上写道：“本郡依照惯例放火三天。”这就是谚语“只许州官放火，不许百姓点灯”的出处。

除了灯火，宋代元宵节还出现了一些以往没有的民俗现象，主要有烟火、灯谜和杂技。因为火药的发明，宋代兴起了烟火，烟火很快在节日中被广泛应用，成为与灯火相伴相生的元宵民俗。《东京梦华录》记载有北宋开封的猜谜活动，清人王文濡撰《春谜大观序》说：“旧籍相传，宋仁宗时……上元佳节，金吾（京城禁卫军）放夜，文人学士相与装点风雅，歌颂升平，拈诗成谜，悬灯以招猜者。”可见灯谜在北宋业已勃兴。到了南宋，元宵猜灯谜已经成为流行活动，周密在《武林旧事·灯品》中记载当时杭州节日风俗：“有以绢灯剪写诗词，时寓讥笑，及画人物，藏头隐语，及旧京诨语，戏弄行人。”这里的“藏头隐语”即灯谜。自此以后，“灯谜”也成为元宵节必有的民俗活动，明清相沿袭，清朝出版的《嘉定县志》云：“正月十五日为上元节，先数日卖灯谓之灯市……好事者或以藏头诗句悬杂物于灯，任人商揣，曰灯谜。”

宋代元宵期间的杂技活动也是丰富多彩的。《东京梦华录》记载的杂技项目就有击丸、蹴鞠、踏索上竿，吞铁剑、“吐五色水”等，这些杂技演出无疑丰富了元宵节的节日内容。

到了明代，元宵节放灯从正月初八到十八，延长为十天。明代杭州文人田汝成在《西湖游览志余·熙朝乐事》叙述明代杭州元宵盛况：在元宵还没来到的腊后春前，从寿安坊下至众安桥，就开始出现灯市，出售各色花灯，如人物灯、花草灯、禽虫灯，琉璃灯，各色各等，用料各异，名目繁多。明代的诗词、小说、戏曲中都有元宵节盛况的描述。

才子唐伯虎有一首诗《元宵》：

有灯无月不娱人，
有月无灯不算春。
春到人间人似玉，
灯烧月下月如银。
满街珠翠游村女，
沸地笙歌赛社神。
不展芳尊开口笑，
如何消得此良辰？

诗歌写尽古人元宵夜游观、彻夜狂欢的盛况，灯月争辉，珠翠村女，沸地笙歌，良辰美景，永昼欢声，这一切都和热闹繁华、盛世太平相关。

明代小说《金瓶梅词话》是古今小说中的文化奇葩，该书对当时世情有很好的记录，其中第十五回和第四十二回涉及元宵节，可以看出明代元宵节的盛状。第十五回《佳人笑赏玩月楼，狎客帮嫖丽春院》有这样一段：

> 山石穿双龙戏水，云霞映独鹤朝天。金莲灯、玉楼灯，见一片珠玑；荷花灯、芙蓉灯，散千围锦绣。绣球灯，皎皎洁洁；雪花灯，拂拂纷纷。秀才灯，揖让进止，存孔孟之遗风；媳妇灯，容德温柔，效孟姜之节操。和尚灯，月明与柳翠相连；通判灯，钟馗共小妹并坐。师婆灯，挥羽扇，假降邪神。刘海灯，背金蟾，戏吞至宝。骆驼灯、青狮灯，驮无价之奇珍，咆咆哮哮；猿猴灯、白象灯，进连城之秘宝，玩玩耍耍。七手八脚螃蟹灯，倒戏清波；巨口大髯鲇鱼灯，平谷绿藻。银娥斗彩，雪柳争辉。双双随绣带香球，缕缕拂华幡翠幰……村里社鼓，队共喧阗；百戏货郎，庄齐斗巧。转灯儿一来一往，吊灯儿或仰或垂。琉璃瓶映美女奇花，云母障并瀛洲阆苑……向西瞧，羊皮灯、掠彩灯，锦绣夺眼……卦肆云集，相幕星罗；讲新春造化如何，定一世荣枯有准……卖元宵的高堆果馅，粘梅花的齐插枯枝。剪春蛾，鬓边斜插闹东风；祷凉钗，头上金光耀日。围屏画石崇之锦帐，珠帘绘梅月之双清。虽然览不尽鳌山景，也应丰登快活年！

文中所列花灯，从植物到动物，从事务到人物，真是应有尽有：金莲灯、玉楼灯、荷花灯、芙蓉灯、绣球灯、雪花灯、秀才灯、媳妇灯、和尚灯、通判灯、师婆灯、刘海灯、骆驼灯、青狮灯、猿猴灯、白象灯。除了花灯，还有社鼓百戏，货郎卦市，卖元宵、粘梅花、做首饰等各项民俗，描述了一幅生机勃勃的市井百姓元宵风俗图画。

第四十二回《豪家拦门玩烟火，贵客高楼醉赏灯》：

一丈五高花桩，四围下山棚热闹。最高处一只仙鹤，口里衔着一封丹书，乃是一枝起火。起去萃山律一道寒光，直钻透斗牛边。然后正当中一个西瓜炮迸开，四下里人物皆着，觱剥剥万个轰雷皆燎彻。彩莲舫，赛月明，一个赶一个，犹如金灯冲散碧天星；紫葡萄，万架千株，好似骊珠倒挂水晶帘箔。霸王鞭，到处响亮；地老鼠，串绕人衣。琼盏玉台，端的旋转得好看；银蛾金蝉，施逞巧妙难移。八仙捧寿，名显中通；七圣降妖，通身是火。黄烟儿，绿烟儿，氤氲笼罩万堆霞；紧吐莲，慢吐蓬，灿烂争开十段锦。一丈菊与烟兰相对，火梨花共落地桃争春。楼台殿阁，顷刻不见巍峨之势；村坊社鼓，仿佛难闻欢闹之声。货郎担儿，上下光焰齐明；鲍老车儿，首尾迸得粉碎。五鬼闹判，焦头烂额见狰狞；十面埋伏，马到人驰无胜负。纵然费却万般心，只落得火灭烟消成煨烬！

一枝起、西瓜炮、彩莲舫、赛月明、紫葡萄、霸王鞭、地老鼠、琼盏玉台、金蛾银蝉、八仙捧寿、七圣降妖、万堆霞、十段锦、一丈菊、烟兰、火梨花、落地桃、货郎担儿、鲍老车儿、五鬼闹判、十面埋伏，以上这些五花八门的名目，全是元宵烟火炮仗的名称，可以想见，当时的元宵节是多么的热火朝天。

清代满洲人入关，对汉族文化全盘接受，对中原元宵节节俗也是照单全收。据《燕京岁时记》记载：清代是“自十三至十七均谓灯节，惟十五日谓之正灯耳”。清代放灯时间已没有明代那么长，缩短为五夜，正月十五为正灯节。因为满族原居寒冷的黑龙江一带，有冰灯之俗，入主中原后，冰灯也传入中原，并丰富了元宵灯市的内容。现在东北地区每年元旦到元宵都举行冰灯会，不过已经十分现代化了。清代各色烟火，竞巧斗奇，继承了宋、明的技术和想象力，并发扬光大。《燕京岁时记》中记载了各色烟火花炮的名称、玩法以及元宵场景，烟火花炮名目之多和元宵节的热闹程度绝不亚于明代。

清代元宵节，在灯火之外，民间的娱乐活动出现了大量的新内容。《清嘉录》引蔡云《吴歈》说：“看残大烛闹元宵，划出旱船忙打招。不放月华侵下界，烟竿火塔又星桥。”明代元宵节已有舞狮子的活动，到了清代，从春节开始，舞狮舞龙、闹社火、扭秧歌、跑旱船、踩高跷、花鼓等活动不停，一直到元宵节。田泰斗在《竹枝词》中描写当时的风俗："逐户灯光灿玉缸，新年气象俗敦庞。一夜元宵花鼓闹，杨花柳曲四川腔。"锣鼓在清代是重要的节日乐器，《清嘉录》"闹元宵"条记载："元宵前后，比户以锣、鼓、铙、钹敲击成文，谓之'闹元宵'。有跑马、雨夹雪、七五三、跳财神、下西风诸名。或三五成群，各执一器，儿童围绕以行，且行且击，满街鼎沸，俗呼'走马锣鼓'。"范仲淹后裔范来宗更有《锣鼓》诗："轰连爆竹近还遥，到处喧阗破寂寥。听去有声兼有节，闹来元旦过元宵。太平响彻家增乐，开遭声稀巷转嚣。取次春风催劈柳，卖饧时近又吹箫。"

灯火爆竹，锣鼓喧天，好不热闹！元宵节民俗自汉代形成，经隋、唐、宋、明，一直发展到晚近的清代，节日活动以灯火为主线，无论哪个时代，都是元宵节的主要节日元素，这也形成了中国特有的灯文化，如今上海还流传着儿歌《十盏灯》：

五颜六色狮子灯，
活龙活现调龙灯。
九曲三弯鲤鱼灯，
四角方方走马灯。
花花绿绿花篮灯，
滴溜滚圆绣球灯。
生青碧绿西瓜灯，
寿星公爷长寿灯，
天下闻名一盏文王灯，
外加还有一只九莲灯。

只是如今的花灯大都带有现代高科技的色彩，声效光电，非传统灯笼可比，但也少了传统的文化记忆。作为重要民俗的元宵节俗又在时间的长河中不断增加新的内容，有随着科学进步出现的烟火、爆竹，有拔河、舞狮舞龙、踩高跷、跑旱船等竞技性娱乐活动，还有猜灯谜、扭秧歌、打腰鼓（花鼓）等文艺性娱乐活动，这些无疑都使得元宵节内容更加丰满，底蕴更为深厚。

三、作为非物质文化遗产的当代灯会

长江流域元宵节民俗在当代保存最好并得到传承发展的是灯会。长江流域有很多地区的灯会极具地方特色和文化内涵，各级政府进行挖掘、整理，作为非遗项目进行了申报和保护。以下是长江流域灯会的国家级和省级非遗保护项目。

1. 江苏省南京市秦淮灯会

2006 年 5 月 20 日，秦淮灯会被国务院批准列入第一批国家级非物质文化遗产名录，2016 年又报选文化部申报联合国《人类非物质文化遗产代表作名录》备选项目库。

秦淮灯会又称“金陵灯会”“夫子庙灯会”，是流传于江苏南京市秦淮河的元宵民俗。秦淮灯会有“天下第一灯会”的美誉，是一个集灯展、灯会、灯市为一体的综合型灯会。秦淮灯会历史悠久，是中国最早的灯会，南朝时期南京就出现了元宵灯会的习俗，作为国都，南京秦淮灯会盛冠全国。自明代开始，秦淮灯会规模和影响力越发巨大，仅灯彩的品种就发展到两三百种之多，灯火之盛天下双无，每到元宵节，秦淮河流光溢彩、桨声灯影、歌舞浪漫，引历代文人墨客、名士才子吟咏不绝：“百花疑吐夜，四照似含春”（南北朝江总《三善殿夜望山灯》诗句）、“明灯初试九微悬，瑶馆春归不夜天”（明代南京户部主事张文辉诗句），历代戏剧、小说以及我们熟知的朱自清的《桨声灯影里的秦淮河》等文艺作品对秦淮及南京灯火盛况都有描绘。历史上的秦淮灯会主要分布在南京秦淮河流域，20 世纪以后主要集中在夫子庙地区，如今已扩展到“十里秦淮”东侧五里地段。

秦淮灯会通过扎灯、张灯、赏灯、玩灯、闹灯等诸种形式，将其他民间文化艺术门类如南京剪纸、空竹、绳结、雕刻、皮影、兽舞、秧歌、高跷等汇集起来，是历代南京民众延续和传承民俗文化的重要空间，具有重要的历史、人文、经济价值。到 2023 年，南京已举办 37 届秦淮灯会。

2. 江西省赣州市石城县石城灯会

江西省赣州市石城县石城灯会于 2008 年 6 月 7 日被列入第二批国

家级非物质文化遗产目录。

江西省赣州市石城县位于江西省东南，是长江重要支流赣江的源头，是客家民系的摇篮之一，1992年被有关部门命名为“灯彩之乡”。石城县灯会活动在南宋时就开始流行。石城方言中，“灯”“丁”同音，当地人认为元宵舞灯有丁口繁盛、丁财两旺的吉祥寓意。石城灯会以灯彩品种多、灯彩制作精美、灯彩表演与音乐舞蹈有机结合而著称。

石城灯彩品种繁多、内容广泛。有宗教祈祷型，如木兰“板桥灯”、濯龙“蛇灯”和长溪“竹高灯”等大型灯队，演出庄重、舞步高雅、音乐雄浑铿铿，人们通过这类灯彩的表演以达到祈丰年、求吉利、驱妖魔的目的。更多的是表达百姓劳动生产和生活习俗的生活型，如“倒采茶”“船灯”“荷花灯”“鲤鱼灯”“狮灯”“状元灯”“竹马灯”“猴子上树灯”“鸡公灯”“麒麟送子灯”“鹤蚌灯”等，这类灯彩的表演热情奔放、活泼欢快。

石城灯会的灯具和服饰都十分精美。石城灯具大多用彩色绸纸、色纸，经过“编”“扎”“画”“剪”“刻”“贴”等工序制作而成。经过反复摸索和长时间的积淀，石城人民制造的灯具形象逼真，当地有顺口溜：“灯形纸扎随意变，海阔天空万物全，扎物似物凭巧手，以假乱真难分辨。”足见石城灯具之精彩。石城灯会的服饰也有诸多讲究：男舞者身穿对襟便服，腰围豆腐罗帕，头扎方形汗巾；女舞者服饰鲜艳，罩绣有精美葵花、鸳鸯或其他花式图案的兜肚围裙，并用红绸扎三个小绣球缚在额上。

石城灯会表演时有乐器伴奏，边唱边舞。石城灯会的音乐优美动听，灯歌曲牌有轻松活泼的《倒采茶》、热情欢快的《瓜子仁》、缠绵悱恻的《十杯酒》、叙事诙谐的《南词》等60多种。锣鼓牌主要有《累累经》《排子锣鼓》《西皮锣鼓》《进门锣鼓》等。

灯会在石城有广泛的群众基础，遍布全县10个乡镇，最多时达385个灯队，业余演员5000余名。灯队推举1至3名牵头人，俗称“灯头”，下设“灯导”、“灯财”、“灯事”和“灯铳”，“灯头”是花灯活动的总管，“灯导”负责选择灯神、安排演出时间、指导灯具制作、煎制灯火；“灯财”负责灯具、服装等财物的准备和收支管理；“灯事”帮助操持账目和打理日常事务；“灯铳”负责板桥龙灯打铁铳迎出的专项工作。每年元宵节前后，石城群众都会自发组成灯会进村入户表演“游垅”“游塅”“游街”等。石城灯会无疑是一个很好的娱乐交往平台，极大地丰富了当地人民的文化生活。

石城灯会作是客家文化的优秀代表，是长江流域文化宝库中的重要一笔。

3. 四川省自贡市自贡灯会

四川省自贡市自贡灯会久负盛名，2008 年 6 月 7 日被批准列入国家级第二批非物质文化遗产名录。自贡市素有“南国灯城”的美誉，自贡灯会荟萃了中国灯文化的风采，享有“天下第一灯”的美称。

自贡灯会历史悠久，唐宋时，自贡地区已形成元宵节前后张灯的习俗，明清时期更进一步发展为各种灯会节，到清中叶时期，已有“狮灯场市”“灯杆节”等复杂的灯会活动。荣县是自贡市下辖县，《荣县志》记载：“正月人日之后，各祠庙皆燃火树，各门首皆点红灯。新年灯火甚盛……一城数亭，一亭各式，其高数重，构栋雕楼，嵌灯如星，一亭燃四五百灯，辉丽万有，西人来观亦欣然，京邑所不及也。”这是对自贡灯会之盛的形象描述。每年正月初七开始，自贡各祠庙均要立灯竿，悬红灯，举行天灯会。天灯会开灯那一天要在庙前竖立灯竿，燃灯 33～36 盏，燃灯时间少则 3 天，多则月余。自贡天灯会中，贡井“五皇灯会”尤其有名，贡井地区有庙名“五皇洞”，是祭祀“五皇”的寺庙，香火甚旺，每年冬至至春节，庙内张灯结彩，供品络绎不绝。天灯会在元宵之夜达到高潮，放烟火，鸣鞭炮，通宵达旦，热闹非凡。自贡天灯会的遗址甚多，至今在城乡保留着众多以“灯”命名的地名，如“灯竿冲”“点灯坡”“点灯山”“灯会山”“红灯山”“灯夹林”“五里灯”“万年灯”等，可见历史上自贡地区灯会之盛。民国时期，点灯杆、挂宫灯、狮灯龙舞、莲花灯等成为自贡春节的主要欢庆活动。新中国成立以后，自贡地区春节灯俗一直没有间断，1964 年，自贡市人民政府组织了新中国成立以来的首届灯会，自此连续不断，发展到如今，灯会规模越来越大，灯具工艺越来越精，成为自贡市的文化符号。

自贡市本着“以灯为媒，广交朋友，振兴经济；以灯为荣，振奋精神，建设自贡”为宗旨，每年都围绕一个主题设计灯会，如 2017 年灯会以“多彩新丝路，最炫中国风”为主题，2018年灯会以“锦绣中华，欢乐颂歌”为主题，紧跟时代精神，传达时代风貌，达到促进两个文明建设的目的。

自贡灯会规模宏大，构思精巧，灯景交融，光彩炫目。自贡灯会以壮观著称，每届灯会都有几十组大中型组灯和数千只工艺灯参展，占地（或水面）上千平方米，伴着笙箫管弦的大型主题灯组“鱼美人戏群龙”“珍珠神女”“龙柱礼花”“腾云阁”等让人震撼。自贡灯会的灯具在构思和制作工艺上被中外专家称道，制作材料多种多样，有用瓷器制作的瓷灯、用玻璃制作的玻璃灯、用蚕茧制作的蚕茧灯、用竹篾制作的竹编灯、用扎染布料制作的扎染灯、用丝绸制作的绢灯、用各类材料纸制作的纸灯等，充分表现了自贡人民神奇的创造力。自贡人民将各种材料制作的灯具组成大型、综合、联动的灯组，将群众喜闻乐见的故事、民间传说用灯的形式巧妙地表现出来，使古老的彩灯艺术焕发出熠熠的光芒。自贡灯会的特点是灯与景的有机结合。灯组巧妙布展于园林山水之中，灯中有景，景中有灯，形成树上“鸟”、湖中“蛙”，人物、动物、瓜果相得益彰，湖光山色、亭台水榭与“灯”融为一体，形成灯景交融的宏大场面。

至2023年，自贡灯会已成功举办了29届，每届灯会都将古老的传统制灯工艺和最新的科学技术相结合，融电子、遥控、建筑、机械、声学、光学等新技术于一体，形成了自贡灯会形、色、光、声、动相结合，思想性、艺术性、知识性、趣味性相统一的特色。

4. 安徽省芜湖市湾沚区八社神灯

安徽省芜湖市湾沚区六郎镇加元村“八社神灯”，指加元村八个社、埠即孔埠、余埠、塘埠、马桥埠、龙埠、高屋基社、五房社、宋社的村民自发组织的民间灯会，2010年7月19日获批为安徽省第三批省级非物质文化遗产项目。

八社神灯最早起源于流民为讨饭而表演的“玩小龙头”，到明代演变为草龙。清代则演变为竹龙灯，光绪五年（1879年）达到鼎盛时期，其时正逢丰收之年，为感谢上苍，八个村社联合发起组建龙灯会庆祝丰年，名“八社神灯”。当下流行的八社神灯是用钢筋焊接的龙灯。八社神灯传承百年，历史悠久的舞龙活动随着时代的发展而得以延续。

八社神灯的造型是龙的形状，龙体分为龙头、龙身和龙尾三个部分，长 80 余米。神灯灯具精美，龙身用钢筋焊接，外罩绸缎或布匹，布匹上绘各种图案，栩栩如生，内装蜡烛或蓄电池灯，龙灯亮起，色彩艳丽。八社神灯的兴灯共有设坛、制灯、教灯、出灯、接灯、玩灯、圆灯等七个程序。神灯演出服装统一，编排整齐，阵容庞大，场面壮观。合着铿锵的节奏，通明透亮的龙体在鞭炮、焰火中上下盘旋，蜿蜒起伏，在锣鼓声中晃头摆尾。舞龙时，前有一对高灯分列龙头两侧，后有十三盏出子灯相随。舞龙阵法主要有“三星高照”“金龙抱柱”“八方同心”“五子登科”“年年有余”“九九连环”等动作套路。

5. 安徽省芜湖市繁昌区九连麒麟灯会

安徽省芜湖市繁昌区九连麒麟灯会是居住在九连村卧龙墩自然村俞姓族人首创的一项民俗文化活动，于 2010 年 7 月 19 日获批为安徽省第三批省级非物质文化遗产项目。

九连麒麟灯会始于明朝末年，距今已有 300 多年历史。相传 300 多年前，繁昌九连村卧龙墩俞姓族人的祖先居住在江西婺源地区，他们根据传说，用竹篾编织制作了一个由狮头、鹿身、牛尾、马蹄、鱼鳞皮组成的外形奇特的“四不像”，也即人们想象中的麒麟。每逢春节或庆典，俞姓族人的祖先都要举办麒麟灯会，祈求天下太平。明朝末年，为躲避战乱灾荒，俞姓先人带着长约一丈，直径近一米，重达 40 多公斤的麒麟迁徙到繁昌九连村，麒麟灯会自此在九连村流传下来。

九连麒麟灯会历经 300 余年的传承和发展，从扎制、彩绘到表演，已形成了自己的特色，它以麒麟独特的外形、丰富多彩的表演方式独树一帜。麒麟灯会的表演一般由 46 名队员承担，举办麒麟灯会时，先通过一定的仪式请出麒麟灯，在锣鼓队的伴奏乐曲声中，46 名队员组成的表演队按照领队、高杆灯队、云牌队、花篮队、锣鼓队和舞麒麟的顺序依次入场，各司其职。云牌队 10 名女童舞动手中的云彩，摆出“天下太平”等文字造型。花篮队的 10 名女童挑着采摘来的鲜花，演唱吉祥歌曲。紧接着，麒麟在 6 名高杆队员的簇拥下步入表演场地中央。麒麟由两人舞动，一人双手握住麒麟道具戴在头上，扮演麒麟头，另外一人俯身，双手扶前者腰部，扮演麒麟身。舞麒麟的动作套路是舔毛、擦脚、搔头、洗耳，以及朝拜东、南、西、北四方。九连麒麟灯会具有很高的地方民俗文化研究价值。

6. 江西省南昌市南昌县向塘灯棍节

江西省南昌市南昌县向塘灯棍节是流传于向塘镇黄堂村邓氏家族的传统节日，每年的正月十二至十六日举办，又称“竖神灯”，2013 年 8 月 15 日被列入江西省第四批省级非物质文化遗产名录。向塘灯棍节起源于明成化十三年（1477 年），清康熙二十三年（1684 年），竖神灯正式形成风习，至今已有 500 多年的历史。

向塘神灯的灯棍共分三节，由两根杉树和一根竹子构成（也有的三根均用杉树），三部分的直径和长度由下而上逐根递减，第一根直径一尺二寸，长 7 米；第二根直径则约半尺，长 5 米；第三根竹子直径更小，长 3 米，竹子顶端饰以青绿竹叶，寓意新年新气象、子孙代代繁衍。三部分被绑成一根 15 米长的灯棍（现在整个灯棍的长度甚至可以达到 36 米、50 米不等），连接部分用铁箍固定。灯棍制作完成以后，由一家出一名男丁，手持鱼叉，围成一圈，百来根鱼叉合力将灯棍竖立起来。灯棍底部绑上木棍，用木槌夯实，再在顶部挂上灯笼。灯笼上一般会写上“南阳世家”之类的大字，同时灯笼上会串上彩色的小灯泡进行装点。

竖神灯一般在正月十二日的下午两点半开始，届时会由领头的房支抬出三尊菩萨放在神灯前北上方，氏族长老点燃秸秆，在神灯下用火慢慢烧一遍，烧到高处时，长老手一举，大喊一声“起灯”，于是在震天的锣鼓声、爆竹声中，众人合力用鱼叉把灯杆竖起来。在四天的灯棍节里，人们尽情地唱大戏，戏台上唱演着精彩的南昌县采茶戏，整个邓家网村成了欢乐的海洋。到了正月十六日早晨六点钟，要举行休灯仪式，在烟花爆竹声中，灯棍被放倒，收起，竖灯棍的坑洞也要填平。一旦休灯，全村沿袭古时遗训，不再游戏娱乐，一切走上正轨，人们开始辛勤忙碌的新一年。

向塘灯棍节凝聚着向塘劳动人民的传统文化基因，对研究当地的民俗风情具有重要意义。

第三章　驱邪除祟：长江流域春节的辟邪习俗

在老百姓看来，身体生病、生意失败、农业歉收、家庭不睦，人生的不幸不可避免，原因也各种各样，但无疑都有一个共同的根源，那就是邪祟的作怪。在不可自主的人生中，人们需要各路善神降下福瑞，庇护保佑，也极其希望运用某种力量祈福辟邪，驱赶恶鬼，远离灾祸。一体二面，人们用各种方式祈福，也用各种手段辟邪。年节是一年当中诸多平凡日子中的不平凡日子，无论是在饮食、服饰、佩饰、屋饰等用具上，还是在口头、书面等用语上，都要有所避讳，讲究能够驱邪趋利。

民间春节辟邪习俗种类繁多，方法多样，《荆楚岁时记》载："除夕，宜焚辟瘟丹，或苍术、皂角、枫、芸诸香，以辟邪祛湿，宣郁气，助阳德。"此种焚避瘟丹或香料的习俗在后世有各种变型的遗存。该书还记载："十二月暮日掘宅四角，各埋一大石为镇宅。"填"镇宅石"的辟邪习俗在后世慢慢消失，并不多见。其实，春节的诸多习俗如发压岁钱、喝屠苏酒、贴春联，既有祈福的含义，也有辟邪的愿望。

陕西汉中的"扫五穷"就是一种鲜见的驱邪除祟传统民俗，此俗流传于陕西省汉中市洋县及其周边地区及甘肃靖远一带，2011 年 6 月被列为陕西省第三批省级非物质文化遗产。"扫五穷"又称"扫五魔""扫五群"，扫除的对象是邪、怪、灾、病、贫五种魔群。"扫五穷"仪式在正月初五举行，"扫五穷"队伍由五个、七个、九个或十一个艳装彩服装扮起来的角色组成，角色扮演成灵官、天官、土地爷、哪吒、孙悟空、文武曲星、方方神、二郎神、哼哈二仙等，一般由"土地爷"领头走街串巷、进村入户，挥舞手里的神器，对住户和主人做清扫祛邪动作。

春节期间，民间驱邪除祟习俗还有很多，本章主要探讨具有普范性、代表性的燃爆竹和贴门神两大辟邪习俗。

第一节　燃爆竹

“一声爆竹除残腊，换尽桃符逐岁回。”整个春节期间，无论是城市还是农村，家家户户都要燃放爆竹。噼噼啪啪的爆竹声此起彼伏，尤其到新旧年交替之际，震耳欲聋的爆竹声更是将节日的气氛烘托到顶点，春节的爆竹声不仅仅是烘托节日气氛的声音华章，更多的是辟邪求吉的心理诉求。

一、爆竹辟邪

爆竹与桃符、春联一样，最早是用来驱除邪魔鬼怪的。东方朔《神异经》说：“西方深山中，有人长尺余，一足，性不畏人，犯之则令人寒热，名曰山臊。人以竹著火中，爗烞有声，而山臊惊惮。”山臊也叫“山魈”，相传是住在大山里的怪物，长得像人，但只有一尺多长，也只有一条腿，生性机敏，不怕人，是一种给人带来寒热病的病魔。山臊在过年的时候下山，危害人类，只要人类碰上它，就会浑身发冷并发烧，不多时就会在痛苦中死去。有一年冬天，一位农民上山砍竹子回家，走着走着感觉又冷又饿，于是随手在地上找了一堆小竹子生火取暖。竹子在火中烧得噼噼啪啪直响，正在这时，他突然看见山臊吓得像丢了魂一样飞跑，一眨眼就钻进山里，再也不见它出来——原来山臊怕火光和响声。人们掌握了山臊这个弱点，每年正月初一早晨鸡鸣的时候，便在自家庭院里烧竹子，火光熊熊，竹裂声啪啪作响，以此来吓跑山臊，使它不敢出来害人。后来焚竹而爆成为驱赶山臊的有效方法，爆竹也就成为一种辟邪工具。《荆楚岁时记》中说：“正月一日，是三元之日也。《春秋》谓之端月。鸡鸣而起，先于庭前爆竹、燃草，以辟山臊恶鬼。”可见，燃放爆竹早在南朝时就汇入过年习俗，成为过年驱鬼求吉的一种民俗事象了。

魏晋时期，由于炼丹术的发展，人们发现硝石、硫黄和木炭合在一起能引起燃烧和爆炸，就制作出了火药。火药发明之后，人们把火药放进小竹筒里，点燃爆炸。这种火药竹筒发出的响声更大，传得更远，火光也更亮。为了增强爆竹响声，凸显驱瘴辟邪的效果，人们就用这种方法代替了燃烧竹子，但一直沿用“爆竹”的叫法。后来，人们开始用纸卷成筒子代替竹筒，里面灌上火药制作爆竹，爆竹制作技术又更进一步。

到宋代时，由于普遍用纸包火药做成爆竹，有的人就开始用麻筋把纸制爆竹编成串，管它叫“编炮”。因为成串的爆竹放起来声音持续且时间长，清脆得好像人甩鞭子发出的响声，人们也把它称为“鞭炮”。孟元老《东京梦华录》中说：“是夜，禁中爆竹山呼，闻声于外。”由宫廷高院深墙内燃放爆竹开始，其声音传到了宫外，带动宫外大街小巷竞相燃放爆竹。吴自牧《梦粱录》说：“是夜，爆竹嵩呼，闻于街巷。”大街小巷燃放爆竹的习俗更为隆重，驱鬼求平安的心理期许更为强烈。范成大《爆竹引》写道：

岁朝爆竹传自昔，吴侬政用前五日。
食残豆粥扫罢尘，截筒五尺煨以薪。
节间汗流火力透，健仆取将仍疾走。
儿童却立避其锋，当阶击地雷霆吼。
一声两声百鬼惊，三声四声鬼巢倾。
十声百声神道宁，八方上下皆和平。
却拾焦头叠床底，犹有余威可驱疠。
屏除药裹添酒杯，昼日嬉游夜浓睡。

诗中所描绘燃放爆竹辟邪之俗，还是取自早期之方法，在过完腊八和小年以后，截五尺长竹筒，放在火中烧烤，直至竹皮流汗，然后手持一端，往台阶上一击，随即发出如雷霆般的爆裂声。人们相信这种爆裂声能惊退百鬼，倾覆鬼巢，令神道安宁、八方和平，从而使家宅新岁平安。在爆竹之后，人们将爆裂燃焦的碎竹片拾起来，叠放在床底，这样还可以驱除疾疫，保佑自己身体健康。可见，在宋朝流行纸包火药爆竹的同时，也还保留了如范成大诗中所记的竹筒爆竹。周密《武林旧事》

中也记载："两湖少年竞放爆仗……内藏药线，一燃连百余不绝。"反映了宋时发明了纸爆竹，还增加了连响的爆竹等。当时的爆竹品种也不下百余种，有单响、双响、连响，甚至还有飞上天空才爆响的二踢脚爆竹。由于爆竹的发展，宋朝除夕春节放爆竹之风较前代更盛。王安石《元日》说："爆竹声中一岁除，春风送暖入屠苏。"爆竹简直可以成为当时春节期间最为普遍、最具特色的民俗事象了。

明清两代，爆竹制作方法不断改进，花色品种也不断增加，燃放爆竹更为流行，燃放场所也不断扩大。《红楼梦》和《燕京岁时记》等许多明清小说、史记中，都记述了爆竹的许多品种，如"一声雷""飞天十响""双响震天雷""二踢脚""匣炮"等。明清时期除了大年初一清晨要放爆竹外，除夕之夜也开始流行放爆竹，到子夜达到燃放爆竹的高潮，俗称"迎神"。无论贫富贵贱过年都要燃放爆竹，以示除旧图新。清李光庭在《乡言解颐》中记载了一则乡谚："糖瓜祭灶，新年来到。闺女要花，小儿要爆。"其中《爆竹》诗写道："何物能驱疫？其方用火攻。名犹沿爆竹，象乃肖裁筒。惊破山臊胆，旁参郁垒功。儿童休掩耳，茅塞一声通。"爆竹已成为过年的标志，成为新年里不可缺少的民俗物象。清谢文翘《教门新年词》中说："通宵爆竹一声声，烟火由来盛帝京。宝炬银花喧夜半，六街歌管乐升平。"春节的爆竹声，响彻四面八方，通宵不断，在铺天盖地的爆竹声中，人们更加感受到了新年的喜庆气氛。

二、爆竹迎神

在中国人的传统信仰观念中，神与鬼往往是相互对立着的。鬼遭人厌恶，往往会给人以灾祸；神则受人敬仰，能给人带来幸福，同时，神还具有驱鬼灭鬼的能力。燃放爆竹可以直接驱鬼辟邪，而用爆竹迎神也可以达到借神驱鬼辟邪的目的，爆竹驱鬼与敬神两者并不矛盾。因此，将用于春节驱鬼的爆竹作为通神的灵物，用于迎神，也是顺理成章的事情了。《燕京岁时记》说："每届初一，于子初后焚香接神，燃爆竹以致敬，连宵达巷，络绎不绝。"清陈维崧《五福降中天·甲寅元旦》说："五更爆竹千门响，轰醒阳乌春睡。"燃放爆竹驱山鬼与敬神并用，反映了早期人们有征服自然的巫术思想同尊神事鬼迷信思想的并存。

爆竹成为迎神之物后，又逐渐演化出庆祝的功能。爆竹由驱邪逐步扩大到迎神、祭祀、赛会、祈祷等民俗活动中，甚至用于所有的喜庆活动如婚嫁、祝寿、工厂开业、商店开张、新屋上梁等场合。爆竹的使用范围不断扩大，使用形式也不断翻新。特别是随着现代工业发展，爆竹、烟花制造技术不断改进，烟花、爆竹的结构与组成更为复杂，燃放运动轨迹及燃放效果更为多样，从而形成了多种多样的烟花、爆竹。

燃放鞭炮成为春节庆典的一个重要环节，六朝古都南京，过去不论是市区还是乡村，人们习惯于春节放鞭炮，年夜饭前燃放鞭炮，称“闭门炮仗”；新年首次开门燃放鞭炮，称“开门炮仗”。每次燃放鞭炮的数量也有讲究，燃放三枚，叫“连中三元”；燃放四枚，叫“福禄寿禧”；燃放六枚，叫“六六大顺”；燃放一串，叫“百子爆”。年夜饭前的“闭门炮仗”后，便关上大门，一家人喜气洋洋地坐在一起，饮酒谈笑，辞岁迎年。到了岁更的子时，更是鞭炮大作，满天震响，人们以猛烈的爆裂声代替自己对春天和对新年与幸福的呼唤。“开门炮仗”能让炸碎的鞭炮纸屑覆盖自家的门前，称作“满地金钱”。

石头、文字、神灵等都是中国百姓崇拜的对象，爆竹驱邪，体现的或许正是人们对声响的崇拜。在遥远的古代社会，人口稀少，经济落后，也许我们的先祖感到了人生的寂寞和空旷，需要一些声响来打破寂静，给自己壮胆，因而发明了爆竹。从远古到当下，爆竹总在除夕之夜响起，成为春节文化必不可少的一部分。

第二节　贴门神

长江流域的百姓贴门神习俗极为普遍。房屋的门户主出入，与人的生活关系密切，人们希望有神灵来帮自己看好门户，阻挡邪魔，保卫家宅，于是就有了门神信仰。每年春节来临，人们将门神贴在家中的大小门扇之上，希望它能守门、护福、镇宅、驱年兽，能为自己保平安、助功利、降吉祥。

门神为民俗所奉的司门之神，源于远古时期的庶物崇拜，是万物有灵思想的产物。古有殷代天子祭五祀之说，《周礼·春官·大宗伯》曰：

“以血祭祭社稷、五祀、五岳。”五祀指哪五祀呢？有人认为是五行之祀，《太平御览》卷五二九引《汉书议》曰：“祠五祀，谓五行金木水火土也。”更多的人认为五祀是对住宅内外五种神灵的祭祀，《礼记·月令》说：“（孟冬之月）天子乃祈来年于天宗，大割祠于公社及门闾，腊先祖五祀。”郑玄为其作注说：“五祀，门户溜井灶也。”汉王充《论衡·祭意》也说：“五祀报门户井灶（室）中溜之功：门户人所出入，井灶人所欲食，中溜人所托处。五者功钧，故俱祀之。”五祀之中，灶神和门神最受人们重视，灶神在前文有专门论及，这里只谈门神。

一、门神源流

“千门万户曈曈日，总把新桃换旧符。”由于这首诗的广泛流传，“桃符”一词也广为人知。桃符究竟是什么东西呢？据《山海经》记载，很久以前，东海有座古老的度朔山，山上有百鬼出没。神荼、郁垒两兄弟神通广大，善于降鬼，他们每年岁尾统一检阅百鬼的行踪，对鬼的活动给予了严格限制。一旦发现有害人的凶鬼，就用一种法力无穷的“苇绳”将它捆起来，使它无法挣脱，给专吃恶鬼的神虎充饥，以达到为民除害的目的。但是，神荼和郁垒的能力是有限的，天下恶鬼太多，不能一一尽除。为确保每家每户平平安安，不受恶鬼的侵害，黄帝向全国颁布了一道命令：春节前夕，家家户户都要用桃梗刻制神荼、郁垒像，除夕那天悬挂门前。同时，在大门上端还要悬挂苇索，两扇门上要画上老虎，用来避免妖魔鬼怪的侵扰。到后来，人们觉得用桃梗刻制神荼、郁垒像很麻烦，就直接在桃木上画两个神像，或题上神荼、郁垒的名字，在除夕下午挂在门两旁，以压邪祛鬼，这就是最初的桃符。桃符是一种心灵的寄托，以驱邪镇魔为目的，辟邪最终是求吉，所以，桃符在后来也慢慢演变为一种带来福祉的东西。桃符在后来的演化中，逐渐分化为春联及门神画等多种形式。其中，春联向文字方向发展。

发展到宋代，门神不仅有神荼、郁垒这一对传统形象，还有武士番将、文官大夫等世俗形象。元朝时，门神种类扩大，门神体系也有了新的改变，既有戴盔披甲、满髯持剑的“战国四公子”形象，也有吕洞宾、汉钟离等道教神祇形象。到了明代，增加了天官形象与门童形象，并且形成了在门神形象旁边饰以鹿、马等吉祥动物的习俗，同时秦琼、尉迟恭等武士门神形象得到广泛传播。清代门神的多样化是这种趋势的延续。关羽、张飞、岳飞等一批忠臣良将不仅被朝廷封赠为神，也被民间百姓奉为门神。

门神形象随时代演进不断增加新的形象和内容，自秦汉以来，人们始以桃人刻神荼、郁垒像，后逐渐简单化，仅书神荼、郁垒名字，再后更为简单，用纸绘画条以代桃像，这便是门神演进的大概。

二、门神种类

当然，上述各类门神的相继出现，并不一定是产生了新的门神形象后便立即代替旧门神的地位。相反，除了极少地区或极少门神或极少情况，更多的还是新的门神出现后，旧的门神仍然沿用不改，或新、旧同时供奉。因此民间门神信仰十分复杂，门神种类也颇繁多，神荼、郁垒是门神，金鸡、老虎也是门神，秦叔宝、尉迟敬德是门神，魏徵、包公也是门神，从神话人物到现实人物，从人物到动物，从文臣到武将，从男人到女人，只要人们认为他强大到足以能为自己驱邪逐戾、护宅保家，都可当作神供奉在门上。除了全国公认的门神以外，长江流域的一些地区还有自己小范围信奉的门神，如旧时苏州地区曾以温将军、岳元帅为门神。《吴县志》云："门神彩画五色，多写温、岳二神之像。"在这里的"温"神或谓晋代之温峤，或谓东岳大帝属下之温将军，"岳"神即指岳飞。总体看来，门神形象可作如下归类。

1. 神话人物门神

神荼、郁垒　关于他们的传说在前面已经作了描述，在此不再赘述。

神荼、郁垒作为门神的影响力较大，在民间流传甚广，道教将他们列入神谱，称为"东方鬼帝"。统治者利用宗教民俗化的力量，进一步推动了神荼、郁垒作为门神的流传。《荆楚岁时记》里记载：时人用桃木板做门，叫作仙木，画两位神贴在上面，左扇门上叫神荼，右扇门上叫郁垒。民间对神荼、郁垒的祭祀方法大致分为三种：或用桃木雕刻二神像挂于门上，或画二神肖像张贴于门上，或用用朱砂笔在桃木板上写上二神尊名挂在门上。至于神荼、郁垒二神的形象，《三教源流搜神大全》中有二神的肖像画：二神位于桃树下，袒胸露乳，黑髯虬须，眉发耸互，头生两角，手执桃木剑与苇索，一副凶神恶煞的样子，所以鬼见了都会害怕。

钟馗 目前所知最早记载钟馗其人其事的是唐卢肇的《唐逸史》。相传钟馗是陕西终南山人，少时即才华出众，唐武德年间赴长安参加武举考试，仅因为相貌丑陋没能中举，于是恼羞成怒撞死在殿阶上。唐高祖听说后特别后悔，便赐给钟馗红官袍予以安葬。开元年间，唐玄宗突然生了一场病，请了许多医生救治，均没有很好的效果，宫廷内外、上上下下都很担心。一天晚上，唐玄宗在昏昏沉沉的睡梦之中，清晰地梦见了一个小鬼赤裸着上身，一手拿着杨贵妃身上佩带的紫罗香囊，一手拿着自己心爱的玉笛纠缠自己。这时候，突然冲出一个身穿蓝袍、头戴幞头、足登破靴的大鬼。大鬼要捉拿小鬼，在殿上追逐小鬼很久，费尽周折才把小鬼捉住。大鬼挖出了小鬼的眼珠，放进嘴里吃掉，然后掰开小鬼的手和腿，狼吞虎咽地吃下肚里去了。这让玄宗大惊失色，忙问大鬼姓名，那大鬼立刻向皇帝跪下说："臣乃当年武举落第的钟馗，立誓为陛下除尽天下妖孽。"玄宗梦醒之后，觉得神清气爽，再经过饮食调养，不久病就完全好了，并且身体比以前更壮。玄宗大为高兴，就宣召画师吴道子入宫，要求他将自己梦见小鬼如何缠绕他，大鬼如何抓捉小鬼、如何吃小鬼等场景一一描绘下来。吴道子奉诏之后，拂笺执笔，神速在素绢上画出了捉鬼图，玄宗注视良久，惊叹吴道子所绘形象、场景与自己梦中的一模一样，大为高兴，并亲自执笔对吴道子所画题词："灵祇应梦，厥疾全瘳，烈士除妖，实须称奖。因图异状，颁显有司，岁暮驱除，可宜遍识，以祛邪魅，益静妖氛。仍告天下，悉令知会。"还下旨将《钟馗捉鬼图》镂板印刷，广颁天下，让世人皆知钟馗的神威。

沈括《补笔谈》卷三中也记载了钟馗："禁中旧有《吴道子画钟馗》，其卷首有唐人题寄曰：明皇……忽一夕梦二鬼，一大一小。其小者衣绛……绕殿而奔。其大者戴帽，衣蓝裳，袒一臂，鞹双足，乃捉其小者，刳其目，然后擘而啖之。上问大者曰：'尔何人也？'奏云：'臣钟馗氏，即武举不捷之士也，誓与陛下除天下之妖孽。'梦觉……乃诏画工吴道子，告之以梦，曰：‘试为朕如梦图之。’……熙宁五年，上令画工摸拓钱板，印赐两府辅臣各一本。是岁除夜，遣入内供奉官梁楷就东西府给赐钟馗之象。”

这么看来，钟馗之所以成为门神，是因为唐玄宗病中一梦，玄宗以王者之威，在对梦中除妖烈士进行嘉奖的同时，向天下子民昭告灭鬼“烈士”的神威，并将画家吴道子所绘梦中图景“颁显有司”，用以年终岁末除邪祛魅。传说只是传说，钟馗如何成为民间门神，学者却有自己的看法。明末清初的大学者顾炎武，从汉字的发音方面作了有趣的考证。他在《日知录》卷三十二《终葵》里说：“《礼记·玉藻》：‘终葵，椎也。’《方言》：‘齐人谓椎为终葵。’马融《广成颂》：‘翚终葵，扬关斧。’盖古人以椎逐鬼，若大傩之为耳。”要读懂这段文字，需要了解一下训诂学里反切的知识：反切是古代汉字注音的方法，即用两个字注读另一个字，如“塑，桑故切（或桑故反）”。“椎”的（反）切即为“终葵”，所以说“终葵，椎也”。也许是因为音韵的误读误解，人们就把“终葵”和“椎”当作了一个东西，古人以椎逐鬼，相应的就以终葵为辟邪之物了。史书记载有很多人取名“终葵”“钟葵”，《魏书》里说有一个人“本名钟葵，字辟邪”。其他还有如杨钟葵、丘钟葵、李钟葵、慕容钟葵、乔钟葵、段钟葵等。到了唐代，终于从“终葵”“钟葵”中演变出“钟馗”，都是取其辟邪之义。顾炎武还引《左传·定四年》：“分康叔以殷民七族，有终葵氏。”终葵是一个古老的姓氏，相传这个氏族即以椎驱鬼之氏族，后世遂以“终葵”为辟邪之意，逐渐演变为“钟葵”“钟馗”。

不管钟馗这一形象的来源如何，他都已成为民间俗神信仰中最为人们熟悉的角色之一，贴于门户是镇鬼尅邪的门神，悬在中堂是禳灾祛魅的灵符，钟馗在老百姓心目中已成为万应之神，要福得福，要财得财，有求必应，所谓“赐福镇宅，唯真钟馗”“拜请钟馗，中榜得魁”“钟馗真神显，送咱福禄寿禧安”，这些俗语，正是民间心理的反映。

2. 武将门神

秦琼与尉迟敬德　熟悉历史的人都知道，这二位都是唐太宗李世民手下的大将，两人在战场上立下了大功，是真实的人物。秦琼，字叔宝，故又称秦叔宝，隋末将领，后起义归降了李世民。李世民见秦叔宝勇猛善战、侠义忠胆，格外看重。秦叔宝跟随李世民多次出征，屡立战功，拜为左武卫大将军，获封邑七百户。贞观十二年（638 年），秦叔宝去世，李世民追赠其为徐州都督，陪葬昭陵，并在其墓前造石人马，用以彰显秦琼的战功。尉迟敬德，名恭，字敬德，先前也从政于隋朝，任朝散大夫，后在与李世民的战争中被活捉而归降。李世民久闻尉迟敬德是一员猛将，相见甚欢，任他为右一府统军。尉迟敬德多次跟随李世民出征，勇猛善战，备受李世民重用。尉迟敬德为李世民建立王朝立下了莫大功勋，在“玄武门之变”中，他帮助李世民登上了皇帝宝座。尉迟敬德一生忠于李世民，战功卓著，李世民对他的信任也始终如一。

两位真实的历史人物，是如何就成为门神的呢？明清小说《西游记》和《隋唐演义》中讲述了两位大将成为门神的过程。《西游记》里说泾河龙王命犯天条，该由唐相魏徵处斩。龙王托梦求救于李世民，李世民答应了龙王阻止魏徵斩杀龙王的请求，却不料魏徵下棋打盹中梦斩蛟龙，而李世民无意之中还助了一臂之力，泾河龙王由此怪罪李世民，夜夜纠缠索命，李世民寝食不安，病入膏肓，只好召秦琼、尉迟敬德于床前守卫，自此得以安寝。《隋唐演义》记载：由于唐太宗李世民在登基的过程中杀戮过多，因此遭到恶鬼缠身，每天晚上都听见抛砖掷瓦、鬼哭狼嚎的声音，太宗皇帝夜不能寐，弄得后宫夜夜不宁。他将此事告诉群臣，秦琼说：“臣戎马一生，杀敌如切瓜，收尸如聚蚁，何惧鬼魅？臣愿同敬德披坚执锐，把守宫门。”当晚二位大将为皇帝把守宫门，太宗果然一夜平安无事，自此以后，他便让二将夜夜守卫。两部小说都说到因为唐太宗念及二位将军夜夜守门太辛苦，于是命画师将二人画像贴在门上，以画代人，倒也顶事，邪祟自息。《西游记》描述了二位将军的英姿：“头戴金盔光烁烁，身披铠甲龙鳞。护心宝镜幌祥云，狮蛮收紧扣，绣带彩霞新。这一个凤眼朝天星斗怕，那一个环睛映电月光浮。”并且感叹：“他本是英雄豪杰旧勋臣，只落得千年称户尉，万古作门神。”历史上，秦琼与尉迟敬德这二位大将的确被太宗皇帝下诏绘制成了图像，只不过是被珍藏于凌烟阁——专门存放有功之臣画像的地方，而不是张贴于宫门。

小说毕竟是小说，至于两位大将何时成为门神，史书上并没有具体记载。考古发现，在五代十国时期的北平王王处直墓里就有秦琼与尉迟敬德的门神形象。由此可以推测，五代时期，秦琼与尉迟敬德就已经成为门神。随着《西游记》小说情节的深入人心，戏说故事逐渐演变成为事实，《清嘉录·门神》中有确切的记载："夜分易门神。俗画秦叔宝、尉迟敬德之像，彩印于纸，小户贴之。"明清时期，老百姓在自家大门上张贴尉迟敬德和秦叔宝画像的做法逐渐成了一种风俗习惯。

秦叔宝、尉迟恭二门神，是民间流传最广、影响最大的武将门神。二门神像的形态或坐或立，或披袍或贯甲，或徒步或骑马，或舞鞭锏，或执金瓜，姿态多种多样。在二门神的两旁，有时还贴上一副对联："昔为唐朝将，今作镇宅神。"

关羽　关羽本字长生，后改字云长，河东郡解县（今山西运城）人，东汉末年名将。早期跟随刘备辗转各地，与刘备、张飞三人"桃园三结义"，结为兄弟。关羽执青龙偃月刀，跨千里赤兔马，赤脸美髯，英勇善战，他千里走单骑、温酒斩华雄、单刀赴会等事迹在百姓中广为流传。其死后头、身以及衣冠分别被三国以诸侯之礼厚葬，民间有"头枕洛阳，身卧当阳，魂归故里（或称'魂归山西'）"的说法。

关羽去世后，逐渐被神化，被民间尊为"关公"。历代朝廷多有褒封，清代奉为"忠义神武灵佑仁勇威显关圣大帝"，崇为"武圣"，与"文圣"孔子齐名。佛教也供奉关云长，道教更是将关羽奉为"关圣帝君"，为道教的护法四帅之一。因为关羽是武学至尊，誉为武圣，加上他身配上青龙偃月刀，被民间神话后，人们相信鬼神都敬畏他。所以，民间把关羽当作门神的不二之选。

穆桂英　穆桂英是中国古代四大巾帼英雄之一，与梁红玉、花木兰、樊梨花齐名。她是明代熊大木小说《北宋志传》（又名《杨家将传》《杨家将演义》）和纪振伦小说《杨家府演义》中的人物，也是一个典型的"杨门女将"。穆桂英原为穆柯寨穆羽之女，是杨宗保的妻子，也就是杨继业的孙媳妇，是杨门女将中的杰出人物。杨家将故事主要描写北宋初年的卫国战争，当时中原刚刚统一，北方辽国的契丹族屡次入侵中原，杨家父子为抵抗辽国的入侵前仆后继，不怕牺牲，男人们在战争中一个个倒下了，杨门女将们勇往直前，担当起抗敌的任务，穆桂英就是杨门女将中最突出的一个。她武艺高强，箭艺极精，勇猛无比，其本领超过她的公公杨六郎和丈夫杨宗保，而且她懂得用兵韬略，是一个帅才，屡次作为军中的主帅，在抗辽战争中建立奇功，成为中国通俗文学中巾帼英雄的典型形象。

穆桂英成为门神，与清代中期以后的戏剧发展有关。那个年代，戏剧是最高级的艺术，而戏剧名角也如今日的影视明星一般，受到诸多粉丝追捧。门神画艺术也加入了这场特殊的时尚追逐之中，各大画店往往会高薪聘请著名画师深入京城各大戏院，把最受人们追捧的艺术形象和精彩场面绘制下来，送回画店印制成门神画出售。这样一来，穆桂英作为备受追捧的艺术形象也成为辟邪人物门神之一。

武将门神通常是贴在正大门上，神像手中执刀、锤、鞭、锏等兵器，横眉怒目，威猛雄伟，百鬼莫敢入内。武将门神还有燃灯道人、赵公明、马武、韩信以及岳飞等数十种。寺院山门或天王殿外廊庑的哼哈二将神像，他们是守护寺庙大门的，可以看作是寺庙门神。

3. 文官门神

魏徵　魏徵是唐朝政治家、思想家、文学家和史学家，因敢于直言进谏，辅佐唐太宗创建“贞观之治”的大业，被后人称为“一代名相”。

魏徵如何成为辟邪门神？小说《西游记》中说魏徵斩了泾河老龙王之后，老龙王的鬼魂每夜进入内宫找唐太宗李世民索命，无奈宫门外有秦琼、尉迟恭二将把守，老龙王冤魂转至皇宫的后宰门，砸砖碎瓦，搅扰太宗，秦琼和尉迟恭已在前门，无力分身，魏徵只好亲自持诛龙宝剑夜守后宰门。时间一长，老忠臣体力不支，太宗命人将魏徵的画像画出来，贴在后门上，龙王的冤魂不辨真假，画像对它具有同真人一样的威慑力，从此不再骚扰太宗。久而久之，人们在过年时就把魏徵的彩绘像张贴在后门，以保自家平安，魏徵就这样成了后门门神。

包公　包公是中国民间对北宋清官包拯的敬称，他秉公执法，一身正气，为世人敬仰，在民间具有深远的影响力。包公是北宋庐州合肥人，宋仁宗时，任监察御史、龙图阁直学士、开封知府等官职。他为官廉洁清正、执法严厉公正，他不畏权贵、打击恶霸，扶植弱小、为冤屈者平反昭雪。在老百姓心目中，他是正义和公平的化身，是老百姓的保护神。包公虽为文官，却并非人们心目中文弱书生的形象，戏剧以及影视、文学作品中的包公都是一副刚正不阿的大黑脸，显得分外威严。因此，人们相信他能驱除恶鬼、镇压邪祟，妖魔鬼怪在他面前必定是俯首帖耳、无处遁形，遂用他作门神。

文天祥　文天祥，字宋端，号文山，江西吉安人，南宋末年文学家、爱国诗人、民族英雄，宋理宗宝祐四年（1256 年）进士，历任湖南提刑、赣州知府、右宰相。他率军抗元，兵败被俘，英勇就义，写下“人生自古谁无死，留取丹心照汗青”的著名诗句。文天祥不屈不挠、英勇无畏的英雄气概为人们称道，国人将他作为门神，希望他的正气和勇气能压服邪魔，保家宅平安。

海瑞　海瑞是明朝著名清官，一生经历了正德、嘉靖、隆庆、万历四朝，为官期间力主严惩贪官污吏，禁止徇私受贿，有“海青天”之誉。海瑞曾出任南京右都御史，作为正义与公道的象征，在南京，海瑞的画像被贴得满街都是，老百姓家的门上、客厅、卧室都张贴，据说他的画像可以辟邪，每天看一眼，可以百病不侵。

三、门神形象

门神种类多种多样，门神形象也是纷繁复杂，但是，门神形象在长期的发展中形成了一些套路。武将门神的形象有金瓜武将门神、鞭锏武将门神、骑马武将门神等形态。金瓜武将门神衣着上有披袍式和贯甲式两种，不管哪种衣着装扮，共同的特点是佩弓挂袋，双手执金瓜。鞭锏武将门神则是两位门神一人双手舞锏，一人双手使鞭，鞭和锏都是一手举过头顶，一手按在腰间，佩挂弓，“S”形身姿，颇似京剧武生一招一式的亮相造型姿势。武将门神除了步式还有骑式造型，所骑动物有红马、白马、神虎、仙鹿、麒麟等，手势多为双手执鞭锏，也有一手执鞭锏，一手握着如意、莲蓬之类吉祥物的。武将门神人物有单一人物，也有以一名武将为主、多人组合的“五子登科”“带子上朝”“仙童献瑞”等群体形象。

与驱邪魔、卫家宅、保平安的捉鬼门神和武将门神不同，文官门神神像往往是头戴纱帽，身穿一品绣鹤朝服，或抱象牙笏板，或持吉祥器物，白面五绺美髯，一派雍容华贵模样。文官门神大都与升官发财有关，因此，门神上常常添画一些吉祥物，取其吉利，多用谐音双关方法。如明代冯应京在《月令广义·十二月令》中说："后世画将军朝官诸式，复加爵、鹿、蝠、喜、马、宝、瓶、鞍等状，皆取美名，以迎祥祉。"爵、鹿、蝠、喜、马、宝、瓶、鞍八物的含义为：爵樽借指官位；鹿寓意"禄"；蝙蝠寓意"福"；喜鹊寓意喜庆；马借指驿马；元宝谐音"驰报"，并寓意金钱；瓶、鞍，谐音"平安"。绘此八物，即取"爵禄福喜，马报平安"之意。

无论何种形象，何种造型，门神都寄托着人们辟邪祈福的希冀。下面选取长江流域各地门神形象代表作品，略作分析介绍。

四川绵竹持剑将军门神　两位武将一个面目清秀，一个横眉立目，两人均全身披挂，背插彩色令旗，脚穿黑色厚底靴，一手在前持弓，一手在侧握剑，"S"形站姿。

四川绵竹持剑将军门神

四川绵竹一品状元门神　图中两人浓眉大眼，面相富贵，均文官打扮，戴乌纱帽，穿圆领补服官衣，薄底朝靴，手中各抱一如意，托一盘牡丹花，袍色一红一绿。

四川绵竹一品状元门神

四川夹江对斧门神　这对门神是武将打扮，丹凤眼、卧蚕眉、掩口须，全身戎装披挂，背插令旗，腰间佩剑，一手持斧，一手托金银元宝于腹部，正面而立。膝前各有两个小人，一人怀抱圆形宝盒，一人手持荷花，寓意“和合二仙”。

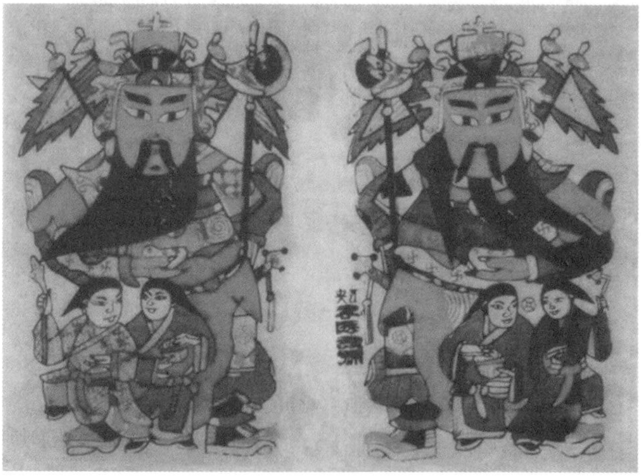

四川夹江对斧门神

四川夹江穆桂英门神　女将戴红缨球冠帽子，帽子上插有尖尖的雉尾，飘向左右，背插四面靠旗，脖子上有霞帔，胸铠上系护心镜，手提大刀，腰配宝剑。两图构图相同，左右相对，只是人物衣甲色彩稍异。

四川夹江穆桂英门神

湖北丹江口鞭锏门神

湖北丹江口鞭锏门神　图左红脸黑须武将右手持鞭，侧右而立；图右白面细须武将左手持锏，朝左而立。两人均锦衣令旗，配护心镜，衣纹繁饰，笔画细腻。门神像还画有细密的“卍”字纹。

湖南隆回滩头扬鞭门神　左边的武将右手扬鞭于头顶，左手按剑于腰后，右脚侧点地，身子微扭向左；右边的武将左手举锏过头顶，右手按剑于腰后，左脚侧点，身子微扭向右。人物衣甲头盔相同，黑红两色相间。

湖南隆回滩头扬鞭门神

江苏南通斧钺将军门神　画中一对门神顶盔披甲，背插令旗，项扎护肩，腰中佩剑，一手握龙头大斧，一手叉腰，挺身正面站立。左边武将右膝前有一文官装扮白面的小人，双手展开横幅卷轴，上书“四季兴隆”四字，朝右站立。右边武将左膝前有一武官装扮的红脸小人，面朝左边，展开一横幅卷轴，上书“平安吉庆”四字。

江苏南通五子将军门神　此图中心人物是一个穿蟒袍，戴冠披挂，插令旗，握斧钺、鞭锏的武将。武将膝前五子，红衣童子骑在绿身红饰的麒麟身上，寓意“麒麟送子”，其余四童子手中或举珊瑚，或捧石榴，或举如意，或戴紫金盔，除了寓意多子多福，还有未来必中文武状元之含义。

江苏南通斧钺将军门神

江苏南通五子将军门神

湖北枣阳加官门神　图中两人头戴翘脚幞头，身穿蟒袍，腰横玉带，足登朝靴，如古代朝廷大臣装扮者。画面刻有“枣阳县”和“经文堂”六字，分印于人物袍袖之下。

湖北枣阳加官门神

湖北老河口五子登科门神

湖北老河口五子登科门神　此图绘刻一头戴翘脚幞头的文官，身穿蓝色朝服。图中还有五个儿童，两个分别坐在文官的左右胳膊上，三个环绕在官员的膝前。左臂上的红衣儿童右手抱笙，左手举一枝莲花，取其谐音“莲生贵子”。右臂上黄衣儿童举着装饰烦琐的蓝色灯笼，象征“五谷丰登”或“五子登科”之意。膝前身穿蓝色绣衣童子，手中擎一枝方天画戟，象征“吉利”之意。其他两名儿童手中也各拿吉祥物品。

安徽宿州太岁神、姜太公门神　宿州门神太岁神、姜太公取材于古典小说《封神演义》。图左太岁神戴太子冠，双手举钢叉过头顶，黑花脸，面相凶恶，骑黑虎，身子朝右。右图姜太公花白胡须，压耳毫毛，红花脸，太极图饰额，腰佩葫芦，一手拿绳索，一手握量天尺，坐骑一口衔灵芝的“四不像”。画面上神兽脚下还撒有宝珠、金钱、珊瑚、翠叶等珍宝。

安徽宿州太岁神、姜太公门神

以上是长江流域各地比较有代表性的门神形象，通过这些图例，可对门神文化有大略的了解。

第四章　人寿年丰：长江流域春节的祈福习俗

中国人的祝福，在新春时最为真诚；中国人的祈愿，在年关时最为恳切。春节祈福，不只是中国人的民俗，更是中国人共同的信仰。健康长寿、土地丰产、财源滚滚、子孙满堂是中国人朴实而又直白的愿望，人们在新的一年即将来临之际，用各种方式把这些愿望表达出来，希望能够实现。

第一节　祈福

幸福，自古以来是人们最为关切和谈论最多的话题，也是人们孜孜追求、极其向往的人生目标。不同时期，人们对幸福的期盼不一样，人们的祈福方式也有所不同。古人相信，人间之幸福掌握在福神手里，要得福，只能向福神祈求。今天，虽然人们相信幸福掌握在自己手中，但春节仍保留着诸多祈福的习俗。

浙江绍兴、杭州滨江区还保留着“祝福”风俗，当地绝大多数家庭在春节期间都会举行这一仪式祈求新年幸福和好运。该民俗于 2007 年 6 月纳入浙江省第二批省级非物质文化遗产名录。

一、福神崇拜

中国人很早就将天上的星辰与人间的吉凶祸福、疾病寿夭联系起来，赋予了星辰非凡的神性和独特的人格魅力，创造出了福、禄、寿三星的形象。以星辰为原型的自然崇拜，在长期的演变过程中，逐步渗入中国传统文化的肌理之中，成为古代民间世俗生活理想的真实写照，并逐渐在世俗社会产生了巨大的影响力。在对星辰的自然崇拜中，福、禄、寿三星并不像其他的神灵那么有威严，对老百姓却具有非凡的亲和力，人们对福、禄、寿三星顶礼膜拜，主要在于它们是人间幸福安乐、健康长寿的象征。福、禄、寿三星在民间的绘画题材中，常常也是绘于一图，福星手拿一“福”字，禄星手托一只金元宝，寿星一手托着寿桃、一手拄着拐杖。在春节和其他一些重要节日里，人们会把这种绘画贴在家中，或当作礼品赠予人。那么，作为三星之首的福神，其原型是什么呢？

福星也称为“岁星”。古时称木星为岁星，它是太阳系八大行星中从内向外的第五颗行星，也是体积最大、自转最快的行星。为什么木星又被称为岁星呢？这是根据岁星（木星）在天体中运行的规律，即“岁星纪年法”推算而得的。由于木星围绕太阳的公转周期为11.862年，而古代中国天文学家以地球为观测点，以相对不动的恒星为背景来观测日、月及其他行星在天空的运动，正好约12年绕天一周。古人认识到木星约12年运行一周天，其轨道与黄道相近，因此将周天分为12分，称12次。木星每年行经1次，即以其所在星次作为纪年。同时，由于古人心目中的“福”，主要包括“五福”，据《尚书·洪范》记载：“五福：一曰寿，二曰富，三曰康宁，四曰攸好德，五曰考终命。”这就是民间常说的“五福骈臻”“五福临门”。旧时相术士说：“岁星所照，能降福于民。”岁星所在的“福”为“五福”之首，所以“岁星”又被称为“福星”。

在福星的传说中，还有相对应的人物。民间最具典型的说法就是“福星”即天官，故有“天官赐福”的神话。传说从前有个叫陈子祷的人，长得温文尔雅，俊美绝伦，与龙王的三公主一见钟情，结为夫妻，后来分别在二月十五日、七月十五日和十月十五日生下天官、地官、水官三兄弟。这三兄弟神通广大，法力无边，得到当朝太师的赞许，后被分别封官，天官被封为“紫微大帝”，掌管“赐福”；地官被封为“清虚大帝”，掌管“赦罪”；水官被封为“洞阴大帝”，掌管“解厄”。后来发展成为“三官庙”里的上元、中元、下元“三元大帝”。其中，掌管降福人间的天官一身朝官装束，五色袍服，龙绣玉带，手执大如意，足蹬朝靴，慈眉善目，五绺长髯，一派喜颜悦色、雍容华贵气象，常被人们当作福神来信奉。

人们将“天官赐福”寓意在画中，天官立于海崖，手持一轴诰命，上书“天官赐福”或“受天福禄”四字，或加蝙蝠和小孩；也有把天官画成笑容满面的老人，手抱五个善童，善童手中分别捧着仙桃、石榴、佛手、春梅和喜庆鲤鱼灯等吉祥物。最为广泛流传的“天官赐福”是一出吉祥戏，在昆曲、京剧、川剧、粤剧、滇剧、秦腔、汉剧、徽剧、祁剧、辰河戏、调腔、邕剧等多种戏剧中都有剧目，是宫廷、堂会、庙会中不可少的一种表演。“天官赐福”在各地有很多名称变化，但根本在于它具有的吉庆祝福性质。无论作为大戏之外的“饶头”，还是作为独立的小戏，“天官赐福”所表达的思想都比较单纯、简单，也没什么戏剧性，出场人物都是仙界的，众仙簇拥着天官颁赐福禄，以彰积德之报。每一位神仙，都代表一种现实利益或对美好未来的祝愿。由于“天官赐福”所包含的丰富文化内涵以及仪式贺庆等功能，与人们期待未来幸福生活的心理、精神渴望相契合。所以“天官赐福”在民间、各个阶层中都得到了广泛流传。

二、祈福之法

中国传统节日感自然规律而起，孕人文精神而丰。春节也是一样，春节蕴含着丰富的祈福习俗，充分体现了天人合一、祥和隆重等丰厚的历史感和博大的人文性。春节期间，人们祈福的愿望是明确的，祈福的方式也是多样的。

1. 倒贴“福”字

春节期间，中国人家家户户习惯在门上、墙上贴上大大小小的“福”字。更为有意思的是人们喜欢将“福”字倒过来贴，由于“倒”和“到”谐音，人们用倒过来的“福”表示“福到了”，以图吉利，以此寄托人们对幸福生活的向往和对美好生活的祝愿。

关于倒贴“福”字的习俗在民间有许多的传说，主要与两个历史人物有关。

明朝开国皇帝朱元璋登基后，册封他贫贱时所娶淮西马氏为正宫皇后娘娘。相传有一年腊月三十，朱元璋微服私访，在大街上看到许多人围在一家门前观看一幅灯画，画上画着一个大脚妇女骑着马，怀里抱着一个大西瓜。朱元璋十分机智，一看便明白了这则灯谜的含义：妇人骑马暗示为“马氏”，怀抱西瓜则是谐音“淮西”，灯谜的寓意自然是在嘲笑淮西妇人马氏脚大。朱元璋怒不可遏，但又不便当场发怒，于是灵机一动，便将这家大门上挂的“福”字斗方一旋，让“福”字倒过来，以此作为抓人的记号。朱元璋回到宫中后，一脸怒气难消，马皇后见后忙问究竟，朱元璋便把上街微服私访所见所做之事说了一遍。马皇后是心地善良之人，暗暗思量：人家张灯猜谜，欢欢喜喜过年，如果为了这么一点小事而大开杀戒，实在是造孽。于是，马皇后等朱元璋睡熟后，下旨让身边的心腹连夜出宫，把大街上家家户户大门上的“福”字全都颠倒过来。第二天一大早，军士们上街按记号去抓人，结果发现家家户户大门上的“福”字都倒过来了，顿时傻眼，不知道抓谁了。这样，好心的马皇后便为百姓消除了一场灾难，百姓也因这张倒过来的“福”字而得救。后来，人们便将“福”倒过来贴，一来为纪念善良的马皇后，二来求福到家门。年复一年，相沿成俗，倒贴“福”字便成了春节的重要习俗。

另外一说与清代恭亲王有关。相传一年春节前夕，恭亲王府的大总管安排用人扫尘贴“福”字迎新年。有个用人不认识字，便把大门上的“福”字贴倒了。时逢恭亲王下朝回府，看见行人指着王府大门议论到：“恭亲王福倒了！恭亲王福倒了！”恭亲王一听十分恼火，进府后就立即痛打这个贴“福”字的用人四十大板。大管家怕恭亲王追查下来牵连自己，连忙跪地求饶说：“奴才才常听人说，恭亲王寿高福大造化大，如今大福真的到（倒）了，实乃吉庆之兆。”恭亲王一听也觉得言之有理，心想怪不得过往行人都说恭亲王福到（倒）了，真是吉利口彩！于是，恭亲王厚赏了能言善辩的大管家，也免去了那个用人的板子，还追赏了用人银两。后来，倒贴“福”字的习俗便从恭亲王府传到百姓人家之中，成为民间春节重要习俗。还有一种说法也与恭亲王有关，但是恭亲王的角色与前说不相同：话说清宫按照祖传惯例，每年除夕要开笔赐“福”字。一年除夕，慈禧太后给大臣们赐“福”，恭亲王因为浙江巡抚贿赂的五千两银两未到手而闷闷不乐，接太后赐“福”字磕头谢恩时心不在焉，竟把所赐“福”字拿倒了。当时，文武百官见此都为恭亲王捏了一把汗，太监总管李莲英为了讨好恭亲王，连忙对满脸不悦的慈禧太后说道：“老佛爷寿比南山，福如东海，新春迎福，福就真正到（倒）了。”慈禧太后听罢这样的吉言，便由怒转喜地说道：“福到了，福到了！”还赏赐了恭亲王银两。恭亲王因为李莲英的解围而得福，回府后连忙派人送给李莲英三千两银两，又命令仆人赶快在大门上重新倒贴“福”字。这一做法得到了民间的效法，成为春节倒贴“福”字这一重要习俗。

2. 纳福门笺

春节期间，中国人除了倒贴“福”字外，还习惯用红纸和彩纸剪刻成形式多样的吉祥饰物贴在门楣上，人们俗称“门笺”，也称为“挂笺”“挂千”“挂签”“挂钱”“喜钱”“喜笺”“红笺”“门花”“门钱”“年彩”“报春条”等。一般来讲，都是在长方形的红纸内剪刻方孔钱纹、万字纹、水波纹等图形，上有吉祥语题额，中有吉祥图案或福禄寿字，下有多种多样的穗。春节贴门笺，不仅意在祝福纳福，也成为新春佳节一道亮丽的风景线。

门笺的起源较早，《后汉书·礼仪上》记载：“立春之日，夜漏未尽五刻，京师百官皆衣青衣，郡国县道官下至斗食令史皆服青帻，立青幡，施土牛耕人于门外，以示兆民。”在汉代的迎春礼仪中，需要立青色幡旗于城门外，百官着青衣青帻，在郊外祭祀青帝句芒，以青色象征万物生长、年丰民阜之意。到魏晋南北朝时期，民间形成了剪刻彩燕、贴贺春饰物的习俗。西晋傅咸《燕赋》中写道：“彼应运于东方，乃设燕以迎至……御青衣以赞时，著宜春之嘉祉。”隋代杜台卿《玉烛宝典》之《附说》写道：“立春多在此月之初，俗间悉剪彩为燕子，置之檐盈，以戴，贴宜春之字。”可知隋代时“宜春”开始贴在门楣上了。在唐宋时期，民间开始在门楣上贴春幡以代替青幡，并蔚然成习。宋人陈元靓《岁时广记》引用《皇朝岁时杂记》写道：“元旦，以鸦青纸或青娟剪四十九幡，围一大幡，或以家长年龄戴之，或贴于门楣。”这可能就是门笺的原形了。到清代，贴门笺更为普遍，相关的描述也更多。清光绪《杭州府志》记载：“琳宫梵宇，剪五色纸形如旗脚，贴于门额，上书

‘风调雨顺’‘国泰民安’等语，在在有之，曰‘门彩’，亦名‘斋牒’，彩笺五张为一堂，中凿连钱纹，贴梁间以压胜，曰挂笺。”姚兴泉《龙眠杂记·时令类》记载：“桐城好，元旦贺新年，大族中堂悬挂福字，小家单扇贴春联，处处挂门钱。”可见，贴门笺在当时已成为民间春节广为流传的习俗了。

3. 谢年祝福

除贴春联、门笺之外，中国人在春节期间最隆重的祝福仪式就是谢年祝福了。一般来讲，在大年三十或三十前的某一天，拂晓之前抬出两张八仙桌，视桌面木纹横向并列在堂屋神像前，上摆三牲，配有豆腐、年糕、水果、茶、酒等福礼，插上多双筷子，以祭祖祭神形式谢年祝福。祭祖祭神开始，先焚香燃烛，再由家中男性成员按辈分大小依次行跪拜礼。请神拜神后，鸣放礼炮，到庭院焚化纸元宝、神马等。接着将八仙桌改成直摆调转福礼，拔下筷子，拜神祭祖。祭罢福神，用煮福礼的汤汁煮年糕，全家人同吃共享，俗称“散福”，表示福神赐福于全家人。

祝福是吴越一带年终大典的一种重要民间习俗。关于古城绍兴除夕祝福的风俗画面，鲁迅在名篇《祝福》中描写最为深刻：“旧历的年底毕竟最像年底，村镇上不必说，就在天空中也显出将到新年的气象来。灰白色的沉重的晚云中间时时发出闪光，接着一声钝响，是送灶的爆竹；近处燃放的可就更强烈了，震耳的大音还没有息，空气里已经散满了幽微的火药香。我是正在这一夜回到我的故乡鲁镇的……这是鲁镇年终的大典，致敬尽礼，迎接福神，拜求来年一年中的好运气的。杀鸡，宰鹅，买猪肉，用心细细的洗，女人的臂膊都在水里浸得通红，有的还带着绞丝银镯子。煮熟之后，横七竖八的插些筷子在这类东西上，可就称为‘福礼’了，五更天陈列起来，并且点上香烛，恭请福神们来享用；拜的却只限于男人，拜完自然仍然是放爆竹。”

如今，包括摆福礼、说吉利话、祭拜、化纸、散福礼等“祝福”习俗在绍兴依然盛兴。比如摆福礼，福礼可摆满两张八仙桌，耸立最高的是烛台、香台和羽毛瓶。正中是一个香台，两侧各摆一个烛台，外侧两个瓶子分别插着细长羽毛。接下来摆的是五牲，也就是五样荤菜，这是最主要的福礼。再往下，摆放的是糕点、水果、干果盘、酒水。摆完福礼后，身着灰袍的“管家”开始祭拜、化纸等。祝福的收尾程序散福礼也是最为热闹的环节：“管家”和身穿喜庆长衫的“童子”一同向现场的人们散福礼，人们能够从散福礼的热闹场面中领取到一年的“福气”。

节日习俗是一轴历史画卷，多姿多彩，仪态万千。各地春节有着不同的习俗风格。南京人过节有自己一套独特的吃、穿、用、娱规矩，放爆竹、贴“福”字、贴门神、贴春联、拜年、送年礼等年俗，展现了过去南京人春节民俗的丰富多样、独具特色。老南京人过春节可以概括为三句话、九个字：图吉利、讨头彩、盼来年。春节前夕贴“福”字、换新画、贴春联，也几乎是南京每个家庭必做的事情。老南京人讲究见红有庆，大年初一清早一睁眼不作兴看到一处露“白”——没有贴上红纸的门窗或什物。用红纸题写春联，表示对新年美好的期盼祝颂；或书写斗方“福”字，贴在门上、墙上，祈求“福运”“福气”的到来。除此之外，旧时南京人也不乏种种求福礼俗，如民间戏班子开场必演“天官赐福”戏；妇女行礼要屈膝弯腰，双手按住右腹，口称“万福”；亲友分别要恭手相送，祝其“一路福星”。

福文化是中国最古老的传统文化，《说文解字》里说它是从“示”，“畐”声的形声字，从“示”，便与祈祷有关。福，本是一个抽象的词语，什么是福?《礼记》有曰：“福者，百顺之名也。”也就是说，福有顺利、如意的含义，丰衣足食是福，合家平安是福，财源茂盛是福，金榜题名是福，父慈子孝是福，健康长寿也是福，人间最美好的福愿就是五福临门。

第二节　祈寿

寿文化是中国传统文化的重要组成部分，人们视长寿为五福之一，求寿是春节祈福习俗中的重要内容。

一、寿神崇拜

寿星本为恒星名，原型为南极老人星，主管天下一切人等的寿命。

关于寿星的外形，《西游记》描述他为手捧灵芝，长头大耳短身躯的老者。一般的年画也将寿星表现为白须、持杖、额部隆起的老翁。

大脑门是寿星的典型特征，关于寿星大脑门的来历，有多种猜测。有人认为大脑门来自返老还童现象，老人和小孩有诸多体貌特征上的相似。比如初生婴儿头发稀少，由于头发少自然额头就显得很大了，老年人也是一样，寿星就应该像小孩一样具有一个大脑门。另外也有人说，寿星的形象与古代养生术所营造的长寿意象紧密相关，在长寿意象中的丹顶鹤，其头部就高高隆起。还有一种说法认为大脑门与传说中三千年一开花、三千年一结果，食用后立刻成仙、长生不老的寿桃相似。诸种长寿意象融合叠加，最终造就了寿星的大脑门。

人们对寿星的崇拜不仅表现在文学艺术中，更体现在日常行动中，长江流域很多地方建有寿星祠。在湖南长沙，据地方志记载，早在唐朝时期，这里就建有寿星祠，一直持续到民国。据说当年香火旺盛，很多人专程到这里烧香祈求寿星保佑。长沙的寿星街也因这里曾有一座规模很大的寿星祠而得名。在南岳衡山，传说东南西北中五岳之神，都是由自然的山神崇拜演进而来的，唐宋时期，南岳衡山建有大小寿星庙不下十座，现存这座寿星亭，是宋朝的遗物。

寿神崇拜起源于远古的星辰自然崇拜，古人按照自己的意愿，赋予星辰非凡的神性和独特的人格魅力。由于寿星在民间的影响力，封建政府曾借助他用于实施王道教化，道教也曾对他大加推崇，以招徕信众，扩大自己的声势。从而，寿星不断成为古代民间世俗生活理想的寄托，祈寿则成为春节祈福的民俗之一。

二、祈寿方式

信仰从来不是空洞的，一切的民间俗信必体现在具体的行动中，春节祈寿的愿望主要体现在守岁和压岁活动中。

1. 守岁

守岁，是中国春节的另一重要传统民俗。“一夜连双岁，五更分二年”，人们对除夕之夜分外重视，这天夜晚，人人抖擞精神不睡觉，熬夜到新的一年，因此有的地方又把守岁叫作“熬年”。在这个欢乐的晚上，全家人团团围坐，茶几上堆满瓜果糕点，样样都讲究个吉利：摆一盘苹果，祝福平平安安；煮一汤圆儿，寄意全家团团圆圆；嚼个柿饼儿，希望事事如意；拈块年糕，祝愿生活水平一年更比一年高。

唐朝盛行守岁之风，唐太宗李世民曾作《守岁》诗：

暮景斜芳殿，年华丽绮宫。
寒辞去冬雪，暖带入春风。
阶馥舒梅素，盘花卷烛红。
共欢新故岁，迎送一宵中。

豪华芳殿，绮丽深宫，年终岁寒，冬雪消融，宫闱温暖如春，阶下梅花吐蕊，清香馥郁，巨大红烛点燃，恍如花团。君臣欢宴，迎新年，辞旧岁，歌舞度良宵。一幅宫廷守岁的画卷映入眼帘。

唐代宫廷重视守岁，不仅皇帝亲自写守岁诗，大臣群僚，纷纷创作守岁应制诗，诗人杜甫的祖父杜审言就曾写《守岁侍宴应制》一诗：

季冬除夜接新年，帝子王孙捧御筵。
宫阙星河低拂树，殿廷灯烛上薰天。
弹弦奏节梅风入，对局探钩柏酒传。
欲向正元歌万寿，暂留欢赏寄春前。

除夜迎新，王孙御筵，宫阙星河，殿廷灯烛，弹弦奏节，对局探钩，歌舞万寿，欢赏春前，诗歌勾画出唐代宫廷中的除夕风俗。

王公大臣笔下的除夕极尽热闹繁华，多愁善感的文人墨客却从热闹繁华中感到了惆怅。诗人张说《钦州守岁》诗这样写道：

故岁今宵尽，新年明旦来。
愁心随斗柄，东北望春回。

一夜连双岁，五更分二年，除夕之夜辞旧迎新，本是很正常的事情，但是新旧的交替触动了诗人们敏感的神经，从而发出韶华易逝、岁月蹉跎的感叹。韦庄在《岁除对王秀才作》中写道：

我惜今宵促，君愁玉漏频。
岂知新岁酒，犹作异乡身。
雪向寅前冻，花从子后春。
到明追此会，俱是隔年人。

“今宵促”“玉漏频”，时光飞逝，如电光石火，岁月不会放过“我”，也不会放过“君”，时间面前，人人平等，过了今朝，大家都是“隔年人”。如果说韦庄只是感叹，司空图就是伤心甚至消极了，他的《岁尽二首》这样写道：

明日添一岁，端忧奈尔何。
冲寒出洞口，犹校夕阳多。
莫话伤心事，投春满鬓霜。
殷勤共尊酒，今岁只残阳。

“夕阳”“鬓霜”“残阳”，均为黄昏日暮、老境将至的意象，“端忧”“伤心”写出诗人心绪的萧索，可是岁岁年年，一切都奈何不得，只有“殷勤共尊酒”，多喝几杯吧。

这些诗句，不仅反映了守岁在春节民俗中的重要性，也反映了春节守岁活动的丰富，以及人们对时间的认识和感受。

2. 压岁

压岁是中国年俗重要内容之一，又称“压祟”。传说有一种妖怪叫“祟”，专门在大年三十夜里出来活动，偷偷地潜入百姓家中，去摸熟睡孩子的头，凡是被“祟”摸过头的孩子，就会头痛发热，最后变成傻子。于是，家家大年三十晚上都点着灯彻夜不睡以守“祟”。相传有一对夫妇老来得子，大年三十晚上怕“祟”来伤害孩子，便拿出八枚铜钱给孩子玩，孩子玩累后就把八枚铜钱放在枕边后睡去。半夜，一阵阴风过后，“祟”潜入老夫妇家中，吹灭烛火，伸手去摸孩子的头，结果枕边突然迸发出八道闪光，把“祟”吓得夺门而逃。此事不胫而走，人们便认为那八枚铜钱是八仙化身来保护孩子的。因“祟”与“岁”同音，后来人们便将“守祟”称为“守岁”，并在大年三十晚上给孩子一些铜钱，以此作为“压祟”，寓意辟邪驱鬼，保佑平安。

关于压岁，另有一种“压惊”说：太古时有一种凶兽叫“年”，隔三百六十五日后之夜，就要出来伤害人畜、庄稼，小孩子害怕，大人则以燃爆竹驱赶“年”，用食品安慰小孩，即为“压惊”。年久日深，便演变为以货币代食物，至宋便有“压惊钱”。据史载，王韶子南下，因被坏人背走，于途中惊呼，被皇车所救，宋神宗即赐了他“压惊金犀钱”，以后发展为“压岁钱”。压岁钱又称“压胜钱”“押岁钱”“守岁钱”等，是中国年俗的重要节物之一。

从早期来看，压岁钱并不是给真钱，而只是给像钱一样的象征性的东西，希望对邪祟起到震慑性的作用。后来，压岁钱实用性的意义被强化，因此就变成了给真正的货币。随着人们生活水平的不断提高，长辈为晚辈送压岁钱的习俗在现代仍然盛行，这些压岁钱多被孩子们用来购买学习用品和生活用品，或被父母拿去代为保管，或存进银行，新的时尚为压岁钱赋予了新的内容。特别是近几年互联网不断发展，微信红包盛行，压岁钱开始向娱乐的方向发展。如今压岁钱的感情成分、感恩意识和祝福意识逐渐淡化，需要引起人们的注意。压岁钱应该回归其本质，真正把“压岁钱”当作一种祝福、一种新年的特殊心意。

在生活条件和医疗条件都落后的过去，人的寿命普遍较短，所谓人生七十古来稀，大多生人可能在五六十岁就面临生命的结束，对长寿的渴望自然可以理解。当旧的一年过去，新的一年来临的时候，人们感受到了年华的逝去、岁月的匆匆，希望能能够留住岁月，又能够迎来新的岁月，所以新旧交替的时刻，人们用守岁、压岁的方式祈求年高寿昶。在人们寿命普遍延长的今天，活到七十、八十都很正常，但毕竟还是有限，无论是谁，都希望自己活得长一些、久一些，所以现实已变，习俗不改。当然，如今人们在年夜守岁、为儿压岁的时候，早已忘了求寿的初衷，只不过是相沿成习罢了。

第三节 祈财

俗话说，“人为财死，鸟为食亡”，民间的表达虽则简单粗暴、直白露骨，但也很能说明财富在人们心目中的重要性，祈财自然成为春节民俗中的重要一环。每逢春节，广大民众在纷繁的祈财民俗活动中，有一项必不可少，那就是迎财神、祭财神。人们在按着世代传承的民俗程式操作的同时，也完成了心灵的期盼与精神的归属。财神已经成为民众祈求招财进宝、生活富足的一个符号而被崇拜着、供奉着。

一、财神崇拜

财神是中国民间普遍供奉的善神之一，在中国人眼中是吉利的象征。吉，象征着平安；利，则象征着财富。每逢春节，家家户户都会在门前或者堂屋正中悬挂财神像，祈盼财神保佑来年家庭和顺，家人平安，财源滚滚。商贾们也会在年节或者开市的时候向财神烧香礼拜，祈求来年生意兴隆，财源广进。

二、各路财神

财神是中国民众最普遍的信仰对象之一，但各时代、各地区对于财神的认识不完全一致，所奉财神因时因地而异。在民间，财神是一个群体，各地所崇信的财神众多，总体来看，可以分为武财神、文财神两大类，还有一个被称为偏财神的刘海。

1. 英勇武财神

武财神有赵公明、关帝。

赵公明即赵玄坛，又称“赵公元帅”，最早出现于晋人干宝的《搜神记》中，人称其为取人性命的冥神。在稍后一些时候，陶弘景在《真诰》中则称其为致人疾病的瘟神。元无名氏《三教搜神大全》则说其“钦奉玉帝旨召为神霄副元帅”，司职“驱雷役电，唤雨呼风，除瘟剪疟，保病禳灾”等。如此一个冥神、瘟神，能成为一个被民间崇拜的财神，还得益于明人小说《封神演义》的艺术化：姜太公奉元始天尊之命按玉符金册封神，册封赵公明为“金龙如意正一龙虎玄坛真君”，统领招宝、纳珍、招财、利市四路神灵。如此一来，赵公明便从“恶神”得以转型，摇身一变成为“财神”。其后，在小说、戏曲等艺术作品的推波助澜下，赵公明成为财神的影响力更大，逐渐成为民间供奉的对象了。

关帝即关公，史有其人。据晋陈寿《三国志》记述，关羽，字云长，生于山西，仪表威武，武艺超群。东汉末年，与刘备、张飞“桃园三结义”，起兵争雄，辅佐刘备建立蜀汉，后大意失荆州，被孙权部将所杀。由于关羽曾有恩于曹操，所以曹操刻沉香木为躯，将其厚葬于洛阳。小说《三国演义》将关羽勇猛、重义、忠贞的故事演绎得淋漓尽致，桃园三结义、三英战吕布、温酒斩华雄、斩颜良诛文丑、千里走单骑、过五关斩六将、华容道义释曹操、义释黄忠、单刀赴会、水淹七军、刮骨疗毒、败走麦城等故事，更是把关公的形象塑造成信与义的化身。由于中国传统一直信奉财富来源于道德，道德是获得利益的根本前提，因此，关羽“忠、义、信、智、仁、勇”的一生，便是他能成为财神的关键。历朝历代封建统治阶级出于巩固统治地位和维护自己利益的需要，祈求其庇佑，借关羽忠义性格，引导民众只有本着“忠、义、信、智、仁、勇”的原则，用道德约束自己，才能共同创造长远的财富和利益。据记载，对关公的信仰始于南北朝。567年，当阳玉泉山首建关公庙，其后的封建君主为巩固统治所需，大肆宣扬关公的忠孝节义，使关公信仰迅速发展。从隋唐至明代，关公庙宇激增，关公的封号不断。到了清代，统治者认为自己能够入主中原，得益于关公的护佑，称其为“关圣”。关帝信仰涉及各行各业、各朝各代、各个阶层，关帝是财神、行业神、医药神、战神，可以说是民间有名的全能神。

2. 智慧文财神

文财神有文昌帝君、范蠡等。

文昌帝君即文曲星，也源于我国的星宿崇拜，文曲星还称“梓潼帝君”，是掌管文昌府事及人间禄籍的神。《楚辞·远游》中有“后文昌使掌行兮”句。洪兴祖补注：“《晋·天文志》：‘文昌六星，在北斗魁前。一曰上将，二曰次将，三曰贵相，四曰司禄，五曰司命，六曰司寇。’”

虽然，文昌帝君的排名比较靠后，但由于儒家崇尚“学而优则仕”，特别是自汉朝以来，人们对文昌帝君的崇拜地位逐渐得到了强化。到宋代时，文昌帝君已被读书人所笃信；明朝时天下学馆都设立文昌祠；清朝规定，每年阴历二月初三为文昌诞辰日，朝廷派员参加祭祀活动。从此文昌帝君的财神崇拜在民间也得到了广泛流传。文昌帝君一般被想象为雍容慧颜，头戴饰玉官帽，骑白驴，有两小童陪伴的长者。中国传统年画将其绘成面带笑容，手执“如意”，身携“聚宝盆”的老人，常有“招财”“进宝”相随，年画使其形象更为具体化了。

陶朱公范蠡是春秋末期著名的人物，也较早被道教奉为神仙。明清以来随着商品经济的不断发展，经商有术的范蠡逐渐成为商家们奉祀的对象。后来，随着民间传说不断丰富，范蠡也成了民间奉祀的财神。

有关范蠡的传说很多，相传范蠡居官则至卿相，居家则至千金，出神入化的经营手法，深刻而明晰可行的经商理论，是他成为道教司财之神的重要原因。因其曾在吴越之地做官，这里的人们对范蠡的奉祀更为广泛。宋范成大《吴郡志·祠庙下》记：“三高祠在吴江县垂虹桥南，即王氏臞庵之雪滩也。昔堂在垂虹南圮，极偏仄，乾道三年，县令赵伯虚徙之雪滩。三高者，范蠡、张翰、陆龟蒙也。此祠人境俱胜，名闻天下。”据雍正《浙江通志·祠祀》记，明清时期，绍兴府城内就有陶朱公庙，嘉兴府还有明代时建的范少伯祠遗存。其实，范蠡行迹所至之地很多，如洞庭湖赤山岛、宁波陶公山、宜兴等地，这些地方也多有祀范蠡的祠庙遗迹可寻。民间对范蠡的崇祀，自唐宋而后影响渐为广大。据《新唐书·礼乐志五》载，唐代设武成庙之祀：“诏史馆考定可配享者，列古今名将凡六十四人图形焉。”越相国范蠡被列为配享之神位。宋代更尊奉范蠡为“遂武侯”。《宋史·吉礼八》：“宣和五年，礼部言：‘武成王庙从祀……越相范蠡遂武侯，燕将乐毅平虏侯，蜀丞相诸葛亮顺兴侯……于是释奠日，以张良配享殿上，管仲、孙武、乐毅、诸葛亮、李并西向，田穰苴、范蠡、韩信、李靖、郭子仪，并东向。’”范蠡以财富为生存手段但不以财富为生存目的，特别是他的致富天才与他对财富大彻大悟的理解，使其财神形象在民间得到了广为供奉。

3. 偏财神刘海

刘海是民俗中一位吉祥人物，其原型为道教神仙刘海蟾。刘海蟾原名刘操，字宗成，燕山（今北京）人。也有的记载说他名刘哲，字玄英，或作元英，渤海人。刘操（元英）身为荣禄之位，但实处乱世之中，看透世间炎凉，后经一位道人点化，便从危如累卵的俗世中悟出弃荣华、入道门之路。入道后，取道号“海蟾子”，遍游访道。《神仙通鉴》说他“后遇吕纯阳授金液还丹之要，乃修真得成仙道”。得道的刘海蟾遁迹于终南山、太华山之间，后被奉为道教全真道北五祖之一。

元世祖忽必烈封刘海蟾为“明悟弘道真君”。由于在民间流传中，刘海蟾的名字常常被分解成二部分，“海”成了单字之名，而“蟾”却被附会成另一物“金蟾”。刘海戏蟾的故事也使其在民间信仰中独树一帜，自成一仙。刘海从道仙刘海蟾演化成民间故事人物，并成为主管偏财的财神。

三、祈财途径

春节期间，民间奉祀财神的形式多样，祈财习俗也在各地略显不同。

《清嘉录》云：“五日，为路头神诞辰。金锣爆竹，牲醴毕陈，以争先为利市，必早起迎之，谓之‘接路头’。”又说：“今之路头，是五祀中之行神。所谓五路，当是东、西、南、北、中耳。”在上海，接财神又被叫作“接路头”或“接五路神”。上海旧历年有抢路头的习俗。相传财神即五路神，所谓五路，指东西南北中，意为出门五路，皆可得财。初五日俗传是财神诞辰，各家各户祭财神、接财神，有人怕财神被别人家先接了去，初四晚上就开始了仪式，先于初四接之，名曰“抢路头”，又称“接财神”。正月初四子夜，上海人会备好祭牲、糕果、香烛等物，并鸣锣击鼓，焚香礼拜，虔诚恭敬财神。

旧时到了春节，大批长沙人会涌到火宫殿内的财神殿给财神爷拜年，祈福求财，由此形成了拜财神逛庙会的传统习俗。长沙火宫殿庙会是我国最古老的庙会之一，历史悠久、文化内涵丰富，既是湖湘古老火庙文化历史的缩影，也是湖南民风民俗文化的亮点，延续着千百年来人与火、人与食的民俗情缘。相传长沙火宫殿庙会起源于上古时代人类对于“火”的崇拜，它是一种以敬火、拜火、用火、管火的祭祀礼仪，如今形成一个多元文化载体的文化现象，在国内独具特色。这种文化现象与南京夫子庙、上海城隍庙的外在形式和文化内涵有着根本的区别。火宫殿已经成为长沙历史文化名城一个重要符号和不可缺少的文化元素。重修后的火宫殿，已经举办了20多届迎春庙会，“财神爷散财送福”是每年春节庙会的重头戏。

长江流域有的地方讲究“破五”，正月初五是正月里一个重要的日子，因为农历新年前几天的诸多禁忌过此日可破，故有该名。“破五”的主要习俗是“送穷”、迎接财神。“五日财源五日求，一年心愿一时酬。”民间传说财神爷的生日就是正月初五，因此，“破五”也就成了民间迎财神的吉日。在湖北武汉，随着春节进香者逐年增多，为了确保香客人身安全，从2012年开始，经武汉市政府批准，归元寺春节期间夜间不再开放，这样一来武汉人都改在了初五迎财神祈福，最近十年间，大年初五进归元寺的香客一直保持在数十万人次。每年正月初五凌晨五点半，天未亮，前来上头香的人们在归元寺门口排起了长队，其中有武汉本地市民，也有专程从外地赶到武汉的香客。归元寺大年初五烧香的人们不断增加，香客们的秩序越来越好，习惯也越来越文明，反映了春节去寺庙祈福的浓厚习俗和社会风气的变化。

在湖北仙桃有句俗话：“抢挑一担金银水，保你富贵不受穷。”正月初一抢挑金银水形成了乡村的一大习俗，而且世代相传。为什么会有这样的习俗呢？湖北仙桃旧称沔阳，相传很早以前，沔阳州有个年轻后生叫望财，种地谋生，祖上没给他留下多少财产，只有几亩薄地，日子过得很清苦。有一年的大年三十，望财刚吃过团年饭，家门口便来了一位要饭的老大爷，自称饿了两天，乞求望财好歹给点吃的。望财生性善良，又乐于助人，二话不说，就将老大爷请到了家里，拿出过年备的酒菜，让老人坐下美美地吃了一顿，把望财家过年的酒菜吃得所剩无几。老人感激望财，便告诉他一个发财的办法：“今天是年三十，明天是正月初一，明天早晨，你挑担水回家。记住，一定要赶早。”虽然望财不知老大爷葫芦里卖的啥药，但是，他发财心切，还是按老大爷的话去做。旺财挑回水，老大爷却不见了，只见床头留下了一张字条，上面写着：“小伙子，正月初一起早挑的第一担水是金水，金水能让人发家。第二担水是银水，银水能让人致富。第三、第四、第五担水，分别是铜、铁、锡水，挑上后三种水，也能让人四季平安。”并留下五十字“发财经”：“正月第一天，新年新起点。天天早早起，三早顶一天。一年十二月，一百二十天。三年多一年，功夫十年见。贫穷不怨命，富贵不靠天!”望财从五十字中悟出了“早”的真谛，每年正月初一早早起来挑金银水，一年四季坚持早起干活，功夫不负有心人，最终成了当地的富户。望财把致富的经验传授给大家，人们纷纷仿效，在每年正月初一早晨抢挑金银水，形成了初一“抢挑金银水”的习俗。

还有一些祈财习俗是通过语言或模拟的方式来实现的。南京人在大年初一早晨彼此相见，须拱手说“恭喜发财”“新年大吉”之类的吉祥语。亲友见面，晚辈应抱拳主动请叫，接着说：“恭喜发财。”南京人热情好客，在客人到来时，以糖果瓜子相待，或奉糖茶、松子茶、炒米团、元宝蛋。《金陵岁时记》写道：“茶煮鸡子，以当点心，名曰‘元宝蛋’。客至必争献数枚，俗谓进元宝。”

神农架的人们正月初一出天行回来，要拿起一扇早已放在露天场所的小磨，从门外朝屋里滚，同时和屋内的人对答。

门外：“元宝滚进来。”

门内：“四季大发财。”

门外：“滚进不滚出。”

门内：“金银堆满屋。”

神农架人出天行以后，还要抱一捆柴进屋，这叫“空手出门，抱财回家”。

对财富的渴望是人之共性，古今中外，世界各地，不分时代，不分地域，人们以各自的习俗、不同的方式追求财富。接路头也好，烧头香也好，挑金银水也好，说吉利话也好，都不过是民间俗信，人们做这些，财运或许来，或许不来，都无关紧要，大家都知道该发奋的发奋，该努力的努力，并不把全部的希望寄托在财神身上。

第四节　祈子

在中国传统宗法制度里，两性合和的婚姻本质，就是为家族添丁加口。所谓“不孝有三，无后为大”，是否生子、是否多子，成为评价女子贡献和衡量女子品行的一个重要标志。于是，早日生儿育女成为婚礼中最多的祝福，不计其数的求子风俗也得以出现。春节诸多祈福习俗中，求子也是重要的一项。

作为江西省非遗的代表，齐客过年风俗的历史渊源可追溯到明朝中期，至今延续了500余年。齐客过年风俗最大的特点是“齐客”，即不但每家每户聚集一起，还要把各家的亲戚邀请来共同团聚。其过程分祠堂会和行饭会两段。祠堂会是正月十一吃完中饭后，领头人敲锣打鼓来到每家每户前接红蜡烛。各户包括亲戚便捧着红烛、线香、鞭炮跟在队伍后面，围着村庄转一圈，最终进入祠堂燃香点烛，祭拜祖先，再一起燃放鞭炮。这代表着又一年过去，祈求来年人旺财旺一切旺。齐客过年风俗有一个环节有着明显的祈子内涵：除夕之夜，如谁家当年添了男丁，要在祠堂里散发红豆，向每家每户分享自己的喜悦，给他人带去添丁之运。齐客过年风俗已于2008年5月27日由南昌市青山湖区申报获批为江西省第二批非物质文化遗产项目。

一、传统祈子

民间求子，可以分为祈祷型求子风俗和巫术型求子风俗两大类。

1. 祈祷型求子习俗

向神灵和崇拜物祈祷，是最常见的求子习俗。生育信仰起源较早，远古时候，人们有女阴崇拜、男根崇拜、生育神崇拜等，人类进入文明社会后，出现了观音崇拜、送子娘娘崇拜、碧霞元君崇拜、子孙娘娘崇拜等，这些都属于祈祷型的求子习俗。祈祷型求子习俗方式多样，有的是在传统节日，比如春节、七夕、中秋等节日中祈祷求子；有的是不孕妇女在婆婆、嫂子的带领下，专门到祈子洞或是娘娘庙祈祷，祈求送子娘娘保佑喜得贵子。

2. 巫术型求子习俗

如果说祈祷型求子习俗是人们对于神灵的依赖和无奈，巫术型求子习俗则体现了人们希望通过自己的力量来达到受孕的目的，也反映了人们对求子行为的积极主动性。在有些地方，最常见的巫术求子活动就是不孕妇女到娘娘庙拴娃娃。得子的妇女们常常用泥做成小人，俗称“娃娃大哥”，在还愿时将“娃娃大哥”送到娘娘庙的神案上，不孕妇女到娘娘庙拜神后便领一个娃娃带回家。人们深信将“娃娃大哥”领回家，实际上就等于将儿子领回了家。在娘娘庙领取“娃娃大哥”回家时，还必须在娃娃的颈脖处拴一条红线，以免娃娃大哥逃跑。妇女得子后，领回家的“娃娃大哥”也一直摆放在家中，且每年能洗一次，“洗”就是重塑，不断变换“娃娃大哥”的相貌。在湖南江永县夏层铺镇有一个大石洞，洞中常年有水，附近已婚未孕妇女纷纷去洞里祭祀，然后用葫芦取洞中水喝，以求生子。湖南常宁市罗桥镇一座凹形石山中有一口俗称“求子洞”的水井，方圆数十里的妇女都到这里祈祷求子，先是烧香焚纸，跪拜石井；接着用竹竿（或木杆）插入井里上下抽动取水喝。四川盐源县左所地区有一石洞，求子的妇女往石洞里丢石块，据说丢中者即受孕。这些祈子方式都带有巫术的性质。

二、元宵祈子

长江流域春节祈子习俗主要表现在元宵节的一些活动之中，如张灯求子、饮食求子、走桥求子等。

1. 张灯求子

在南方地区，“灯”与“丁”谐音，灯火辉煌寓意着人丁兴旺、生活红火。大村旺族及富家大贾往往大肆张灯结彩，炫示族群之兴旺，一方面与灯火通常被视为生命的象征有关，一方面与“灯”和“丁”字音相近、字形相似有关。元宵节的祈子活动总是与灯联系在一起。在我国元宵祈子民俗中，不同地方用灯祈子的方式也不尽相同，有的表现为“送灯”，有的表现为“偷灯”，还有的表现为“抢灯”，无论何种形式，都表达了祈子的念想。在四川成都，新嫁了女儿的人家，在元宵节这天必买一盏漂亮的台灯和面粉制的小老鼠送到女儿家，叫作“送灯”，俗信这样可以多生孩子。在四川合川一带，常有一些好事者偷取别人屋檐下的灯，糊上红绫，一路敲锣打鼓，送到多年不育的人家，叫作“送檐灯”。《清稗类钞·时令类》载：“淮安有送子之俗，恒在元宵后，二月初二前。凡年老无子及成婚多年而未育者，戚友咸送以纸糊之小红灯。间有用砖代者，此砖须取自东门外之麒麟桥堍，否则无效，盖取麒麟送子之意也……受者则远迓门外，以所送之灯或砖悬于望子者之床中，并以酒筵款待送者。它日得子，则有重酬。”

2. 饮食求子

元宵节最具象征意义的食品，北方叫元宵，南方叫汤圆，状如卵，传说可卜妇女生育。在很多地方，流行以元宵节的饮食为寓意祈求生子的习俗。湖北《德安府志》称，“元夜家制元宵团相饷，又大者如鹅卵，妇人视火候以占生产”。这里的“生产”指生子。《岁时杂记》也说：“煮糯为丸，糖为嗓，谓之圆子。”因为元宵又称“圆子”，自然也跟生子的期盼密切相关。在江南一带，还有不少地方把汤圆放到火上烤，如汤圆胀而不裂，认为宜生男孩；如果汤圆胀裂，则为生女之兆，这也表明元宵原本具有生命精卵的巫术意义。

3. 走桥求子

元宵节还流行一种叫“走桥”的习俗。明袁宏道《十六夜和三弟》诗曰：“花火每攒骑马客，蜡光先照走桥姬。少年乐事今无几，近老方知此兴衰。”诗歌写到妇女走桥之俗。江苏《无锡县志》记载：“（上元夜）其妇女亦结队而出，名曰走三桥。”上元之夜，妇女们群游于河边，争渡河桥，这便是走桥习俗的反映。“走桥”的本意也不离生殖的宗旨，在江苏《如皋县志》中有明确记载，元宵节期间，“女伴相携出行，争拾云路桥砖，为得子之兆。今更讹至集贤桥。名曰走三桥。”这里的走桥拾砖是为了祈求生子。在中国人心中，桥是连接生死两岸的津梁，俗信里，小儿出世被认为是从彼岸投胎而来，元夜走桥，就是隐喻通阴阳、迎接新生命的行为。

走桥求子的习俗，在第六章还有提及，这里不作赘述。

春节是一年的开端，为祈求新的一年吉祥平安、万事如意，人们在春节期间大祭众神和诸祖先。在春节的祭祀和祈福活动，与“三”或者“五”相关的习俗较多，充分体现了春节祈福的“三元结构”或“五元结构”的和谐理念和思维结构。

春节祈福中，祭祖是重要内容，祭祖仪式往往在除夕年夜饭前举行。春节祭祖的时候，人们会在祖先神龛前摆放祭品，通常来讲，祭品主要是三牲，即煮熟的猪肉、煮熟的整鸡和鱼；还摆上三碗饭、三杯酒、三杯茶，点上三支香，跪拜时通常拜三次或三叩九拜。除了祭祀祈福与“三”相关之外，在古代的迎宾接客礼仪中，有三揖、三让、三辞等习俗。

春节祈福与“五”有关的习俗也很多，如“接五路神”“祭祀五路财神”“五祀习俗”“吃五辛盘”等。这些都与五行学说相关。五行学说认为，世界主要由金、木、水、火、土五种物质构成，宇宙间所有物质都可以按照这五种基本物质的属性来归类，或是由五种基本物质相杂相和而化生的。金、木、水、火、土五种物质之间存在密切的联系，它们相生相克，相互并存，和谐存在。春节习俗与五相关的习俗也离不开五行相生相克与和谐共存的信仰，如“接五路神”，即财神、福神、贵神、喜神和太岁神。相传五路神分居天界的各个方位，各路神每年都会从不同方位下凡。人们在接神时也必须事先查好，明确各路神分别从何方来，然后带领全家举香在院中按方位接神。按方位叩首礼毕后，肃立待香尽，再叩首，最后将香根、神像、元宝锭等取下，放入早已在院中备好的钱粮盆内焚烧，燃放鞭炮。还有“五祀习俗”，也即“五祀之神”。关于祭祀的五行之神，在各地有着不同的说法，有的说是祭祀木正、火正、金正、水正和土正；有的说是祭祀门、户、中溜、灶、行五种神；有的则说是祭祀门、户、井、灶、中溜。所谓“吃五辛盘”，晋代的《风土记》记载：“五辛所以发五脏气，蒜、小蒜、韭菜、芸苔、胡荽是也。”吃“五辛”，迎新春，用的是“辛”与“新”的谐音，目的是驱邪、除病、保健，其中蕴含着丰富的中医学道理。

第五章　敬神祭祖：长江流域春节的祭祀习俗

《夏小正》是中国现存最早的科学文献之一，也是中国现存最早的一部汉族农事历书，书中说“初岁耒”，“祭耒”就是祭祀农具之神。另据《尚书·舜典》载：“月正元日，舜格于文祖。”是说在正月的一个吉日，舜帝向帝尧的大祖祈祷。农具和祖先，都是古人春节期间祭祀的对象。其实，作为历时最长、礼仪最隆重的春节，祭祀活动贯穿始终，腊八的腊祭、小年的祭灶、大年的祭祖，以及元宵的祭紫姑，虽然不同时段所祭对象不一样，但目的基本相同，都是希望各路神灵下界降吉祥，福佑其子民。

第一节　腊祭

中国人自古敬畏神灵，最早过年主要是祭祀神灵的节日。一年到头，农事完毕，为报答上天恩赐，人们到过年的时候要举行隆重的“腊祭”仪式。蔡邕在《独断》中写道：“腊者，岁终大祭。”所以“腊”的本义是年终祭祀之名。《说文解字》讲：“冬至后三戌，腊祭百神。”《礼记·月令》说：“腊先祖五祀。”从这些记载中可以看出，腊祭都是用来祭祀祖先和神灵的。

腊祭在我国古代是最隆重的一种祭祀。上古时候，人们每年会用猎获的禽兽举行春、夏、秋、冬四次大祀，以祭祀祖先和天地神灵，其中冬祀也就是腊祭的规模最大最隆重。腊祭在各代名称不一，《风俗通·祀典》说：“谨按《礼传》曰：‘夏曰嘉平，殷曰清祀，周曰大蜡，汉改为腊。’”我国古代的腊祭文化留下了蜡腊、腊坛、腊宾（腊祭的助祭人）、腊祠、腊宫等词语。

晋代诗人裴秀写过《大腊》诗：

日躔星记，大吕司晨。
玄象改次，庶众更新。
岁事告成，八腊报勤。
告成伊何，年丰物阜。
丰禋孝祀，介兹万祜。
报勤伊何，农功是归。
穆穆我后，务兹蒸黎。
宣力菑亩，沾体暴肌。
饮飨清祀，四方来绥。
充仞郊甸，鳞集京师。
交错贸迁，纷葩相追。
掺袂成幕，连衽成帷。
有肉如丘，有酒如泉。
有肴如林，有货如山。
率土同欢，和气来臻。
祥风协调，降祉白天。
方隅清谧，嘉祚日延。
与民优游，享寿万年。

诗中描述了古代腊祭庄严盛大的场面：人们以酒泉肉林等美味佳肴祭祀百神，向百神报告“年丰物阜”的好年景，将农业丰收之功归于百神的护佑，并祈求来年“和气来臻”“祥风协调”，希望百神给黎民百姓带来福祉和祥瑞，邀请百神“与民优游，享寿万年”。盛大的腊祭仪式使思想抽象为感性的显现，是人神交流的媒介。

那么腊祭究竟祭祀的是什么神灵呢？秦汉以前，腊祭分为“蜡祭”和“腊祭”，二者各有祭祀对象。蜡祭祭祀的对象是八神：先啬神，即神农，因为他发明农耕与医药；司啬神，即后稷，因为他教会人民种植；农神，即管理田土的农官；邮表畷神，因其创田间庐舍，开道路，划疆界；猫虎神，代表助田除害之禽兽；坊神，即蓄水、障水，防止河水泛滥之神；水庸神，即灌溉农田助益丰收的水沟神；昆虫神，保护田野不遭虫害之神。这八种神都是保护农功的稼穑之神，整个蜡祭的核心在于“农本”，以农业立国的先民们，深感自身力量的有限，因此，人们希望通过蜡祭以保证农业的丰收，衣食的丰足。

腊祭则是上祭宗庙，旁祭五祀。所谓宗庙是人们在阳间为亡灵建立的寄居所，宗庙里祭祀的自然是自己的先祖。所谓五祀，具体是哪五位神祇，各文献记载不一。《礼记·月令》中说：“腊先祖五祀。”郑玄注说：“五祀，门、户、中溜、灶、行也。”“中溜”是天窗，“行”指门内之地。《白虎通·五祀》中说：“五祀者，何谓也？谓门、户、井、灶、中溜。”总之，是与人们出入、饮食、居住有关的神灵。古人认为万物有灵，与人生活休戚相关的事务都有神性。《玉烛宝典》云：“腊者，猎也，猎取禽兽以祭先祖，重本始也。”腊、猎相通，冬季出猎，以所获上供宗庙。腊祭偏重于人伦孝道，体现了我国古代先民“慎终追远”的文化传统，但腊祭同样是报本，因为万物本乎天、本乎祖。人们不忘祖先勤俭之美德，更想通过腊祭祈求先祖护佑家人平安，并期盼先祖带来丰衣足食。

蜡、腊二祭，最初时间并不固定，有时在月初，有时在月底，但两祭都在一个月，而且蜡祭在先，腊祭在后。秦汉以来，蜡祭与腊祭逐渐合二为一，统称为腊祭，时间固定在腊月初八。

第二节　祭灶

长江流域的广阔大地上，至今还有许多百姓传承着春节民俗中的祭灶遗绪。

随着人类从穴居野处到定居生活，灶开始在人们生活中出现，长江中游的大溪文化、屈家岭文化及薛家岗文化遗址民居中，都发现过火塘灶，长江下游的河姆渡文化中还出土过陶灶。灶在人类早期家居生活中具有举足轻重的地位，因而灶神成为我国民间普遍信仰的神祇。《礼记·月令》中说：“腊先祖五祀。”其中之一就有灶神，《礼记·祭法》中说王“立七祀”，其中也有“立灶”一项。

祭灶习俗由来已久，但灶神老爷究竟是谁呢？

一、火神说

火在人类的进化发展中功不可没，中国人感念火的发明者，把他们奉为灶神，与家家户户朝夕相处，让他寸步不离地关注每一个普通家庭的用餐，并接受他的监督。在中国神话中，祝融和炎帝都与火有关，因此典籍里记载或说炎帝为灶神，或说祝融为灶神。

《淮南子·氾论训》说："炎帝作火，死而为灶。"高诱注："炎帝，神农，以火德王天下。死，托祀于灶神。"炎帝是中国上古时期姜姓部落首领的尊称，传说姜姓部落的首领由于懂得用火而得到王位，所以称为炎帝。炎帝号神农氏，相传他牛首人身，亲尝百草，用草药治病；发明刀耕火种，教民垦荒种植粮食作物；他还领导部落人民制造出了饮食用的陶器和炊具。人类的医药用具、耕种饮食全托他所赐，这样一位有功于人类的始祖，必当获得后世的尊重与纪念。

另据《礼记·礼器》孔颖达疏："颛顼氏有子曰黎，为祝融，祀为灶神。"据说祝融本是颛顼氏的后代，本名重黎，官居火正。《晋书》有记载："帝高阳之子重黎为'夏官祝融'。"这句话明确地告诉我们祝融是夏官的官名。祝融作为火正之官，能昭显天地之光明，生柔五谷材木，以火施化，为民造福。他还是楚国公认的始祖，也是炎帝的火师。

再穷不能断了烟火，再时运不济不能断了香火，因为中国人对火的重视，炎帝、祝融被理所当然地"祀为灶神"了。

二、制灶者说

黄帝被尊为中华人文初祖，因有土德之瑞，故号"黄帝"。根据中国史书的记载，他在炎帝之后统一了中国各部落，并作干支、定历法、兴文字、制乐器、创医学、教导百姓播种五谷。相传他不仅是一切物质、精神文明的源头，还是灶的发明人。五代时期前蜀冯鉴撰《续事始》里说："灶，黄帝所置。"于是清人汪汲葵的《事物原会》就称："黄帝作灶，死为灶神。"可见黄帝也是灶神的原型之一。

汉代以后，灶神的人格化趋向更加明显。东汉许慎撰《无经异义》

上说，灶神是“为黄帝作灶”的苏吉利。灶神不仅有名有姓，而且是夫妇二人组成的家庭。《玉烛宝典》卷一二引《灶书》云：“灶神姓苏，名吉利；妇姓王，名搏颊。”传说苏吉利曾为黄帝作灶，他有一个美貌的妻子，名王搏颊，苏吉利死而为灶神，妻子王搏颊便成了“灶王奶奶”。灶神从黄帝的厨间来，以夫妇形象呵护民间锅台，关注老百姓锅里碗里、杯里盘里的光景，有着亲切的人间情味。

还有一个广为流传的民间故事：古代有一张姓人家，兄弟俩聪明能干，哥哥擅长打灶盘锅台，弟弟擅长诗书绘画。哥哥的灶打得好，方圆百里都尊称他为张灶王，弟弟的画画得好，人称张画师。一家人长幼有序，团结和睦，日子过得开心愉快。可是，人有旦夕祸福，张灶王于七十岁那一年的腊月二十三病逝，因为弟弟只会画画，从未管过家务，张灶王一去世，家里便没了章法，子侄不听管教，乱作一团，弟弟急得团团转。有一天，他终于想出个好点子：他画出哥哥的画像，于灶王一周年祭日深夜，将画像挂于灶头，然后，唤醒睡眼迷蒙的子侄老小，对他们说自己梦见大哥已成仙，被玉帝封为九天东厨司命灶王府君，对于大家平素好吃懒做、妯娌不和、不敬不孝非常气恼，准备禀告玉帝，年三十晚下界来惩罚大家。儿女侄媳辈听了这番话，再看看黑漆漆的灶壁上，飘动的烛光里若隐若现的张灶王，惊恐不已，立即跪地连连磕头，恳求饶恕，并取来灶王平日爱吃的甜食供在灶上。这事给街坊邻友知道后，一传十，十传百，传得神乎其神，纷纷来张家打探虚实，画师便把画好的灶王像分送给邻里乡党。如此一来，家家户户的灶房都贴上了灶王像，张灶王就成了灶王爷。制灶者做灶神，似乎也是理所当然。

三、负情浪子说

民间有歌谣：“灶王爷本姓张，一碗凉水一炷香。”《灶王经》中也说：“灶王留下一卷经，我神姓张名自国。”民间也多传说灶神本姓张，有说姓张名仁，有说姓张名单。有这样一个故事流传颇广：据说很久以前，有个姓张的年轻人，娶了个美丽贤惠的媳妇，名叫郭丁香。丁香辛勤持家，几年工夫，张家就家业兴旺。张生志得意满，外出经商，不想一去十年，丁香在家日夜盼归，却盼来一纸休书，丁香无奈离家。张生赶走丁香后，娶了财主的女儿海棠，海棠好吃懒做，整日和张生花天酒地，街坊邻居对张生的行为非常不满，于是就编了个顺口溜："张郎张郎，心地不良，前边休弃丁香，后边娶进海棠。无义之人，好景难长。"果然，一场大火，海棠被活活烧死，张生虽死里逃生，但两眼几乎失明，只好以乞讨为生。一天，张生乞讨到一户人家，仆人让他吃饱喝足，又带他到厨房借宿。张生在厨房见到了这户人家的主人，竟然是自己的前妻丁香，细思过往，张生自觉无地自容，羞愧难当，竟然跳进灶膛被烧死了。这件事被巡天的天神看见并回报给玉皇大帝，玉帝有感于张生的羞恶之心和以身侍灶的勇气，就封他做了灶神。负情浪子成灶神，这一传说便富有了道德上的积极意义。

四、馋嘴皇帝说

传说古时候有一馋嘴贪官，每天须找美味食用，百姓不堪其扰，一位神仙幻变成民女，将他一巴掌打到锅台上，变成灶王，只能看人家吃美食。还有说这个故事的主人公是个馋嘴皇帝，不理朝政，一味贪吃，不吃尽天下美味誓不罢休。朝中美食吃遍，皇帝便去巡游天下，在找吃中，遇一美貌女子，提着一篮枣糕。贪吃如他，自然不会放过。满足了口腹之欲，皇帝又萌动了色欲，要对美貌女子动手动脚。谁知道美貌女子是位仙女，是专为惩罚贪吃皇帝而来的，她一巴掌把皇帝扇到了锅台边的墙上去了。从此，皇帝成了灶神，整天眼巴巴地望着人家的锅台，看别人吃香喝辣。

故事里的灶神，很明显是个负面形象。民间信仰中的人格神，原型往往是正面人物，或为战争英雄，或为文化名人，或为为人开山造田、填海除害的大力士，总之多是为人类做出贡献的人。被人扇耳光的贪吃皇帝或官员，却做了灶神，可见灶神神格不高，这也是人们时常对他揶揄嘲讽、心怀不满的原因。

《清嘉录》中引顾辰《上元夜接灶》诗云："灶本何心媚，工为饮食谋。日亲厮养卒，祭失烂羊头。乱踏旌旗下，交辉灯月游。因怀胶口恨，利市竟难求。"说灶神不该贪吃馋嘴的本性，为饮食媚人，人们用羊头祭祀，灶神上天却一番灯月游历，因对人们用胶牙糖封他的口怀恨在心，并不带来人们想要的好利市。

关于灶神的故事很多，随着时间的推移，不断涌现出枝纷叶繁的新篇章。灶神的原型传说，有着从神圣性到世俗化的演变轨迹，初始的原始崇高也渐渐让位于世俗伦理。至于灶神究竟是远古神话中炎帝、黄帝、祝融、苏吉利，还是民间传说中的张姓灶匠、负情浪子、馋嘴皇帝，民众并不追究，也并不在意，只要他日日蹲在自己的灶台，大家就感到安心、放心、舒心，只要他上天言好事，回宫降吉祥，百姓便一如既往地对他小年送大年接，豆秣草料胶牙糖，清汤一碗面一碗，给他应有的礼遇。

第三节　祭祖

在长江流域春节的祭祀习俗中，2006 年 6 月 7 日入列湖南省第一批非物质文化遗产名录的湘西土家族苗族自治州土家族“舍巴日”别具特色。“舍巴日”是土家语，“舍巴”即摆手之意，“日”是动词“做”的意思。“舍巴日”直译汉语为“做摆手”，意译为“摆手舞”。湘西土家族“舍巴日”在年节举办，带有浓厚的祭祀色彩，仪式一般分舍巴祭、舍巴乐两大部分，包括请祖先、敬祖先、跳摆手舞、唱摆手歌、演茅古斯等。它涵盖了神话、传说、音乐、舞蹈及土家织锦、民间戏剧、民间游艺、民间剪纸等一系列原生态文化现象，具有民族文化、道德、伦理、教育等诸多传承功能和强大的文化凝聚力，是土家族非物质文化遗产赖以薪火相传的综合载体。人们在“舍巴日”活动中缅怀祖先的功绩，整个活动有着浓厚的祖先崇拜痕迹。

祭祀先祖，是一项隆重的年俗活动。《礼记·月令·事宜》中说：“除夕祭祖，即悬真于家庭，供奉以拜节。”周朝的时候，除夕就有祭奉先祖之俗。东汉崔寔模仿古时月令所著的农业著作《四民月令》中也有记载：“正月之朔，是为正日。躬率妻孥，洁祀祖祢。及祀日，进酒降神毕，乃家室尊卑，无大无小，以次列于先祖之前，子妇曾孙，各上椒酒于家长，称觞举寿，欣欣如也。”从汉朝开始，人们过年时在中堂悬挂先祖的遗像以祭拜先祖。清朝钱塘诗人厉鹗《可庵遗像记》中说：“古人之子于亲亡也，至汉代以来，乃有画像，并非古制，实寓生存，遂相沿不能废。”顾禄在《清嘉录》中对元旦祭祀先祖有详细描述：“比户悬挂祖先画像，具香蜡、茶果、粉丸、糍糕。肃衣冠，率妻孥以次拜。”《武进县志》也记载：“元旦拜祠堂，黎明率子弟群拜于祠。先大宗，次小宗，焚香上茶，设粉饵，元祭。拜神影子，先像奉供堂中，事如生礼，设奠祭酒，凡菜蔬粉米之属无不具，每日三饭，凡三日卷之。”这里说的“神影子”就是先祖的画像。春节祭祖分为家祭和坟祭两种方式，以下分别论述。

一、家祭

明清时，春节祭祖风俗十分盛行，曹雪芹《红楼梦》第五十三回《宁国府除夕祭宗祠，荣国府元宵开夜宴》就详细描述了贾府祭拜先祖的具体情形：腊月离年日近之时，作为贾府长房长孙的贾珍那边，便“开了宗祠，着人打扫，收拾供器，请神主，又打扫上房，以备悬供遗真影像”。除夕之夜，一家人举行庄重严肃的祭祖仪式，祭祀的对象是祠堂里“灯烛辉煌，锦幛绣幕”中列着的“看不真”的神主和正堂上“披蟒腰玉”的荣宁二祖遗像及其他“几轴列祖遗像”。所谓“神主”是指木制的祖先牌位，所谓“影像”是指纸质的祖先肖像。祭祀时，贾府所有人丁分了昭穆，列了辈次，排班立定，祭祀神主由长房贾敬主祭，贾赦陪祭，贾珍献爵，贾琏、贾琮献帛，宝玉捧香，贾菖、贾菱展拜毯，守焚池。“青衣乐奏，三献爵，拜兴毕，焚帛奠酒。礼毕，乐止，退出。”神像由贾府辈分和地位最高的贾母主祭：

> 众人围随着贾母至正堂上，影前锦幔高挂，彩屏张护，香烛辉煌。上面正居中悬着荣宁二祖遗像，皆是披蟒腰玉；两边还有几轴列祖遗影。贾荇贾芷等从内仪门挨次列站，直到正堂廊下。槛外方是贾敬贾赦，槛内是各女眷。众家人小厮皆在仪门之外。每一道菜至，传至仪门，贾荇贾芷等便接了，按次传至阶上贾敬手中。贾蓉系长房长孙，独他随女眷在槛内。每贾敬捧菜至，传于贾蓉，贾蓉便传于他妻子，又传于凤姐尤氏诸人，直传至供桌前，方传于王夫人。王夫人传于贾母，贾母方捧放在桌上。邢夫人在供桌之西，东

向立，同贾母供放。直至将菜饭汤点酒茶传完，贾蓉方退出下阶，归入贾芹阶位之首。凡从文旁之名者，贾敬为首；下则从玉者，贾珍为首；再下从草头者，贾蓉为首；左昭右穆，男东女西。俟贾母拈香下拜，众人方一齐跪下，将五间大厅，三间抱厦，内外廊檐，阶上阶下两丹墀内，花团锦簇，塞得无一隙空地。鸦雀无闻，只听铿锵叮当，金铃玉珮微微摇曳之声，并起跪靴履飒沓之响。

长长的一段文字，细致地再现了贾府祭祖仪式中焚香、供奉酒菜、跪拜等场景，整个活动秩序井然、气氛严肃、行止讲究、气派宏大，这样的祭祖仪式是一次长幼辈分的再明确，地位等级的大展现，更是一次念祖孝亲、事死如生的文化展演。贾府祭祖是一件隆重而盛大的典礼，从刚进腊月就开始准备，到除夕及元旦的仪式高潮，再到正月十七日行礼，掩祠门，收影像，才算祭祖仪式结束。

中国自古祭祖论贵贱，《礼记·王制》说："天子七庙，三昭三穆，与大祖之庙而七。诸侯五庙，二昭二穆，与大祖之庙而五。大夫三庙，一昭一穆，与大祖之庙而三。士一庙。庶人祭于寝。"后虽没有这样严格，但清代就祭祀中的等级制有过明确的规定：一至三品官员的家庙，中堂五间，台阶三级，东西两庑各三间，中门外设南门，左右两边各设侧门。贾府宗祠位于"宁府西边另一个院子，黑油栅栏内五间大门，上面悬一匾，写着'贾氏宗祠'四个字"，从贾氏宗祠建筑规模看，院内有三间抱厦、五间正殿、有廊檐、台阶等，符合清朝三品以上官家的家庙建设规定，说明了贾府当时的社会地位。

贾府作为皇亲国戚，祭祖仪式自然分外隆重，民间百姓的祭祖仪式却要简单得多。民间年节祭祖一般分为家祭和坟祭。家祭主要是向先祖焚香化纸，供奉酒馔，请祖先和在世的家人一同团聚宴饮。为了让先祖的魂灵顺利归家，湖北宜城各家各户在所有门神的上方各贴三张火纸，把门神的脸遮住，以便祖先回家过年不被阻挡。湖北罗田一带，初一早晨要到祠堂去祭祖拜年。斯人虽已逝去，魂灵驻留人间，所以新年第一天，要到祖宗神位之前，庄严地进行跪拜。位于安徽省西部的金寨县，除夕和正月十五都要请"老祖人"回家与家人一起过节，当天同姓族人要聚在祠堂或公堂屋中举行祖宗祭拜仪式，八仙桌拼起长长的桌案，佳肴满席，桌椅碗筷顺次摆放，看不见的祖先在席位上无声地用餐，德高望重的长者或族长焚香烧纸，男丁燃放鞭炮，合族人一起向祖宗画像或牌位叩头，祖宗用饭毕，菜蔬从桌上撤下，端到厨房再加工，为年饭做准备。吴越地区年终的祭祖大典叫“祝福”，新年第一天的五更天即将“福礼”（鸡、鸭、猪肉等煮熟之后插上筷子）陈列起来，点上香烛，请祖神们来享用，拜的却只限于男人，这一点鲁迅在《祝福》中已经写过了。苏州人除夕夜悬挂先祖遗像，以香烛茶果供奉，家人依次向画像叩拜。杭州人称祖先画像为“神子”，除夜悬挂，元宵后就收起来，所以《落灯夜收神子》诗云：“若非除夜何能见，才过元宵不可留。”说的就是杭州旧时年节里展拜先人画像的习俗。有的地方则是请诸神与先祖一起过年，贵州安顺屯堡人除夕那一天，在迎门的厅堂神龛前红纸书写“天地同亲师”，两侧以小字体写着三地三界十八佛诸佛或天地诸神和祖宗名讳，设供品，点金字红烛与子午香，恭请祖先神和诸神一起过年。

二、坟祭

所谓坟祭，就是在除夕那一日去为祖先坟茔添土包圆、烧香、燃放鞭炮、磕头、上供、“送亮”。

“送亮”，顾名思义，就是送去光明，是指在坟头点烛，让烛光照亮荒野中的坟茔。送亮是长江流域各地区都有的习俗，只是送亮的时间有所不同，有的地方在小年夜，有的地方在大年三十的晚上，有的地方在正月十五元宵节夜晚，其中以大年三十的晚上居多。多数地方的人在除夕这一天去给亲人上坟，并在坟前点亮香烛，子嗣越多，坟前的烛火也就越多。除夕之夜，时常能看到村野乡间，到处都是星星点点的烛火，在暮色中闪烁、跳跃。人们用给祖坟送亮的方式为祖坟驱走黑暗，在烛光温暖的照耀中，祖魂们不再寂寞，不再孤独，他们和阳世的人们一样见证并参与节日的热闹喜庆，从而感受来自人世的牵挂和怀念。湖北宜城地区的人们晚上要向祖坟送喇叭状的长明灯，喇叭灯插在坟前，并祷告“某某，请回家过年！”。安徽省金寨县称送亮为送“裤儿灯”，时间在正月十五晚上。所谓“裤儿灯”实为香烛，因外面的防风罩酷似裤腿而得名。若有头年去世的死者，家中近亲尤其是女婿要送花花绿绿的

“客灯”，普通亲戚送“吊子灯”。接灯、送灯均有礼数，接灯的东家要办成席的饭菜招待客人，并回送香烟、果子等礼品。[①]

无论是家祭还是坟祭，都有焚纸钱这项仪式。纸钱，又作“阴钱”“寓钱”“拟钱”，即剪纸为钱形者。关于纸钱，民间有不少传说附会的故事，其中一类与蔡伦造纸相关。传说蔡伦有一个嫂子叫慧娘，她看到造纸生意兴隆，便让自己的丈夫蔡莫去跟蔡伦学造纸，并开了个造纸厂，但由于技术不过关，生产出来的纸非常粗糙，没有任何销路。精明的慧娘想出了一条妙计：一天深夜蔡莫突然哭得死去活来，邻居们忙问缘故，蔡莫说因为造纸的事慧娘寻短见了。蔡莫一边痛哭流涕，一边烧纸，慧娘竟然在棺材里复活了，死人复活，大家惊讶不已。慧娘从棺材出来后，故意装模作样地唱道：“阳间钱能行四海，纸在阴间做买卖，不是丈夫把纸烧，谁肯放我回家来?”并说自己到阎王爷那里报到，把丈夫给她的钱送给阎王爷，阎王爷不仅没让小鬼折磨她，还让她回来了。蔡莫佯做不解，慧娘指着正在燃烧的那堆纸说：“那就是你给我送的钱，阳间以铜为钱，阴间以纸为钱。”乡亲们这才知道烧纸的用处，纷纷来买蔡莫造的纸烧给死去的亲人，于是堆满全屋的草纸很快就卖完了。从此以后这一习俗流传下来，一直延续到今天。另外一个传说故事情节类似，只是故事主人公换成了蔡伦与他的妻子，诈死的是蔡伦，由其夫人焚送预先裁成的“纸钱”给已赴阴间的蔡伦，当蔡伦遇鬼差索贿刁难时，纸钱纷从天降，蔡伦得以还阳。

纸张的产生是纸钱诞生的物质条件，因此民间会有这样的传说。但是这两个故事充满世俗经济的阴谋算计，缺少点神秘灵异之气，所以被认为是乡野传说，不太可信。关于纸钱，民间又有由李世民游地府传说：东海龙王敖广获罪当斩，行刑者为铁面无私的名相魏徵，龙王婉请唐太宗救他。唐太宗为了不让魏徵斩龙，便邀请魏徵下棋，不想魏徵趁打盹之机梦斩蛟龙，龙王便到地府告太宗，乃有太宗游地府一幕。在地府中，阎王以为太宗阳寿不该绝，同意放他回阳，但太宗需承诺派人到天竺取真经为龙王超度。太宗在返阳途中一路上受到许多鬼魂的阻挠，幸遇豆腐公、豆腐婆两老存于冥府银行纸钱的帮助，先借出金银散发众

① 参见程东霞《金寨县春节期间祭祀民俗初步研究》，《皖西学院学报》2015年第6期。

鬼魂，方得回归。为了归还豆腐公、豆腐婆的冥钱，太宗回阳后大烧纸钱，于是民间便有了给死人烧纸钱的传统。无疑，这些传说都是纸钱产生并广用于民间之后附会而成的。

纸钱的产生必然需要两个条件，一是商品经济出现，纸币产生；二是必须在纸张产生之后，具备了物质基础，所以纸钱产生当在汉代以后。《封氏闻见记·纸钱》中说："纸乃后汉蔡伦所造，其纸钱魏、晋以来始有其事。"该书中还说："古者享祀鬼神有圭璧币帛，事毕则埋之，后代既宝钱货，遂以钱送死。"一般由此认为纸钱应出现在魏晋时期。

纸钱在唐代已通行，出现不少花色品种，现在纸钱一共有三种，一种是最古时候的打钱，是用木槌和铁制的钱模，把钱的形状打在土纸上。《封氏闻见记·纸钱》记载："纸钱，今代送葬为凿纸钱，积钱为山，盛加雕饰，舁以引柩。"一种是剪钱，就是以土纸折成元宝的形状，或裁为方块，贴以金银色的纸箔。还有一种是印钱，五代时就出现了印有文字的供鬼使用的纸钱，后来仿近代的纸币、银圆，印上"冥通银行"以及各种数字的金额，宛如人世间流通的纸币一样。

人死为鬼是中国自古以来的观念，《说文解字》说"人所归为鬼"。鬼的世界是人的归所，人虽在幽冥世界死而为鬼，但和阳世的人一样，也需要衣食住行，也需要花费用度，在举家欢庆的大年节，怎能让自己的宗祖冷落寒酸，穷困潦倒？所以阳世间的人们多多烧些纸钱，让祖宗们在幽冥地府过上好生活，有道是有钱能使鬼推磨嘛！

"慎终追远，民德归厚矣。"百姓利用春节祭祖礼俗缅怀先人、慎终追远，祈求佑护赐福，维系家族，明确长幼之伦。春节祭祖已成为中国传统文化的一大特色。

第四节　元夕迎紫姑

在中国民间诸神中，紫姑是颇为活跃的一位神祇，她知晓桑蚕收成，晓谕吉凶祸福，虽只是一个厕神，却与百姓生活密切相关，因而广受民间百姓的信奉。

一、紫姑、厕姑、七姑、箕姑、坑三姑娘

元夕迎紫姑是全国都有的风俗，长江流域尤盛。相较而言，华东地区最为风行，其次则西南地区、中南地区，但是各地对紫姑神的称谓却各不一样：江西、福建、湖北等省有些地方称“紫姑”。上海、江苏、浙江、安徽、江西等省市一些地方称“厕姑”，湖北一些地方称“茅厕姑”，贵州一些地方称“茅娘”。比较普遍的是称“七姑”，如江苏、江西、四川、湖北、湖南等省一些地方都这样称呼；江苏、浙江一些地方称“灰七姑”；四川、湖南、湖北一些地方则称“七姑娘”。有一些地方用祭祀所用到的器具称呼紫姑，如上海又称之为“箕姑”、江苏称“箩仙”“箕姑”，浙江又有“箕娘”“簸箕神”之说，安徽叫“筲箕姑”，江西叫“筲箕姑”“筲箕神”，福建叫“棕蓑神”，四川叫“罐筶神”，湖南也有称“筲箕神”的；上海、江苏、浙江还有一些地方称“坑（或者抗）三姑娘”。林继富先生在他的《紫姑信仰流变研究》中统计，对于紫姑，一共有 68 种不同叫法，其中有 58 个带“姑”字。“紫姑”“厕姑”“七姑”“箕姑”“坑三姑娘”，名虽不同，实则为一，一个神祇拥有这么多名号，正体现了民间信仰的特征。

二、作其形迎之

元夕迎紫姑神主要涉及请神和占卜两项习俗。迎紫姑神需要做“偶像”，这与请灶神、祖先神等神灵多用贴画像的方式不同。

《荆楚岁时记》中记载了元宵节迎紫姑的习俗：“其夕（元夕），迎紫姑……”记述简略，至于如何迎紫姑不得而知。隋代世儒杜公赡（即杜台卿）客居荆楚地区多年，是一位非常熟悉当地习俗的学者，他在对上面引文的“按”语中，引刘敬叔《异苑》云：“世人作其形迎之……”

要敬神，必先“降神”“诏神”“至神”，如何将紫姑神请出来呢？《异苑》虽较《荆楚岁时记》更进一步，但也只是简略地说“作其形”，没有具体说明如何“作其形”。从历代典籍记载来看，迎紫姑主要有两种方式“作其形”。

一是以草木“作其形”：苏轼在《子姑神记》中记载过“衣草木为

妇人”请紫姑神的情形。清同治《安吉县志》记载，浙江西北部湖州市辖县安吉县迎紫姑习俗是“用稻草一握，中扎桃枝尺许，被以衣裙”。民国《贵州通志》引《田居蚕室录》说：“新年闹灯时，切茅二茎，曲其两头，上如钩，下如人脚掌，以小木枝长五六寸许对插立，横架一木枝，以悬茅茎，用鸡羽拂橡叶掠茅足。”对紫姑神人偶做法描述颇为详细。嘉庆《洪雅县志》、光绪《丹棱县志》记载此四川两县的迎紫姑习俗时，均言“取桃梗衬青衣为紫姑神向厕中焚香以卜”。

二是以箕、箸、箩、帚作其形。这种方式似乎更为普遍，南宋陈元靓《岁时广记》引徐铉撰志怪小说《稽神录》说：“正月望日，时俗取饭箕衣以衣服，插箸为觜，使画粉盘，以卜一岁休咎。”清人俞樾所著《茶香室四钞》中引《嘉定县志》云：“俗谓正月百草俱灵，故于灯时备诸祠。卜箕姑，以筲箕插筋，蒙以巾帕请之，至则能写字，能击人。帚姑，以敝帚系裙以卜，至则能起卧。竹姑，以小竹剖为两，二人各一筋对招，两端相向，如舁（yú，抬）舆状，神至则双筋中合，相戛为兆……针姑，以针对穿一线请之，神至则针尾相合……七姑，群女以笊篱偷门神糊于上，画成人面，以柳枝为身，以衣覆之。神来即能拜。”所谓“箕姑”“帚姑”“竹姑”“针姑”“七姑”，说法和做法各一，但都是元宵节上种种请神、迎神以卜问的行为，除了“竹姑”“针姑”以外，其他都和紫姑神有关。川沙是上海市一个已撤销的县，道光《川沙抚民厅志》谓：“以饭箩蒙帕，插花胜以邀。”民国《衢县志》记载浙江省衢州地区风俗：“彩衣一、绣履一，覆大被于箕上，数女子舁至厕。”祝毕鞋或衣则焚化。据乾隆《望江县志》记载，安徽省安庆市望江县的迎紫姑活动从人日就开始，“于人日取净筲箕，蒙以乌帕，插花其上，挂于内堂檐下”，到了元宵节那一天，则取下人偶，“迎置内堂，安簸箕中，设几筵茶果祀之，祀毕，令二女以指舁箕，前缚一箸，如降乩状，有问则视其点头数以卜，问毕焚香送之”。光绪《孝感县志》记载湖北省孝感地区风俗：“先于小除夜（即十二月二十四日）取粪箕之架埋厕侧，正月十五夜洗净覆以女衫，画人面于上，焚香拜祝，两女持之，神来则自动叩地。”湖南怀化市洪江市迎接厕姑“用一个卷棉纱的‘绞子’，上面垒一个‘半升米筒’，穿上衣服，做成七姑娘的‘偶像’，供奉在茅厕里”[①]。贵州省有些地方称紫姑为“扫帚神”，在做人偶时以扫帚扎如人头，穿人衣。由上可知，迎紫姑神时，“作其形”所用器具有箕箕、饭箩、粪箕、扫帚等，方式种种，以箕箕为最普遍，连陆游《新岁》诗里都说：“载糗送穷鬼，扶箕迎紫姑。”

做了人偶，只是具备了物质条件，如何知道神是否真正到场了呢？刘敬叔《异苑》云：“捉之觉重，是神来也。”是说感觉到手上人偶变重，则说明神灵到场。后来的记载一般都是用人偶自动写字、画画、叩击、点头表示“神来”，如《孝感县志》记载，人们迎紫姑时，对着人偶“焚香拜祝，两女持之，神来则自动叩地”。但是有些则描述得详尽生动得多，同治《安吉县志》里说人们用稻草、桃枝、衣裙做出人偶后，将之放在荒郊废址或陈年茅厕，设香烛酒馔，由两个老妇人互相一问一答，一请一辞，谓之“轿夫”，等到“桃条忽自动”，则说明紫姑神驾临，老妇人则手捧草把，入请者之家，设置木板方案，卜问祸福，以桃条敲击桌案次数作为吉凶之判。湖南洪江迎紫姑是让七姑坐在米筛里，由两个童女去抬出来。这些较《异苑》里说的“捉者觉重，便是神来”要更为生动形象，更充满仪式感。

三、卜蚕桑，占众事

元夕佳节，迎来紫姑神以后，人们主要向她卜问祸福休咎、年事丰歉等，而不以直接祈福为主要目的。占卜功能成为紫姑神最大的存在理由，她的主要职责是为人们答疑解惑，缓解人们对未知世界不可把握的恐惧。

那么人们会向紫姑神卜问什么呢？民间一般是向她卜问吉凶休咎、岁时丰欠、农事蚕桑等。如《吴中岁时杂记》载：“望夕迎紫姑，俗称接坑三姑娘，问终岁之休咎。妇女又有召帚姑、针姑、苇姑，卜问一岁吉凶者，一名百草灵。乡间则有祈蚕之祭。”《监利岁时气候记》曰：“元夜，迎紫姑，卜问丰欠。”同治《长阳县志》卷一“风俗”云：“幼

① 巫瑞书：《迎紫姑风俗的流变及其文化思考》，《民俗研究》1997年第2期。

女请紫姑神，问灾病，休咎、年岁，曰‘请七姑娘’。”

吉凶、丰歉、农桑与民间百姓的生活休戚相关，是民间百姓最为关注的问题，而文人雅士从紫姑神那里卜问的内容却浪漫和文艺得多，他们或问归期，或问前程，或问成败，他们所担忧和疑虑的内容，与民间百姓大为不同。古代文人们或宦游或出征，既有因为交通不够发达带来的空间阻隔，又有人在江湖身不由己带来的归期无望，所以经常离家万里，思念故乡家小，归期却又时常不在自己的把握之中，因此，他们常常在诗词中向紫姑卜问归期，如欧阳修《蓦山溪》：“应卜紫姑神，问归期，相思望断，天涯情绪。”陆游《军中杂歌》：“北庭茫茫秋草枯，正东万里是皇都。征人楼上看太白，思妇城南迎紫姑。”王千秋《生查子》：“暗祷紫姑神，觅个巴陵信。”胡浩然《万年欢·元宵》：“怅望归期，应是紫姑频卜。”因紫姑能兆吉凶，故自然也知人之前程未来，老百姓卜之以问前程也属正常，但文人墨客们在说到向紫姑神卜问前程时，更多地表现出一种达观，如陆游《初春》：“紫姑拟卜元无事，只问今春几醉眠。”陈造《元夕遣怀二首》（其二）：“鬓须久已沾青女，穷达何劳问紫姑。”朱弁《元夕有感》：“紫姑无用卜，世事正悠悠。”也有问战争格局的，如朱敦儒《好事近》：“却上紫姑香火，问辽东消息。”唐朝诗人李商隐是一个喜欢频繁引用“紫姑”典的诗人，如《正月十五夜闻京有灯恨不得观》：“身闲不睹中兴盛，羞逐乡人赛紫姑。”又如《圣女祠》云：“消息期青雀，逢迎异紫姑。”《昨日》：“昨日紫姑神去也，今朝青鸟使来赊。”文人心目中之紫姑神，往往只是一个托物言情的意象，实雅趣多于信仰，嬉戏多于虔诚。

关于占卜的方法，陆游专门有一首《箕卜》诗写得可谓详细：

孟春百草灵，古俗迎紫姑。
厨中取竹箕，冒以妇裙襦。
竖子夹扶持，插笔祝其书。
俄若有物凭，对答不须臾。
岂必考中否，一笑聊相娱。
诗章亦间作，酒食随所须。
兴阑忽辞去，谁能执其祛。

持箕畀灶婢，弃笔卧墙隅。
几席亦已彻，狼藉果与蔬。
纷纷竟何益，人鬼均一愚。

作者似乎对卜问紫姑之事不甚相信，以嘲弄的语气表达了对紫姑卜"一笑聊相娱"的态度。但从诗歌中我们可以得知，紫姑卜的方法——扶乩，也就是将插了筷子之类的筲箕或水瓢置于铺了沙或米的盘上，视筷子在盘上所画的接近某种文字、图画或符文的印痕为判断的依据。这也是民间紫姑卜的主要方式，如《金陵岁时记》云："以香楮往迎厕上，果闻粪窖中有声，知为神降之征。迎入内室，铺米于盘，两人对执小粪箕，立一箸于中，其箸自动，能从盘上画米如问事者。有吉则兆，书为字或画如意、双钱种种吉祥形式；凶则否。"《海宁风俗记》曰："十三日谓之上灯夜，是夜起至十八日止，可接淘箩头娘子。法用米淘箩一只，倒覆，中插角针，下铺白米，簪以红花，戴以女帽，设香案，年糕、净茶各一杯，旁立妇女二人，以手指抬起淘箩，口中念念有词：'茶冷了，糕硬了，淘箩头娘子好来了。'如是者三遍，其淘箩自动。举家即以本年吉凶问卜，亦卜紫姑之类耳。"苏轼《东坡志林》亦记云："江淮间俗尚鬼，岁正月，必衣服箕帚，为子姑神，或能数数画字。"

因为紫姑卜有神仙写字、画符之举，紫姑神因而又称为文艺女神，《酉阳杂俎》《梦溪笔谈》等文献史料中都有请紫姑作诗、写字、下棋等游戏的记载，扶乩降紫姑亦成为文人之间的一件趣事。《酉阳杂俎》记："黄（州）之侨人郭氏，每岁正月，迎子姑神，以箕为腹，箸为口，画灰盘中为诗，敏捷立成。"苏轼《少年游》题记里说："黄之侨人郭氏，每岁正月迎紫姑神，以箕为腹，箸为口，画灰盘中，为诗敏捷，立成。余往观之。神请余作少年游，乃以此戏之。"《梦溪笔谈》卷二十一里说得更为神奇："景祐中，太常博士王纶家因迎紫姑，有神降其闺女，自称上帝后宫诸女……其家亦时见其形，但自腰以上见之，乃好女子，其下常为云气所拥。善鼓筝，音调凄婉，听者忘倦……近岁迎紫姑仙者极多，大率多能文章歌诗，有极工者，予屡见之。"在这些记载中，紫姑已成为一多才多艺的文艺女神，能与文人们诗词相娱，与普通民众信仰之卜问占祀大异。

四、受难的女神

人们在做紫姑神“偶像”时，或“衣草木为妇人”，或“被以衣裙”，或“插花胜以邀”，或用“彩衣”“绣履”，或备“小红绣鞋”一只，或“覆以女衫”，这些都说明紫姑神的女性身份。那么，紫姑神究竟所来何自呢？关于紫姑神的来历，总的来看，主要有以下几种说法。

1. 何媚说

刘敬叔在《异苑》中说：“紫姑本人家妾，为大妇所妒，正月十五日感激（即气愤）而死。故世人以其日作其形，夜于厕间或猪栏边迎之。咒曰：‘子胥（云是其婿）不在，曹姑（云是其姑）已行，小姑可出……”文中紫姑的姓名等具体信息都很含糊，唐代《显异录》则说得更为具体：“紫姑，莱阳人，姓何名媚，字丽卿。寿阳李景纳为妾，为大妇曹氏所嫉，正月十五夜，阴杀之厕间。上帝悯之，命为厕神。故世人以其日作其形，于厕间迎祝，以占众事。”故事中人物不仅有了芳名，而且还有雅字。《异苑》里说紫姑是被大妇虐待，总是以脏秽之事役使她，致使她气愤自杀，并未说明厕所是她的郁亡之地；《显异录》则说她是正月十五被正妻杀于厕中，这就为人们为何“于厕间迎祝”找到了依据。明末清初徐道的《历代神仙通鉴》卷一四则更进一步发挥：“（武周垂拱元年）寿阳刺史李景纳莱阳县何氏女为妾，名女婿，字丽卿，读书敏利。景妻妒之，遂阴杀死，置其尸于厕中，魂绕不散。景如厕，忽闻啼哭声，常隐隐出现，且有刀兵呵喝状，大著灵异。人为尸祝之，悬箕而降，能知祸福。太后闻之，敕为厕神。神死于元宵，故后著灵于正月，今之扛壁姑。”此文细节更为详尽，《异苑》中只是说人们“夜于厕间或猪栏边迎之”，并无封神之说；《显异录》里则说因为天帝悯之，而命她为厕神；这里却说“太后闻之，敕为厕神”，厕神不是天帝所封，而是人间女皇武则天所封。以上传说，虽然略有不同，但都是说厕神紫姑是一个不幸的小妾的化身。至于厕神为什么称为紫姑，光绪年间，常熟人姚福均所作《铸鼎余闻》卷四里说：“厕作紫，盖因字不雅而改之。”

2. 戚夫人说

戚夫人是汉高祖刘邦的妃子，据《史记·吕太后本纪》记载，汉高祖刘邦生前曾经数次欲废太子而改立戚夫人的儿子，故吕后十分嫉恨戚夫人。刘邦死后，吕后就砍掉了戚夫人的手脚，并挖掉其眼睛，熏聋其耳朵，将其关在厕所里做人彘，戚夫人就这样被虐至死。据明冯应京《月令广义·正月令》载：“唐俗元宵请戚姑之神，盖汉之戚夫人死于厕，故凡请者诣厕请之。今俗称七姑，音近是也。”民国时期出版的《民间新年神像图画展览会·附录九》中“案”沿用了《月令广义·正月令》的说法：“或云西汉戚夫人死于厕，为其神，后俗称七姑，音近是也，紫、子即戚之音讹。”这就是厕神紫姑又叫“七姑”、“其姑”、“箕姑”抑或“戚姑”的原因。

3. 姜子牙封神说

为什么上海、江苏、浙江的一些地方称厕神为“坑（或者抗）三姑娘”呢?《集说诠真》中引《封神演义》载：“坑三姑娘者，系三仙岛之仙姑云霄、琼霄、碧霄三姊妹也……姜子牙敕封云霄、琼霄、碧霄三姑为坑三姑娘之神，执掌混元金斗，专擅先后之天。凡一应仙凡人圣、诸侯天子、贵贱贤愚，落地先从金斗转劫，不得越此。”小说中特别注明“以上三姑，正是坑三姑娘之神。混元金斗即人间之净桶，凡人之生育，俱从此化生也”。《民间新年神象图画展览会·附录九》里说三姑不应当作三女解，而应作“第三女解”，因为“民间之祭祀紫姑为妇女所专行，且以坑三姑娘为单独一神，其信仰之目的为问休咎……”按照这种这说法，坑三姑娘是专管妇女生产的神祇，有主管生育之职责，故民间妇女也有向她卜问生育之事的。

关于紫姑神的来历，以上是几种比较通行的说法，但是也有学者认为，厕神崇拜可以追溯到远古，张晓舒女士在《迎紫姑习俗起源新论》中就认为，迎紫姑习俗起源于原始的粪土崇拜，农耕民族视粪土为丰产的象征，人们对紫姑神“厕间或猪栏边迎之”的习俗，体现了人们渴求丰收的强烈愿望。她还考证，紫姑也并非唯一的厕神，唐代牛僧孺所作《幽怪录》里说：“厕神名郭登。”同处唐代的李复言在传奇小说集《续玄怪录》里补充道：“厕神（即郭登，蓬头青衣，长数尺）每月六日出巡，此日逢之必致灾难，人见即死，见人即病。”《荆楚岁时记》引《洞览记》云厕神为帝喾的女儿，名叫胥。“帝喾女将死，云生平好乐，至正月十五可以见迎。”《杂五行书》则直接说：“厕神名后帝。”[①]

何媚也好，戚夫人也好，三仙岛仙姑也好，郭登也好，帝喾的女儿也好，后帝也好，百姓并不关心谁才是真正的厕神，只是每年正月十五，因时而迎，扶乩卜问，游戏也罢，虔敬也好，都无关紧要，只是这么一代代相传，相沿成习，成为民众信仰生活的一部分。

---

① 参见张晓舒《迎紫姑习俗起源新论》，《中南民族学院学报》2001年第7期。

第六章　人际互动：长江流域春节的交往习俗

春节期间是各类习俗的大展演，也是人际交往的好时机，在这大好的佳日良辰，人们放下手头的工作，与家人团聚，拜会亲朋，话话家常，送上祝福，即便平时饱受礼教束缚而不能随便行动的妇女，也以节日的名义外出，人约黄昏，幽会佳偶，走桥去病，摸钉求子。

第一节　拜年

作为国家非遗的重要代表，春节民俗中有一种传统习俗，即拜年。拜年与除夕夜的团圆饭一样，是最能体现年味的春节习俗之一，是春节期间的重要活动。

一、从朝正到团拜

新春伊始，万物萌动，一年的开始最是美好，人们为即将展开的新生活互相庆贺，这种庆贺的主体并不仅限于家族亲朋，党政机关、企事业单位、人民团体还会以组织的名义举行团拜，大家欢聚一堂，清茶瓜果、谈笑风生，交流思想、联络感情，总结过去、展望未来。柳亚子《民主党派举行团拜典礼》诗写道："从容揖让礼文优，团拜应为团结谋。"团拜之时，大家从容揖让，言优礼雅，团结和谐，共谋发展。很多人认为，团拜风俗，是新中国成立后逐渐兴起来的，其实团拜传统古已有之。

早在周代，每逢春节，朝廷都要举行盛大的庆祝活动。这种活动叫

“朝正”。所谓“朝正”，就是朝贺一年的开始。《左传·文公四年》载：“昔诸侯朝正于王，王宴乐之。”朝正之时，四方诸侯会集朝堂，天子以乐舞招待。《论语·乡党》记孔子行事说：“吉月，必朝服而朝。”所谓“吉月”就是正月，意思是说大年初一，一定要穿着上朝的礼服去朝贺。汉代以降，历代都继承先秦团拜习俗，只是活动更显隆重热烈。《后汉书·礼仪志》中记汉代朝正之仪云：“每岁首正月，为大朝，受贺。”当时朝正会上皇帝会安排许多文娱节目，有音乐舞蹈、杂技百戏，君臣同乐，参加朝正的人要向皇帝奉献礼品，根据“礼尚往来”的礼仪原则，皇帝也要向百官赐赠礼品，

“团拜”这个词最早大约出现于宋代，南宋浙江温州诗人王十朋《元日》诗曰：“白发又新岁，黄柑非故乡。弟兄团拜处，归去愿成行。”《朱子语类》卷九一载：“团拜须打圈拜；若分行相对，则有拜不着处。”不仅出现了团拜一词，还记载了团拜的仪式方法，后世一直流行的就是这种拜法。

到了明清时期，团拜更多的是指各地同乡、同年、官僚或者同宗于正月间举行的聚会庆贺活动。明万历《富平县志》载：“每族溯宗祖数世者，共为画像，名曰神轴。元日，子孙会拜。”这种在祖宗画像前的“会拜”就是一种团拜。清代将正月初一的时间留给百官自己支配，而在大年三十举行团拜，富察敦崇《燕京岁时记·除夕》：“京师谓除夕为三十晚上。是日清晨，皇上升殿受贺；庶僚叩谒本管，谓之拜官年。”清代的“同年”团拜是一个很普遍的现象，科举时代称同榜或同一年考中者为“同年”，《官场现形记》第二回：“以后就是门生请主考，同年团拜。”这是说通过会试成为贡士，取得殿试资格的人，要请主考，并且可以参加同年团拜。清人艺兰生在《侧帽余谭》中说：“京师于岁首，例行团拜，以联年谊，以敦乡情。”艺兰生所说的京师人团拜的方式主要是饮酒宴乐：“每岁由值年书红订客，饮食宴会，作竟日欢。”《武进县志》载：“元旦拜祠堂。黎明，率子弟群拜于祠。先大宗，后小宗。焚香，上茶，设粉饵，无祭。”《永康县志》载：“元旦，尊卑长幼以序而拜，曰团拜。”

直到20世纪30年代仍然有这种拜礼，《大名县志》载：“自改行阳历以来，城内每逢年节，县署知会各机关人员及士绅，届时于指定地行

团拜礼，较之诣门互拜，颇称简便。”这是政府的团拜。《高邑县志》载：“旧历元旦……家众以次贺年，乡邻团拜为礼。”这是乡邻之间的团拜。娄子匡的著作《新年风俗志》记浙江绍兴风俗：“团拜的礼节，是一族或一家人众，相向立作四方或圆形，相向跪拜，合行贺年的礼节。”这是家族的团拜。

团拜是春节的传统庆贺方式，从参加者的范围来看，有官方的、亲族的、朋友之间的等分别。时至今日，只有官方的团拜为机关单位所沿袭，成为机关单位拜年的主要形式，而且一般采用茶话会的形式，简单朴实，经济方便，值得提倡。亲族朋友则主要是单独走访。

二、从拜年帖到贺年片

自家翻历拣良辰，遍约诸亲与比邻。
今日娘家明日舅，预先分派配均匀。

这是清代诗人筱廷《拜年》诗写的拜年情景，一派温馨和谐的景象，让人难以忘怀。上文所说团拜主要是官方的、集体的拜年形式，那么民间的、个人的拜年又是怎样的情形呢？古人相互之间拜年，主要是相互投贺名帖。

名帖的名称在历史上有多种，早在秦汉时期叫“谒”。东汉刘熙在《释名·释书契》中解释说：“谒，诣（yì）也。诣，告也。书其姓名于上以告所至诣者也。”意谓谒是写上姓名，告知受访者。1984 年在安徽马鞍山东吴将军朱然墓中出土了三片写有“谒”的木片，木片长 24.8 厘米，宽 9.5 厘米，厚 3.4 厘米，中央写一个“谒”字，右边直行墨书“右军师左大司马当阳侯丹扬朱然再拜”。谒面上有大片空白，专家考证应该是留着写礼物明细的，因为这在汉代是确有其事的：《史记·高祖本纪》亦记载，刘邦在沛县当亭长时，有一次到吕姓人家去贺喜，因为没有带钱而不得上堂入座，便假装“为谒曰：‘贺钱万’，实不持一钱”。刘邦原为诈酒食，不料反受吕公赏识，并因此得到了一位妻子，即后来的吕后。

东汉以后名帖叫“刺”，《释名·释书契》里说到“刺”，是“书以笔刺纸、简之上”，“画姓名于奏上曰画刺，作‘再拜起居’，字皆达其体，使书尽边，徐引笔书之，如画者也”。“刺”上姓名的写法如画，故又叫“画刺”；“刺”上一般要写明姓名爵里，故又称“爵里刺”。据《南齐书·祥瑞志》记载，南齐高帝建元元年（479年），延陵县（今江苏丹阳县南）发掘出“一银木简，长一尺，广二寸，隐起文曰‘庐山道人张陵再拜谒诣起居’”。“庐山道人张陵”是说谒刺的主人张陵身份是“道人”，即“爵”的内容，“再拜谒诣起居”，就是常用的问候套话。有趣的是“刺”传到日本后被日本人所接受，他们至今仍把名片叫作“刺”。

新年谒刺投贺，是很早就有的风俗，隋杜台卿撰《玉烛宝典》引《四民月令》的一段话说：“明日，是谓新小岁，进酒降神，及修刺贺君、师、耆老，如正日。”“修刺”即书写谒刺。在所谓“新小岁”（相当于后世所说的“小年”）当天，人们在饮食时要进酒降神，及修刺贺君、师、耆老。说“如正日”，可知新年也要修刺祝贺。

隋唐以后，名帖也有“门状”“名纸”“贺启”等名称，称“谒”也很常见，“刺”则更为通用，因此古人拜年的名帖又常统称为“谒刺”。

送一张名刺给对方以示拜贺，无疑是个礼节周到而又简便易行的好办法，相沿成习。到了宋代，朋友之间在农历正月初一这天互相赠送名刺，甚至不大熟悉的人也送一张，以广交游。宋人周辉《清波杂志》是宋人笔记中较为著名的一种，书中记载了宋代的一些名人轶事以及当时的一些典章制度、物产风俗等，书中称：“宋元祐年间，新年节，往往使用佣仆持名刺代往。”当时的名刺是一种用梅花笺纸裁成的约二寸宽、三寸长，上面写着自己姓名和地址的卡片。新春佳节，各家门前贴一个写着“接福”二字的红纸袋，即为承放贺年名刺之用。宋代士大夫交游广泛，四处拜年，耗时费力，因此官司不大密切的就不亲往，而是派仆佣持名刺代往，宋人笔记中对名刺的这种用场有不少有趣的记载。《清波杂志》卷六里有这样一段话：“正、至交贺，多不亲往。有一士令人持马衔，每至一门撼数声，而留刺字以表到……吕荥阳公言：‘送门状习以成风，既劳于作伪，且疏拙露见为可笑。’司马温公自在台阁时不送门状，曰：‘不诚之事，不可为也。’”可见北宋时节日送贺刺之风非常盛行，以至流于庸俗，人们虚与委蛇，司马光甚至拒绝投送门状，然而投送贺刺之风并未因此而稍减。这样的拜年礼仪，费时劳神不说，更费金钱，当年亦有些一腔孤愤的书生不走这一套。南宋的陈起《江湖后集》中有首《淳祐辛丑元日》，径将投寄贺年状当作人情社会的一大恶习而抵制："滴酒焚香把笔熏，未书名纸谒朱门。对天大写宜春字，先与孤寒忏宿根。"不浪费笔墨书写名纸投递朱门，却为孤寒的身世写下大大的"春"字，让人心戚戚焉。

明代的文徵明也是特别为这样的流风遗俗所苦恼，便写下了《元日书事效刘后村》诗："不求见面惟通谒，名刺朝来满敝庐。我亦随人投数纸，世情嫌简不嫌虚。"每到大年初一，看到门口的接福袋里的贺刺爆满，他一边嫌其虚情假意，一边也不得不随波逐流。明人送贺刺的某些做法甚至比宋人更为荒诞，宋人"留刺表到"虽则流于形式，毕竟是送给熟识的亲朋，明代则更是泛滥，不管相识与否，在马背上"望门投刺"，连马都不下。明陆容《菽园杂记》是关于明代朝野掌故的史料笔记，其卷五里说："京师元日后，上自朝官，下至庶人，往来交错道路者连日，谓之拜年。然士庶人各拜其亲友，多出实心。朝官往来，则多泛爱不专。如东西长安街，朝官居住最多，至此者不问识与不识，望门投刺；有不下马，或不至其门令人送名帖者。遇黠仆应门，则皆却而不纳，或有闭门不纳者。"可见当时送贺刺已经严重地流于形式，失去了联络感情、节日拜贺的初衷。

这种风习一直延续到民国时期，但是似乎从清朝开始，贺刺就很少再称"刺"了。清人陈瑛等修的《海澄县志）说："正月元旦，无贵贱，姻友投笺互拜，曰拜年。"清人钟和梅纂修的《临榆县志》里说："及旦，戚里相拜贺，用红柬沿门投递。"胡朴安的《中华全国风俗志》江苏卷中说"投刺曰拜年帖"，还说"贺年有不亲往而遣僮仆投红单至戚若友家者，答拜者亦如之，谓之飞帖"；娄子匡《新年风俗志）记淮南风俗："拜年可分'散名片'及'亲自到门'两种。散名片大多数是对于一般的亲友，其他的都是由仆人分散。亲自拜年的，大都是对于自己本家和极要好的朋友。"在历史上长期沿用的名刺，在清朝以后说法更为多样化，从"笺""柬"到"帖""拜年帖""飞帖""名片"，名称相异，实质相同。

随着旧时代的结束，以上各种名称都退出了历史舞台，代之而起的是“贺年片”一词。早在20世纪30年代，娄子匡在《新年风俗志》中介绍绍兴风俗：“分发贺年片是一种，躬亲揖贺也是一种。商铺往来多用贺年片，是红色的纸片，印上黑色的店号和经理的姓名，投送到和他有交易的人家或商铺。收受的店家，多在他们底门上，贴着角形的小袋，上写‘代柬’两个字，承受送来的纸片。现在的贺年片，大多是应用五彩精印了，投送也多从邮局寄递。”可见那时“贺年片”一说就已经出现。但在新中国成立前，“贺年片”远不及“名片”“帖”等名称流行。“贺年片”的大肆流行是在20世纪80年代中期。20世纪90年代以来，随着改革开放的进一步深化，我国的语言文化受到西方影响，因为英语中将圣诞贺卡称为Christmascard，于是将贺年片称为New-Yearcard，“卡”即card的音译。所以，贺年片就叫“贺年卡”了。

贺年片、贺年卡一度非常流行，但是随着通信事业的发展，贺年卡也退出历史舞台，成为过去的记忆。现在人们的拜年方式主要是短信拜年、电话拜年，近两年兴起了红包拜年，最近有网友还推出了二维码拜年法，将自己的微信、QQ等社交平台的头像变成黑白双色的二维码，所谓“没有客套话，扫扫二维码即可”。亲朋好友通过手机软件拍照识别，就能收到别人的拜年祝福，并通过网上账户送出压岁钱，这可以说是最潮的拜年方式了。

长江流域各地都有自己的拜年风俗，湖北孝感地区人们初一不出门，先拜家族内的长辈，初二才出门拜年，当地有一句俗话叫“拜年无大小”，是说拜年是不问亲疏的，而且家中来了拜年客，无论亲疏，一律以糍粑招待。贵州省黔东南苗族侗族自治州榕江县两汪乡的苗族同胞从大年初二开始走亲访友，席间对歌、喝酒、“打花脸”，脸越花表示喝的酒越多，越吉祥。

拜年习俗传承千年，虽然随着时代的发展，少了许多程式和内容，但是，大年三十，谁不曾随央视新年钟声后的团拜而欢欣？年关前后，谁不曾收到来自各种平台、用语讲究的拜年消息，而又斟酌词句，认真编辑加以回复？新年伊始，谁不曾拎着大包小包去拜望父母、亲戚，或者筹划时间地点宴请师长、朋友？即便这些都没有，邻里路人，新春见面也至少会来一句“新年好”。春节年年有，节俗永流传，拜年拉近了心与心的距离，增进了人与人的感情。

第二节　妇女冶游

在封建社会，妇女不能参加社交，出嫁前养在深闺，结婚后严守妇道，春节却给被封锁在闺阁的女性解了禁，在这举世欢乐的大节日，她们不仅可以走出家门，甚至可以幽会佳偶，相约冶游。

一、黄昏相约，幽会佳偶

去年元夜时，花市灯如昼。
月到柳梢头，人约黄昏后。
今年元夜时，月与灯依旧。
不见去年人，泪湿春衫袖。

这是北宋文豪欧阳修脍炙人口的名篇《生查子·元夕》。这首词写得哀婉缠绵，却又风流浪漫，作者用“去年元夜”与“今年元夜”两幅图景，将不同时空的场景贯穿起来，展现相同节日里的不同情思，写出一位女子悲戚的爱情故事。“去年元夜时”，女主人公与情郎同逛灯市，大街上花灯通明，亮如白昼，他们于黄昏相约，月下幽会。“今年元夜时”，灯自通明月自圆，可是灯月相似，人已不在，往日的山盟海誓想必早已被恋人抛诸脑后，如今物是人非，不禁悲上心头，无边无际的惆怅和忧伤化作行行清泪，浸湿衣衫。此词语短情长，适于记诵，广为流传。

在一般国人的心中，封建社会要求女性大门不出，二门不迈，女子都是养在深闺，不可识见的。唐代贞元年间宋若莘、宋若昭姐妹替父权张本，专门撰写《女论语》一书对女子进行训诫，其中的“立身章”说：“内外各处，男女异群，莫窥外壁，莫出外庭，出必掩面，窥必藏形。”在她们看来，女人不仅不能走出庭院，甚至都不能向墙外窥看，更不用说和男人一起约会同游了。那为什么上文欧阳修词中的女子又能与情郎在月上柳梢头时私自相约呢？这究竟是词人的想象还是现实的写照？文学来自生活，想必并非全是词人的杜撰。

元宵节妇女冶游，是一个自古就有的民俗。在民间信仰中，女性与“月”似乎有着某种神秘的联系，月老信仰、拜月习俗，都和女性相关。中国古代虽以种种礼教对妇女进行身心束缚，但在中秋、元宵等节日可以弛禁开戒，暂时解开对妇女的行动限制，允其妇女外出参与娱乐，因此中秋、元宵月夜，在灯火阑珊之处都有深闺妇女的芳踪。青年男女得此良辰，乘机邀约相会，结伴观灯，幽会佳偶、结识意中人，制造爱情佳话，也不乏浮男浪女借机相互挑逗，传出“伤风败俗”的绯闻。《资治通鉴》记隋侍御史柳彧奏书云，十五点灯不但浪费，而且“男女混杂，缁素不分”，言下之意，就是有伤风化。

柳彧的奏疏本是针砭时弊，但也正好说明隋代元宵节就有妇女冶游之俗。唐代小说《酉阳杂俎》记：“江陵旧俗，孟春望夕，高列麻灯，士女缘江，喧阗纵观。”春季三月，分别为孟春、仲春、季春，所谓“孟春望夕”即正月十五的晚上，这段文字所述即长江中游江陵一带元宵节男女缘江喧哗杂游的场景。

在提倡“存天理、灭人欲”的宋代，冶游之风似乎最盛，这可以从诸多诗词文人的作品中找到证据。宋朝江西派诗人晁冲之《传言玉女》词云：“绣阁人人，乍嬉游、困又歇。艳妆初试，把朱帘半揭。娇羞向人，手拈玉梅低说。相逢常是，上元时节。”李清照《永遇乐·元宵》是一首著名婉约词：

> 落日熔金，暮云合璧，人在何处？染柳烟浓，吹梅笛怨，春意知几许？元宵佳节，融和天气，次第岂无风雨。来相召，香车宝马，谢他酒朋诗侣。
>
> 中州盛日，闺门多暇，记得偏重三五。铺翠冠儿，捻金雪柳，簇带争济楚。如今憔悴，风鬟霜鬓，怕见夜间出去。不如向，帘儿底下，听人笑语。

这首词是写作者晚年在临安的一段生活，反映了作者晚年在历尽沧桑之后的悲凉心境。上阙写元宵夜，夕阳西下，玉兔东升，人约黄昏后的良辰美景，自己却漂泊异乡，满怀凄凉。因为心绪不佳，自是感觉美景含忧，“染柳烟浓”“吹梅笛怨”，心灰意懒，自甘寂寞，谢却香车宝马前来邀约夜游的酒朋诗侣。下阙回忆“中州盛日”，当年汴京城的元宵夜，和名门淑媛一起插花戴柳，“争济楚”的繁华与欢愉，与女吟情状形成强烈对比，看似淡泊自守，不慕繁华，实则满腹辛酸，一腔凄怨。

江南自古是花柳繁华地，温柔富贵乡，元夜游灯，更不会少了江南女子的身影，南宋周密《武林旧事》记：杭州大户人家届时“间设雅戏烟火。花边水际，灯烛灿然。游人士女纵观，则迎门酌酒而去”；非大户人家，那些“幽坊静巷”所在，也是“多设五色琉璃泡灯，更自雅洁。靓妆笑语，望之如神仙”。

清人李调元咏《元宵》诗云：“元宵争看采莲船，宝马香车拾坠钿。”没有女人，哪有坠钿？可见清朝妇女元宵节也是行动自由的。胡朴安《中华全国风俗志》下篇卷六记载湖北监利的冶游风习：“上元，至十一日张灯，至十五日尤盛，裁缯剪纸，像人物花果鱼龙禽鸟，陈列门首。士女嬉游达曙。”可知冶游风习一直到 20 世纪 20 年代都还在延续。

如今妇女能顶半边天，以往对女性的种种束缚早已随时代成为过去，女性不仅行动绝对自由，更是节日出行和消费的主力，男女也因此不必遮遮掩掩，要借节日才能谈个恋爱，但是民众的习俗记忆通常会在时代改变的情况下以另一种方式呈现：贵州黄平部分苗族正月十五过偷菜节，姑娘公开“偷”菜，认为谁偷得多就能早日找到如意郎君。偷菜和女子的婚嫁命运相关，正是过去元宵节女子幽会男子，寻觅意中人的一种变相表现。

其实，长江流域的妇女不仅元宵节有出游之俗，重要节日都可名正言顺地走出闺阁，参加社交，而新春佳节更是女子出行的绝好机会。清代戏剧理论家刘豁公《上海竹枝词》咏：“瞳瞳旭日上红墙，多少佳人理晓妆。戚畹招邀浑不应，大家争赴喜神方。”作者自己还加注说：“沪俗阴历元旦有‘兜喜神方’之举。兜喜神方者，即就《历本》所注喜神所在之向绕行一周，所以取吉利也。实则醉翁之意不在酒，盖借此招摇过市，可与异性接触也。”

二、走桥摸钉，去病求子

上文所说元宵节女子出游，多半有佳缘偶成之意，其实，除了社交性的出游，古代女子还有元宵节走桥习俗。明末清初文人冯溥在《元夜春词》中写道："望平沙万里遥，月明何处尚吹箫?"元宵结伴游行、摸钉、过津梁，名日"走桥儿"。长江流域过去多地有元宵节女子相约走桥习俗，如浙江省的金华、衢州，以及上海、云南、贵州等地，文献中都有记载。

元宵女子走桥，又叫"走三桥""转三桥"。明代邓原岳诗曰："邀来女伴转三桥，歌舞丛中落翠翘。"《无锡县志》记上元夜"其妇女亦结队而出，名曰走三桥"。《清嘉录》说苏州"元夕，妇女相率宵行，以却疾病。必历三桥而止，谓之'走三桥'"。嘉庆《如皋县志》甚至记载了江苏如皋妇女元宵节所走三桥的名字："妇女相伴携游集贤里及泮池，曰'走三桥'，谓文德、武定、集贤桥也。"相传上海女子则专门选择走小东门益庆桥、天官牌坊长生桥、邑庙东如意桥。其实，古代的"三"表示多，所谓"走三桥"并不一定就是走三座桥，也有可能是走数座桥。古代小脚女性一夜走数座桥，自然费时颇多，明代陆伸《走三桥词》还生动地描述女子们走桥时的心态："细娘吩咐后庭鸡，不到天明莫浪啼。走遍三桥灯已落，却嫌罗袜污春泥。"女子们生怕走不完三桥，因此吩咐公鸡不要早早啼鸣，紧赶慢赶，走完三桥，罗袜污泥，花灯已落，想必人也是相当的疲惫和狼狈。

妇女们这么认真地走桥，用意何在呢？人们相信走桥能把疾病赶跑，所以走桥又叫"走百病"。明代江苏吴江人周用有一首《走百病》诗："都城灯市由来盛，大家小家同节令。诸姨新妇及小姑，相约梳妆走百病。俗言此夜鬼六空，百病尽归尘土中。不然今年且多病，臂枯眼暗兼头风。踏穿街头双绣履，胜饮医方二钟水。谁家老妇不出门，折足蹒跚曲房里。今年走健如去年，更乞明年天有缘……"

元宵灯盛，举城同欢，大家小门，穷家富户，七姑八姨，老妇少女，相约梳妆，同走百病。因为今夜五鬼六煞不得空，"百病尽归尘土中"，如果不走，今年就会四肢无力、眼睛晦暗、头疼脑热；脚踩绣履走一走，胜吃医生两副药。因此，即便有不能出门的老妇，也要在房中走走，希望今年和去年一样健康，更希望明年也一样——元宵节走百病，是一种习俗，更是一种信仰。

安徽桐城、江苏六合等地妇女走桥时，每人必携一瓦罐，途中将瓦罐弃于桥梁之畔，以为可消灾禳病，称“丢百病”。对于这一习俗，清姚兴泉《龙眠杂忆》有记载：“桐城好，百病走慌张，点着灯笼忙碌碌，打来烧罐响仓仓，带个呔婆娘。”云南一些地方则是在正月十六日下午，小孩抱大石块扔于深潭，成年人将旧衣物扔于十字路口，以此来消灾除祸，无病无痛。

元宵节除了走桥，北方妇女还有摸钉之俗。清人李孚青《都门竹枝词》中云：“女伴金箍燕尾肥，手提长袖走桥迟。前门钉子争来摸，今岁宜男定是谁。”清乾隆年间成书的《日下旧闻考》引《陈裣讨集》载：“燕京风俗，元夜妇女竞前门，摸钉为戏，相传谶宜男也。”摸钉之举“宜男”，即可生男孩。清初徐灿有词云：“丹楼云淡，金门霜冷，纤手摩挲怯。”是女子写摸钉的佳句。清人彭蕴章《幽州风土吟·夜摸钉》写得风流灵巧，说的就是北京上元夜女子摸钉的情景：“春书刻青绘，帜画蟾蜍形。画蟾制起辽俗妇，后来宜男夜摸丁。夜摸丁，女子行，走桥踏穿双绣履，入市看遍千珠灯。月斜星散珠灯落，归倚红炉饮羊酪。”清代以前，各城门都有兵卒守卫，因此摸钉还得带上零钱到前门贿赂守卫。摸门钉之俗到民国时期还有，蒋芷侪《都门识小录·摸门钉》亦云：“都门旧俗，元夜妇以连袂出游，蹈月天街，夜分必至正阳门下，暗模门钉乃回。相传为走百病，又云为求子之谶。”

长江流域摸门钉习俗的记载不多，但是元宵节祈子的习俗也是有的，清嘉庆《扬州府志》载：“正月十六夜，儿童迎紫姑神，乞巧妇女走三桥，祈嗣。”这里虽然没有说“祈嗣”的具体方式，但祈嗣的意图就在走桥之中。《金陵琐志》亦载南京“正月十六日，以棘刺穿玉黍作假花，执以上城，谓之‘走百病’”。玉黍多子，女子“以棘刺穿玉黍作假花，执以上城”，无疑透露出祈求多育的意图和文化信息。

约会也好，去病也好，求子也好，目的不同，实质一样，那就是元宵节解除了对女子的禁令，妇女在这一天可以和男子一样走出大门，呼吸自由的空气，享受节日的欢乐。

第七章　饮食象征：长江流域春节的饮食习俗

民以食为天，饮食是人生中的大事，也是节日仪式中的重要一环。中国人的节日总是和饮食密切相关，什么节日吃什么东西，都有特别的功能和寓意，清明节的粽子、中秋节的月饼都成了节日本身的象征。春节的饮食习俗更是复杂多样，腊八粥、饺子、年糕、屠苏酒、汤圆是这一节日的代表性饮食，都有其特别的象征意义。这些食物不仅是食物本身，更是一种文化。

第一节　腊八粥

“腊八”，是指农历腊月（十二月）初八，这一天人们要祭祀祖先和神灵，祈求丰收和吉祥。今天，腊八节得以传承的标志是仪式化的节日饮食——腊八粥。各地腊八粥各具特色：浙江人煮腊八粥一般都用胡桃仁、松子仁、芡实、莲子、红枣、桂圆肉、荔枝肉等，煮出来的腊八粥香甜味美，食之祈求长命百岁。据说，这种煮粥方法是从南京流传过来的，其中内含若干传说。而四川的腊八粥做法五花八门，甜咸麻辣，农村人吃咸味的比较多，主要是用黄豆、花生、肉丁、白萝卜、胡萝卜熬成。

腊八粥的缘起、制作方法及寓意，都是非常有趣的话题。

一、来历众说

历史是由合力形成的，腊八粥也是种种因素合力而成的美味意象。

关于腊八粥的来历，文献记载，口头传说，林林总总，既有学术的考证，也有民间的传承，总的说来主要有赤豆禳鬼说、佛祖相关说、历史人物说、教育警诫说诸种。

1. 赤豆禳鬼说

东汉蔡邕《独断》书中记载颛顼有三子，其中一子死后变为瘟鬼，专门传播疟病，害人发冷发热；一子死后变为魍魉，专门仿效人的声音，扰人心魄；一子死后躲在墙角处，专门惊吓小孩。这三种为害人间的害鬼，都被列入方相氏驱逐鬼疫的黑名单，驱逐他们的方法之一就是以“赤丸五谷播撒之”。红色在传统信仰中有驱邪的作用。而豆也被赋予神奇的功能：数术家常常撒豆做法；医家往往以豆消疾除疫；古代婚俗，新娘进门前要撒谷豆，就是以之禳所谓的“六耗神”。汉代对恶鬼以“赤丸五谷播撒之”，所谓赤丸，应该就是赤小豆了。赤小豆最初是作为鬼疫的厌胜之物出现的，豆、米同煮成粥，却是魏晋以后了。古人食用豆粥的历史悠久，到南北朝时，豆粥先是祭祀神灵之物，《荆楚岁时记》说：“正月十五日，做豆糜，加油膏其上，以祠门户……先以杨枝插于左右门上，随杨枝所指，乃以酒脯饮食及豆粥糕糜插箸而祭之。”所谓“豆糜”或即豆粥之类，作用是在正月十五祀门神。又说：“共工氏有不才之子，以冬至死，为疫鬼，畏赤小豆，故冬至日作赤豆粥以禳之。”颛顼三子变成了共工氏“不才之子”，“赤丸五谷播撒之”变成了“作赤豆粥以禳之”。很明显，这里有远古腊祭逐傩的印痕，有粥饭的雏形，可视为为腊八粥之源。

2. 佛祖相关说

清人李福所作《腊八粥》诗，谓：

> 腊月八日粥，传自梵王国。
> 七宝美调和，五味香糁人。
> 用以供伊蒲，藉之作功德。
> 僧尼多好事，踵事增华饰。
> …………

这是一首长诗，共计有四十句，详尽地描述了腊八粥的起源及制作方法，荒政歉收、百姓饥饿和佛寺施粥的情景。诗歌认为腊八粥七宝圣美、五味馨香，随佛教一起传入，既有神圣的滋味，又有非凡的功能。确实，在佛教中有两个传说与腊八粥来历相关：一是说佛祖在雪山苦行修习六年，每天只吃一麻一麦，甚至七日食一麻米，终致饿昏倒地，醒后以杂粮掺野果，用清泉煮粥，填饱了肚子，最后悟道成佛，创立佛教。佛教徒在纪念佛祖成道的仪式中，熬粥供佛成为常仪。另一说是牧羊女乳糜救佛祖的故事。因为这些传说，腊八粥又名“佛粥”，施舍乳糜之粥也就成为佛教徒修炼的功课，成为普度众生的德行。据说杭州名刹天宁寺内有储藏剩饭的“栈饭楼”，平时寺僧每日把剩饭晒干收集起来，到腊月初八煮成腊八粥分赠信徒，称为“福寿粥”“福德粥”，意思是说吃了以后可以增福增寿。

因为腊八粥的佛家因缘，在苏州衍生出这样一个传说：从前苏州有一个有五六百名僧众的西园寺，寺内有一名勤劳节俭的“火头僧”，每日烧火时他都不忘仔细查看稻秆、秫秸上是否还有没打净的粮食，一旦发现，便摘下搓去皮放入布袋。时间一长，积少成多，豆、米杂粮集聚了三百斤之多。有一年的腊月初八，一时没有粮食煮饭，火头僧想到了自己的布袋，随即用多年来积攒的粮食煮了一锅粥。和尚们一尝这粥，觉得美味无比，禁不住人人抢着吃。为弘扬这种节约精神，以后每年腊月初八，寺院里的和尚们都吃这样的粥，后来这种做法传到民间，就成了吃“腊八粥”的风俗了。

3. 历史人物说

节俗的形成往往与一些历史人物有关，腊八粥的食俗也不例外，腊八粥除了上述两个来历之外，还有朱元璋受难说和纪念岳飞说。

相传，当年朱元璋落难在牢监（一说被财主关在黑屋子里）受苦，天寒地冻，他又冷又饿，万般绝望中，见一只老鼠从面前窜过，钻到一个洞里。于是他顺着鼠洞挖下去，竟然找到了黍米菽麦麻等粮食。他欣喜不已，把这些东西熬成了粥，美餐一顿。因那天正是腊月初八，朱元璋便将这锅杂粮粥称“腊八粥”。后来朱元璋当了皇帝，君临天下，有一天忽然想起了从前掏鼠洞找到粮食煮粥喝的往事，于是他命令宫廷御厨用各种粮食熬成一锅粥，赐予文武百官一同品尝，告诫他们荣华富贵之时不能忘掉过去的艰辛。皇帝这一忆苦思甜的行动后来传入民间，上行下效，遂成腊月初八吃腊八粥的习俗。

另外，据传当年岳飞率部抗金于河南开封朱仙镇，时值数九严冬，雪花飘飘北风寒，因遭奸臣秦桧诬陷，岳家军被朝廷克扣军粮，衣食不济，挨饿受冻，苦不堪言。沿途百姓闻讯后，纷纷送上粥饭，岳家军混合成“千家粥”而食，勉强渡过难关，这天正是腊月初八。后来岳飞被害，时过境迁，每到腊月初八，民众便以杂粮豆果煮粥，以表达对岳飞和岳家军的怀念之情，终于成俗。

4. 教育警诫说

节日习俗的来历，民间故事往往根据教育后辈的需要，作出某种解说。对于腊八节为什么吃腊八粥，民间还有这样的传说：西晋时有个叫宝娃的人，十分懒惰，整天游手好闲，不务正业，坐吃山空，很快便难以度日，妻子腊花屡加劝诫，宝娃都置之不理。眼看到了这年的十二月初八，家家户户都开始备办年货，而宝娃家粮仓见底，妻子泪流满面。面对这样的窘困，热心的乡邻东一碗米，西一碗豆，给宝娃家送来了各种粮豆，帮助宝娃渡过了难关。从此以后，宝娃苦思悔过，痛改前非，勤奋劳动，生活节俭，很快便富裕了起来，宝娃也由败家子转而成为浪子回头金不换的典型。为了让宝娃记住前车之鉴，妻子腊花每逢腊八就熬杂粮粥，意思是“吃顿杂合粥，教训记心头”。后人为了教育子女，腊月初八煮杂粮粥便逐渐相沿成俗。

还有一个故事更凄惨、深刻：传说有个张姓富翁老年得子，因此对儿子百般宠爱，致使张家少爷从小染上了好吃懒做的恶习。富翁和老伴过世后，张少爷不事稼穑，加上肆无忌惮地挥霍浪费，转眼就成了穷光蛋。到了腊八这天，张少爷在饥寒交迫中遍搜家中米缸、面袋、坛坛罐罐，凑出几许残米、一点剩豆，本打算将其放入锅内熬粥充饥，但粥未熬好，便饿死了。后人为了记住这个血的教训，就形成了腊月初八弄些杂粮熬粥吃的风俗，以警示人要勤劳俭朴，否则连粥也没得喝，只能饿死路边。

还有一种传说则是针对统治者的：秦朝修长城时，朝廷不供食用，工匠吃穿用度全靠家人运送。那些家庭贫穷或偏远的人，因为口粮常常无法及时送到，只好挨饿受冻。有一年的腊月初八，许多工匠都断了粮，大家四处搜寻，把少得可怜的一点豆、米粮食汇聚到一起熬制成了一锅杂粮粥，虽然暂时填饱了肚子，但最后还是有不少人在寒风中饿死了。为了纪念饿死的冤魂，提醒后来的统治者莫再劳民伤财、苛政暴役，人们便形成了在腊八这天吃腊八粥的风俗。

上述关于腊八粥的传说，有的见诸文献，有的于民间口头流传，传说故事或神圣或感人，或赞颂或告诫，有的甚至是在腊八节完整成型后才附加上去，但不管怎么说，庄严的人生期待赋予了这一日这一餐以特别的意味。

二、做法种种

前文所提的《腊八粥》诗说腊八粥“七宝美调和，五味香糁人”，作者李福为苏州人，诗中所咏也为苏州事，但诗中没有具体说明腊八粥的制作材料。其实，腊八粥原料因时、因地、因人而异。宋人周密的《武林旧事》记载：“寺院及人家皆有腊八粥，用胡桃、松子、乳蕈、柿栗之类为之。”可知当时杭州地区腊八粥的制作原料有胡桃、松子、乳蕈、柿栗等。所谓“乳蕈”是指小蘑菇，似乎并未提到豆类和谷类。

腊八粥有两种，一种是民间自煮，一种是馈自寺院。后一种又称“佛粥”，上文《武林旧事》提到的就是佛粥，原料自是清洁纯正，没有荤腥。民间腊八粥原料则多有变化，而且往往杂以肉类：长江中游的湖北，腊八粥多用当地盛产的米、豆，并杂以湖北人爱吃的腊肉做成，同治《长阳县志》载：“季冬八日，用糯米、粘米、绿豆、红豆、黄豆、黑豆、白豆、腊肉剁碎杂煮作粥者，名‘腊八粥’。食之，老者健，少者无灾。”而长江上游的四川又有不同，民国《荥经县志》载：“（十二月）八日晨煮粥，以挂面、红白莱菔、白菜、豆浆、姜（江）米、腌肉、腊鸭、香料同煮，曰腊八粥。”所谓“莱菔”，又名萝卜、罗服，红白莱菔其实就是红白萝卜。虽然同样是八种材料，品类却更多样，豆、米之外还有蔬菜和面。民国《华阳县志》载：“（十二月）八日俗谓腊八，人家多用各色豆、米、菜、果合煮，间有杂以鸡、鸭、猪肉，谓之

‘腊八粥’。”

腊八粥中加入荤菜，说明此时腊八粥已脱离佛教，成为融入民间的节日食俗。腊八粥之名，各地也有自己的特色，在浙江湖州，腊八粥的做法是取粳米、糯米，并放进赤豆、黄豆、山薯、芋头、风菱、青菜等一起煮，因看上去杂七杂八，所以当地叫“邋遢粥”。

三、寓意重重

清代统治者对腊八粥特别重视，从备料到熬制、馈赠、享用，无不兴师动众，充满程序仪式，整个活动分熬粥、供粥、献粥和舍粥四大环节，伴随喇嘛诵经。据载，雍正年间，北京雍和宫和宫内万福阁等处在腊八节专设大锅煮腊八粥，每年腊月初一就开始准备，初七皇帝特派的监粥大臣下令生火，初八凌晨将粥熬好，共熬六锅：第一锅送往太庙、宫内庙宇佛堂，供奉先祖和神佛；因为“圣慈亦是当今佛”，所以“大臣特派到雍和，进奉熬成第二锅”（清夏仁虎《腊八》诗），这第二锅就奉给能和佛同日而语的“圣慈”即皇上了；第三锅赐王公大臣和大喇嘛；第四锅给在京文武百官和地方大臣；第五锅分给熬粥时唪经的喇嘛；第六锅施舍给民间百姓。

民间百姓的腊八粥，自然少些讲究，但是人们在吃腊八粥前，先得盛上几碗粥摆在供桌上，敬神祀祖。神、祖食用后，供奉礼毕，将粥盛出装在食盒或提盒中，分别馈赠亲朋故旧。腊八粥在民间带有某种神奇色彩，除了可使食用者“老者健，少者无灾”外，还有驱疫、辟邪、繁荣、昌盛之功能，有的人还将腊八粥撒在车、碾、磨上，或牛、羊、马、猪圈门上，以期六畜兴旺；有的人将腊八粥涂于果树上，让“大树小树吃腊八，来年多结大疙瘩”。这种习俗，同治《房县志》中有记载：“腊八日，以米和面豆及诸蔬果作粥，谓之‘腊八粥’。果木有不实者，以斧斫树，着粥于穴间，曰：‘结不结，枝压折。’谓之‘喂树’。”

第二节　饺子、年糕、屠苏酒

如果说腊八粥是腊八节的象征，那么饺子、年糕、屠苏酒则是传统春节的象征。

一、大寒小寒，吃饺子过年

饺子是春节的标志性食品。俗话说“大寒、小寒，吃饺子过年”，过年哪能少了饺子？贫穷潦倒如杨伯劳，在风雪交加的除夕，躲债回家还唱道：“爹爹称回二斤面，包个饺子过个年。”饺子，是中国的象征，更是中国春节的形象大使。

饺子的起源可以追溯到先秦时期：1978 年，山东省滕州一座春秋中晚期的薛国故城遗址中发现了一套青铜礼器，其中一件铜簠里摆放着一些白色、三角形、内包有屑状馅料的食品，它们可能就是饺子的祖宗。北齐颜之推曾在《颜氏家训》里说：“今之馄饨，形如偃月，天下通食也。”颜之推说的虽是馄饨，但偃月形的馄饨不就是今天饺子的形状吗？这说明饺子在那时不叫饺子而叫馄饨。现存最早的饺子实物，当是新疆吐鲁番阿斯塔那唐人墓葬中发现的文物，该墓随葬的一只木碗中摆放了若干饺子，形如半月，与现代饺子几乎一样。

饺子的出现与北方的面食文化密切相关，大量出土的秦汉时代的石磨说明，北方大约是在秦汉时期已逐渐地从“粒食”发展为“粉食”即“面食”的，因此很多人认为与面食相伴而生的饺子是北方的代表性食品，但实际上长江流域的人们也很早就吃饺子了。1981 年 5 月，在重庆市忠县东北 25 公里处的涂井乡红赤村发现东汉（或说三国时期）古墓群，墓群经过多次发掘，出土了一些重要随葬品，其中有所谓的“庖厨俑”，厨案上发现了花边形饺子的模型。颜之推的时代，饺子就已经“天下通食”了，上文所说唐代饺子在地属“西域”的新疆吐鲁番阿斯塔那被发现，说明饺子这种食物在唐代已扩散到了很边远的地区。宋人周密辑《武林旧事》卷六提到临安的市场上有“市罗角儿”“诸色角儿”，“角儿”就是饺子的别称。

明清时期，饺子在南方已非常流行。《红楼梦》第四十一回提到螃蟹馅炸饺子：“只是一寸来长的小饺子，显得十分精巧……贾母因问什么馅儿，婆子们忙回是螃蟹的。”清夏曾传撰写的《随园食单补正》提到广东官镇台有一种叫“颠不棱”的肉饺，苏州有一种以油酥和面的

“文饺”（杭俗曰“蛾眉饺”）；顾禄《桐桥倚棹录》中讲到苏州市食有“水饺”和“油饺”；李斗历时三十年写就的扬州百科全书《扬州画舫录》记载扬州名店品陆轩以“淮饺”著名，小方壶以“菜饺”著名。

如今，长江流域各地形成了具有自己地方特色的饺子文化：湖北的灌汤蒸饺、湖南的烫面糖蒸饺和糯米藕饺、江西信丰的萝卜饺、成都的钟水饺与南瓜蒸饺、上海的锅贴饺子与荠菜饺子、浙江的清明艾饺、扬州的蟹黄蒸饺与笋肉饺等，都是有名的地方小吃。

除夕之夜或大年初一吃饺子的习俗，早在明代便已开始流行，清代则盛极一时。过年为什么吃饺子，各地说法不一，民间有两个故事，都与耳朵有关。

有一个神话故事说，过年吃饺子的习俗与女娲造人有关。盘古开天辟地以后，女娲抟土造人，由于天寒地冻，黄泥造成的人耳朵很不容易固定，为了解决这个问题，女娲想出一条妙计：在泥人的耳朵上扎一个眼儿，用细线把耳朵拴住，线的另一端放在黄泥人的嘴里咬着，这样才总算把耳朵做好了。老百姓为了纪念女娲创造人类的功绩，就模仿女娲造人耳的方法包饺子，由此相沿成习。

流传最广的是医圣张仲景“祛寒娇耳汤”的故事。张仲景是东汉南阳人，他不仅医术高明，而且医德高尚，被称为“医圣”。张仲景曾任长沙太守，告老还乡之时，正值冬季，很多穷苦百姓饥寒交迫，耳朵都冻烂了，加上当时伤寒流行，病死的人很多。医者父母心，看见百姓遭难受苦，张仲景便在当地搭了一个医棚，支起一口大锅，熬制“祛寒娇耳汤”以医治冻耳。所谓“祛寒娇耳汤”，是把羊肉、辣椒和祛寒提热的药材放入锅中熬煮，然后将羊肉、药物捞出来切碎，用面皮包成耳朵样的“娇耳”并放在锅中煮出来的汤。张仲景将“祛寒娇耳汤”煮熟之后连汤带食赠送给穷人，老百姓从冬至吃到除夕，抵御了伤寒，治好了冻耳。从此每到冬季人们就学着“娇耳”的样子模仿制作，遂积久成俗。

以上只是民间的想象，为什么春节要吃饺子？从民俗的角度来看，新春佳节，桌上的一盘饺子已经不是一般意义上的食品，而是包含了很多的象征和寓意。

首先，寓意新旧交替、辞旧迎新。按旧时以天干、地支纪年计时的方法，半夜十二点是子时。大年三十，一夜连双岁，五更分二年，除夕之夜的子时既是过去一年的结束，又是新一年的开始，人们由旧岁跨入新年，叫作“更岁交子”。“饺子”与“交子”谐音，可表示新年与旧年在“子时”相交替。此时此刻吃的饺子，叫作“更岁饺子”，寓意自然就是新旧年份的交替。

其二，象征财富。在宋朝出现的我国最早的纸币叫“交子”，另外饺子形似旧时“元宝”之状，有了谐音象形的双重吉利，饺子理所当然地被当作财富的象征了。因此苏杭一带除夕夜吃蛋饺和胖头鱼，鱼只吃中间，留头留尾，蕴涵的意思是“金银元宝”“有头有尾”。可见，视饺子如元宝实在是颇为普遍的俗信。

其三，过年吃饺子，有“卜运”、“验岁”或“测福”之俗。中国人喜欢通过特殊的时间节点、地点场域、东西物品讨吉利和彩头，春节吃的饺子自然成为一个媒介，人们往往通过各种途径在饺子上附加吉祥的意义，专门用来“验岁”。如在饺子里包入豆腐，吃到就有“斗福”之运；包进四样素菜，吃了便可“四季发财”；包一些鱼肉，吃了“年年有余”；包进糖块，吃到了就会“新的一年有甜头”；包进枣、栗子、花生等，新媳妇吃了“早立子，花着生”。

二、年糕年糕年年高

腊月是忙碌的一月，忙碌的起点和终点，似乎都与饮食相关。清代苏州文士蔡云有风俗诗《吴歈》说：“腊中步碓太喧嘈，小户米囤大户廒（áo，粮仓）。施罢僧家七宝粥，又闻年节要题糕。”腊月一到，大户小家，开仓取粮，碓磨喧嘈，都在准备过年的年糕。诗中“题糕”二字源自“刘郎题糕”的典故，据说有一年重阳佳节，刘禹锡和朋友头插茱萸，登高饮酒，诗兴大发，想选用“糕”字入诗，但是察觉五经上没有这个字，于是放弃不用了。后来“题糕”就有第一个吃螃蟹的意思了，既表达谦逊之意，也不排除毛遂自荐的胆识，因为前无明鉴，题糕人才有机会。蔡云的这首诗没有用“题糕”这一典故的原意，只是用它指出苏杭一带年节吃糕的民俗。年糕不仅用来年夜祀神，岁朝奉祖，是一种应时食品，人们更喜欢它强烈的文化象征意义，即“年年升高”或“步步升高”之吉祥寓意，正如流行于清末的年糕诗：“人心多好高，谐声制食品。义取年胜年，借以祈岁稔。”

年糕起源很早。《周礼·天官·笾人》曰：“羞笾之实，糗饵、粉糍。”郑玄注：“此二物（糗饵、粉糍），皆粉稻米、黍米所为也，合蒸曰饵，饼之曰糍。”年糕的制作也有一个从米粒糕到粉糕的发展过程。《食次》是我国南北朝或更早的一本烹饪书，其中载有年糕“白茧糖”的制作方法：“熟炊秫稻米饭，及热于杵臼净者，舂之为米咨糍，须令极熟，勿令有米粒……”贾思勰的《齐民要术》也有相似记载。长江流域元旦食年糕习俗在明代就见于记载，嘉靖《姑苏志》载：“元旦，作生菜、春盘、节糕。”万历《嘉定县志》也载：“岁旦……其食，春盘、春饼、节糕。”这里的“节糕”，当为年糕。年糕的正式名字见于明崇祯年间刊刻的《帝京景物略》，其中记载当时的北京人每于“正月元旦，啖黍糕，曰年年糕”。到清朝的时候，年糕已发展成市面上一种常年供应的小吃。顾禄的《清嘉录》云：“黍粉和糖为糕，曰‘年糕’。有黄白之别。大径尺而形方，俗称‘方头糕’，为元宝式者，曰‘糕元宝’。黄白磊砢，俱以备年夜祀神，岁朝供先，及馈贻亲朋之需。其赏赉仆婢者，则形狭而长，俗称‘条头糕’。稍阔者，曰‘条半糕’。富家或雇糕工至家磨粉自蒸，若就简之家，皆买诸市。春前一二十日，糕肆门市如云。”该书还引用了李福的《年糕》诗：

珍重题糕字，风光又一年。
为储春糗饵，预听磨盘旋。
筛细堆檐雪，蒸浮袅灶烟。
吉祥同粽熟，摩按胜粢坚。
甘许糖调蔗，香应稻识莲。
尺量圭待琢，寸断线频牵。
外倩瓜仁剥，中容枣实填。
狭看持石笏，方拟运花砖。
品佐酬神馔，盘添压岁钱。
馈遗亲谊厚，赍赏大家便。
回首重阳酒，撑腰二月天。

人情还可笑，黄白肖形偏。

一年一度，又到了年节题糕时。为了准备春节的年糕，早早就听到磨盘转动的声响。米白似雪，人们缓缓地磨，细细地筛，慢慢地蒸，反复地揉，使它瓷实；调上蔗糖，饰以瓜仁，填进枣莲，使它香甜；尺量圭琢，雕刻形状，长的像朝笏，方的像花砖。精心制作的年糕可以酬神奉祖，压岁添盘，可以馈赠亲友，赏赉仆婢。

苏州人不仅在年节时食糕，一年四季，四时八节，婚嫁祝寿，添子乔迁，都离不开糕：二月二食“撑腰糕”，四月初八食“乌米糕”，四月十四食“神仙糕”，七月十五食“豇豆糕”，九月初九食“重阳糕”，腊月廿四送灶神食“糖年糕”等。《年糕》诗“回首重阳酒，撑腰二月天”说的就是吴门食糕风习。

重阳糕在《红楼梦》中第三十九回中有提到：大观园螃蟹宴将终，李纨命个老婆子装了一盒礼物给凤姐送去，一会儿婆子回来，带来了凤姐回送的东西，说“盒子里头是方才舅太太那里送来的菱粉糕”。至于二月二食“撑腰糕”，这种风俗在江南一带传之久远。所谓“撑腰糕”，就是用糯米粉制成的扁状、椭圆形、中间稍凹、如同人腰状的塌饼。蔡云《吴歈》中还说：“二月二日春正饶，撑腰相劝啖花糕。支持柴米凭身健，莫惜终年筋骨劳。”二月二食“撑腰糕”能使人腰强体健，挑柴担水也不觉筋骨劳累。

万物皆有源，如同春节为什么要吃饺子一样，春节为什么吃年糕也是人们要探究的问题。春节吃饺子的来历故事诞生于盛产小麦的黄河流域，春节吃年糕的来历故事自然出自盛产稻米的长江流域。春节吃年糕的两个传说都产生于苏州。

传说一：伍子胥说。伍子胥是春秋末期吴国大夫、军事家，也是姑苏城（苏州城）的营造者。伍子胥爱民如子，忧国如己，在城垣建成的庆功宴上，他暗嘱随从：“我死后，如国遭难，民饥食，可往相门（苏州城八个城门之一）城下掘地三尺而得食。”后来，因吴王夫差听信谗言，伍子胥惨遭赐剑刎颈，吴国最后也亡于越国。亡国之后，苏州城内饿殍遍野，侍从想起伍子胥生前的嘱咐，于是带领民众前往相门拆城掘地，发现原来相门的城砖是用糯米磨成粉后做成的“砖”，人们拆砖而食，渡过难关。自此，吴地民众过年时家家户户蒸年糕，吃年糕，以此来纪念伍子胥。

传说二：张士诚说。张士诚是元末江浙一带闻名的盐商，也是元末义军领袖，是灭元的盖世功臣，在和朱元璋争夺地盘的战争中，曾用南园、北园米粮制成米糕砌墙，巧妙储备军粮。后朱元璋围攻苏州城，军民断粮，张士诚拆墙取糕拯救了饥饿的百姓，所以也有说苏州人春节吃年糕是纪念张士诚的。

由于吴地喜食糕团，新中国成立前大小糕团店鼎盛时期逾百家，尤其以黄天源、颜聚福、乐万兴、谢福源、柳德兴五家最为著名，俗称“黄颜乐谢夹一柳”。如今，苏州玄妙观隔壁的黄天源，仍是家响当当的糕团老字号。

打年糕习俗在浙江地区由来已久，每到腊月，人们就开始备米、掺米、淘米、泡米、磨粉、打糕、切糕、晾糕，忙得不亦乐乎。打糕是技术活儿，更是体力活儿，不是大力士，揽不了打糕活，于是在传统的打糕方式之外，江苏无锡市滨湖一带出现了“脚踏年糕”。“脚踏年糕”不是用杵臼之类打出来而是用脚踩出来的年糕，这种打糕方式简单粗放，惜时省力，充满原始的乡野风情：一个大木框，一条新被单，一双用生长出年糕原料的稻草编织的新草鞋，打糕人穿上新草鞋在被单包裹的熟米粉上来回走上三五分钟，轻而易举就把年糕踩得瓷实黏糯了。掀开包布，将踩好的年糕反扣在案板上，无需刀剪，扎鞋底的粗线即可将整块硕大的年糕切割成砖头大小，脚踏年糕就这么做成了。生活本是简单，身体器官没有贵贱，脚踏出来的年糕一样敬神祭祖，一样招待宾客，一样可以饱肚，一样吃得香甜。

脚踏年糕流传至今，已有六百多年历史了，当地传说始自元朝至正年间（1341—1368 年）。其时元廷横征暴敛，再加上连年旱涝灾害，民不聊生，各地农民纷纷举行起义。当时起义的农民良莠不齐，散兵游勇常骚扰百姓，打家劫舍，哄抢食物，当地一位叫云林公的乡绅建议大家将粮食磨成粉，打成砖块样的米糕，便于存积和防止哄抢。由于时间紧迫，手工操作费力费时，大家干脆就用脚踏，时值年关，因此有了“脚踏年糕”的名称。这个故事和上文的两个传说十分相似，都与战争、饥饿、护粮、渡难相关，这说明民以食为天，吃饱肚子是最基本的生活要求，且历代民众对饥饿的记忆太过深刻。

如今，人们吃年糕不再为填饱肚子，更多是对其吉祥寓意的偏爱，“年糕年糕年年高，今年更比去年好”。为了使年糕的美好寓意充分发挥，人们在年糕的制作造型上也费尽心思，所谓“十二月糖糕印状元”，人们用年糕印板压成“五福”“六宝”“金钱”“如意”等形状，或者直接把年糕做成牡丹、蟠桃、魁星、财神爷、状元、鲤鱼、麒麟、玉兔、盘龙等造型，构成真正意义上内容与形式的完美结合。在浙江杭州，人们还将年糕和粽子同食，因为“糕粽”谐音“高中”，以博科举求学好彩头。

江南年糕种类很多，有桂花糖年糕、猪油年糕、水磨年糕、八宝年糕等。浙江宁波的水磨年糕做工精细，风味独特，颇为闻名。年糕吃法除了蒸、炸以外，还可以切片炒食或是煮汤。

年糕在长江流域的贵州、重庆、四川、江西、湖南、湖北叫作糍粑。光绪《孝感县志》载：“元日……亲朋互拜……各持糍糕以为礼。语云：‘拜年拜节，糍粑发裂。’士大夫仪状皆用之。”道光《黄安县志》载：“元旦……各乡则预以糯米捣烂为粑，厚七八分，径尺许，方圆不一，伴以果饼，往来赠答。”湖南湘西素有“二十八，打粑粑”的说法，湘西糍粑做得讲究，手粘蜂蜡或茶油，先搓坨，后用手或木板压，做得光滑美观。河南省信阳新县春节期间，亲朋好友来访，最好的见面礼便是煮上一碗荷包蛋糍粑。

三、屠苏煎酒辟疫气

“爆竹声中一岁除，春风送暖入屠苏。千门万户曈曈日，总把新桃换旧符。”这首描写元日热闹欢乐、万象更新的诗，使我们知道春节“爆竹”和“桃符”习俗源远流长、富有诗意的文化气息，而诗中的“屠苏”却往往被人忽略，甚至很多人想当然地以为这是个地名。其实，屠苏是一种酒，饮屠苏酒也是一种古老的春节饮食习俗。

何谓“屠苏酒”？这个美丽的酒名所来何自？翻检典籍，历史上主要有两种记载，一说屠苏是草名，一说屠苏是庵名。

首先说草名说。北周王褒的《日出东南隅行》中有：“飞甍雕翡翠，绣桷画屠苏。”明方以智在《通雅·植物》中记载：“屠苏，阔叶草也。”此中“屠苏”说的就是草名。中国民间有用草药泡酒的传统，那是不是可以说用一种叫屠苏的草泡的酒就是屠苏酒呢？然而据孟珍月在《屠苏酒考——从中韩日古籍中考证屠苏酒》一文中考证，在古籍中还未发现用屠苏草浸酒相关的记录。

再说庵名说。东汉服虔的俗语词辞书《通俗文》说：“屋平，曰屠苏。”三国魏时张揖所撰百科辞典《广雅》中解释说：“屠苏，庵也。”南朝梁人沈约的志人小说《俗说》云：“屠苏，草庵之名。昔有人居草庵之中，每岁除夜遗闾里药一剂，令井中浸之，至元旦取水置于酒尊，合家饮之，不病瘟疫。今人有得其方者，亦不知其人姓名，但名屠苏而已。”按照这段记载的说法，有一个住在草庵中的人，每年除夕夜往井中投一药剂，正月初一大家取井水放在酒杯里，一家人喝了都不得病，想必大家都感激这个做了好事不留姓名的庵中高人，于是就用代表草庵的“屠苏”做了这种饮品的名称，即屠苏酒。

关于元日饮屠苏酒的最早记载，见南朝梁宗懔的《荆楚岁时记》：“正月一日，是三元之日也……于是长幼悉正衣冠，以次拜贺。进椒柏酒，饮桃汤，进屠苏酒、胶牙饧。下五辛盘。”“元”是始、开端的意思，农历正月初一这一天为年、季、月之始，故称“三元”。三元之日，人们不仅整肃衣冠，以次拜贺，有着仪式化的行为模式，而且伴随有很多的饮食习俗，其中之一就有饮屠苏酒。元日饮屠苏酒的习俗，起源当比梁代更早，其后历经千年，相沿成俗，尤以唐宋时期为盛。唐宋以来的元日岁时诗中，屠苏作为元日所饮之酒出现十分常见，如唐朝诗人顾况的《岁日作》：“不觉老将春共至，更悲携手几人全。还丹寂寞羞明镜，手把屠苏让少年。”方干的《元日》：“才酌屠苏定年齿，坐中惟笑鬓毛斑。”成彦雄的《元日》：“戴星先捧祝尧觞，镜里堪惊两鬓霜。好是灯前偷失笑，屠苏应不得先尝。”至宋代，饮屠苏酒的习俗更为普遍，除了上文所引北宋王安石那首家喻户晓的《元日》，南宋诗人陆游的《除夕》也说到屠苏酒：“炽炭炉中百药香，屠苏煎酒代椒觞。明朝赖是无来客，雪后泥深一尺强。”明人瞿佑《屠苏酒》诗曰：“紫府仙人授宝方，新正先许少年尝。八神奉命调金鼎，一气回春满绛囊。金液夜流千尺井，春风晓入九霞觞。便将凤历从头数，日日持杯访醉乡。”到清朝时，还有春节饮屠苏酒的风俗：《红楼梦》第五十三回《宁国府除夕祭宗祠，荣国府元宵开夜宴》写到了贾府在除夕夜大摆宴席，男东女西归坐，献屠苏酒、合欢汤、吉祥果、如意糕的场景。清代屠苏酒在长江流域还偶尔见于记载，如嘉庆《祁阳县志》载："（元旦）设香褚、酒果拜祖宗，然后少长以次拜贺，饮屠苏酒，谓之'传钟'。"

屠苏酒曾经是庆新岁、贺佳节的一种饮料，象征的是一种辞旧迎新、吉祥如意的节日内涵，但是，如今屠苏酒在我国已然成为一种民俗符号和历史记忆，随岁月消失在时间的隧道中。然而，屠苏酒在相邻的日本和韩国却仍然流行，特别是日本，屠苏酒是新年的象征，是家家必备之年酒。屠苏酒在韩国虽不及在日本流行，但余风尚存，近年来开始致力于屠苏酒的保护和开发。

上引诗文在提到屠苏酒的时候似乎都与年岁老去的哀叹相关，而这样的哀叹又是通过饮屠苏酒的顺序仪式来体现的，诗人们用"手把屠苏让少年""才酌屠苏定年齿""新正先许少年尝""屠苏应不得先尝"这样语句不同却含义相似的诗句表达了同一个意思：我已老了，屠苏酒只能让年轻人先喝了。明代浙江文学家、史学家陶宗仪《庚辰元日》更是说得明白："屠苏循故事，殿饮老年人。""殿"，最后之意。在我们这个注重群体和关系的国度，饮屠苏酒颇有顺序的讲究，饮之前要序年齿，定长幼，按照从幼及长的顺序进行。宗懔《荆楚岁时记》中说："是日进椒栢酒，饮桃汤……服却鬼丸……凡饮酒次第，从小起。"唐代徐坚撰《初学记》卷四"元日"条引《四民月令》云："进酒次第，当从小起，以年少者起先。"南宋江西文人洪迈在他的《容斋随笔·续笔》卷二《岁旦饮酒》中引《时镜新书》中的一段话，做了解释："晋董勋云，正旦饮酒，先从小者，何也？勋曰：俗以小者得岁，故先酒贺之，老者失时，故后饮酒。"洪迈的解释总算能让我们对这一反长者为尊、长幼有序之伦常常态的做法有所理解。不过是饮酒排在了后面，就感到失时的悲哀，中国文人也太多愁善感了，还是苏轼来得豁达和达观：虽则"年年最后饮屠苏，不觉年来七十余"（苏轼《除日》）。但是苏轼毕竟是一个胸怀天下的大气豪迈之人，所以在另一首诗里潇洒地说："但把穷愁搏长健，不辞最后饮屠苏。"（苏轼《除夜野宿常州城外》）。

屠苏酒的配方及制法，古人多有记载。出身江南士族的葛洪不仅是有名的道学家，还是著名的医学家，有医学著作《肘后备急方》三卷，简称《肘后方》。所谓《肘后方》者，即可悬于肘后以备急用之药方，类似“袖珍急症手册”。在“治百病备急丸散膏诸要方第七十二”中有一段文字，专门讲到屠苏酒的配方、制法及功效：

> 正朝屠苏酒法，令人不病温疫。大黄五分，川椒五分，术、桂各三分，桔梗四分，乌头一分，菝葜（bá qiā）二分，七物细切，以绢囊贮之，十二月晦日正中时，悬置井中至泥，正晓拜庆前出之，正旦取药置酒中，屠苏饮之。于东向药置井中，能迎岁，可世无此病。此华佗法，武帝有方验中，从小至大，少随所堪，一人饮，一家无患，饮药三朝。一方，有防风一两。

唐代医学家孙思邈的《备急千金要方》卷九伤寒篇里说：“辟疫气，令人不染温病及伤寒，岁旦屠苏酒方：大黄十五铢，白术十八铢，桔梗、蜀椒各十五铢，桂心十八铢，乌头六铢，菝葜十二铢，一方有防风一两。上七味，㕮咀，绛袋盛，以十二月晦日日中悬沉井中，令至泥，正明朔日平晓出药，置酒中煎数沸……还滓置井中。”

明代湖北蕲春县医学家李时珍《本草纲目》中记载：“赤木桂心七钱五分，防风一两，菝葜五钱，蜀椒、桔梗、大黄五钱七五分，乌头二钱五分，赤小豆十四枚，以三角绛囊盛之，除夜悬井底，元旦取出置酒中，煎数沸……药滓还投井中。”

从东晋到唐代再到明代，医家给出的屠苏酒药剂配方不太一样，但是不管哪种药方，无非君臣佐使，精心搭配，药性也多是清热解毒、消炎利便之属。泡酒的做法也相同：把药品混合起来，共同磨成粉末，用三角形的红色囊袋盛放，在“十二月晦日”（阴历每月的最后一天为晦日）即除夕的中午或夜晚，把袋子挂在井底，待到元旦早上取出来，把盛药的袋子泡在酒里。

三位不同时代的医家都提到屠苏酒的功效，葛洪的《肘后备急方》说：“小品正朝屠苏酒法，令人不病温疫。”甚至更为神奇：“一人饮，一家无患。”孙思邈的《备急千金要方》说屠苏酒“辟疫气，令人不染温病及伤寒”。李时珍的《本草纲目》释：“辟疫疠一切不正之气……此药屠割鬼爽，故名。”可见元日饮屠苏酒不仅是一种民俗仪式，其中更是包含着古人对健康的希冀。

第三节　元宵

元宵争看采莲船，宝马香车拾翠钿。
风雨夜深人散尽，孤灯犹唤卖汤圆。

这是清代四川著名诗人李调元《元宵》诗的句子。看灯与吃元宵，是元宵节的两大特色，元宵节吃元宵是我国各地共同的风俗，即便是在不再讲究节日仪式，节日风习日趋淡漠的今天，大江南北，家家户户，元宵节可能不观灯、不猜谜、不舞狮子、不舞龙，但是一碗汤圆还是必不可少的，汤圆成了元宵节的象征物。

一、元宵故事

每一种节令食俗的形成，照例都有几个故事，元宵也不会例外。关于元宵节吃元宵习俗是如何形成的，按照时间顺序，也颇有几个故事，讲述了元宵的来历。

故事一：传说春秋末期，楚昭王复国归途中经过长江，看到很多白色的小圆球在江面漂浮，派人打捞上来，剖开一看，瓤红如胭脂，用嘴一尝，味道颇好，昭王不知就里，询问孔子，孔子说这叫“浮果”，得到这个东西是复兴的吉兆。楚昭王很欢喜，就命令大家于每年元宵节都用米粉裹山楂煮成“浮果”。相沿成习，就演变为元宵节的各种元宵。

故事二：传说汉武帝时，一个名叫元宵的姑娘心灵手巧，作的汤圆又驰名京城，后被选入宫，时常想念家中年迈的父母，一日听闻父母身染重病，家中无钱治疗。她因宫禁严苛无法回家探望父母，恨急交加，准备投井自尽，被汉武帝近臣东方朔看到。东方朔十分同情元宵的遭遇，答应帮忙想办法让元宵姑娘在正月十五与父母团聚。东方朔就炮制了四句偈语：“长安在劫，焰红宵夜，十五大火，火焚帝阙。”一时之下，长安城内谣言四起，汉武帝闻言大惊失色，东方朔献计说火神善食汤圆，听说宫中有个叫元宵的姑娘，做得一手好汤圆，不妨请陛下传旨，让姑娘出宫指教庶民百姓，必须于正月十五赶制一批汤圆奉敬火神，借此消灾。汉武帝马上照办，元宵姑娘得以和父母团聚，元宵节吃汤圆的习俗也从此形成。

故事三：传说乾隆下江南，在村庄里迷路了，肚中饥渴，向一户农婆婆求食，婆婆家里很穷，只有一些糯米粉和黑芝麻，就用糯米粉裹黑芝麻团成圆球，煮给乾隆吃。乾隆问这是啥，老婆婆顺口说这是“汤圆”。饥不择食，寒不择衣，饥饿中吃到的东西总是让人难以忘怀，乾隆在宫里想念汤圆的味道，第二年元宵节就让御厨依样做出来，成了元宵节一道必不可少的佳肴。后来汤圆又从宫中流向民间，成了元宵节的一道著名小吃。

传说故事可以信，也可以不信。其实汉唐之间，元宵节是没有吃汤圆之俗的。根据《荆楚岁时记》的记载，在魏晋南北朝的时候，正月十五这天喝豆粥，吃“白粥泛糕”，没有提到有类似汤圆的存在。真正意义上的元宵，应该是在宋代才出现的，宋代许多诗词都提到元宵。北宋号称“幽栖居士”的女诗人朱淑真有《圆子》诗：“轻圆绝胜鸡头肉，滑腻偏宜蟹眼汤。纵有风流无处说，已输汤饼试何郎。”所谓“鸡头肉”，应该是形容“圆子”的细嫩——唐玄宗曾用“新剥鸡头肉”赞扬贵妃之乳。而“汤饼何郎”之说，用了一个典故，是说汤圆轻圆滑腻，非常风流，却还比不上何郎为“卖饼家”。朱淑真一生命运坎坷，即便写到一个节日食俗，也不忘寄意自己忧伤的身世。宋代以来，汤圆已有其实，但名字很多变，有时被称为“团子”，有时候被叫作“圆子”，又或作“糖圆”，还有“浮子”“浮圆”“粉果”之称。名称虽多，最常见的还是“元宵”，传说窃国大盗袁世凯一心想复辟登基当皇帝，又怕人民反对，终日提心吊胆。一天，他听到街上卖元宵的人拉长了嗓子在喊：“元——宵。”因为“元宵”两字谐音“袁消”，袁世凯觉得很不吉利，于是在1913年元宵节前，下令称“元宵”为“汤圆”。

二、元宵品种

元宵从制作上分为两种：一种为实心，不带馅儿的，北宋以前的元宵是实心的，下在烧沸的水中，配以白糖等。还有一种是北宋始有、中间包糖的“乳糖圆子”，其后，元宵馅又有甜、咸之分，咸馅多为荤馅，单包肉或肉蔬合包。甜馅儿多用桂花、芝麻、果仁、糖等制作。清代浙江著名诗人符曾曾写《上元竹枝词》：“桂花香馅裹胡桃，江米如珠井水淘。见说马家滴粉好，试灯风里卖元宵。”这里说的就是甜馅儿汤圆。

元宵大多水煮，也可油炸食，今天，元宵的吃法就更加丰富了，有人甚至中西合璧，以西洋味十足的巧克力做馅儿来包汤圆。

元宵节吃汤圆，是中国各地都有的习俗，尤以江南为盛。随着经济条件的好转，汤圆不再仅仅是节令食品，而成为日常风味小吃，长江流域有不少驰名的风味汤圆：浙江宁波汤圆、上海擂沙汤圆、成都赖汤圆、长沙姐妹汤圆等。

最负盛名的首推宁波汤圆。宁波汤圆历史悠久，相传起源于宋代，它用当地盛产的一级糯米磨成粉做成皮，薄而滑，白如羊脂，油光发亮；用猪板油、芝麻、白糖、桂花，另外还配一点金橘饼做馅儿，油香四溢，鲜爽可口，令人称绝。宁波汤圆吃起来香、甜、肥、软、鲜，好吃之处，宁波人夸张地说“打耳光也舍不得放。”

擂沙汤圆是上海著名小吃，已有 80 多年历史。擂沙汤圆形美色艳，豆香宜人。之所以叫“擂沙”，是因为制作时，需先用土沙盆盛炒香的花生、芝麻或黄豆，再用一支质地坚硬的石榴木作为磨粉的“擂浆棍”，干磨出碎末粉状的“香沙”，最后将煮熟的汤圆在“香沙”里滚来滚去，于是黏黏的汤圆黏满了“香沙”。

成都赖汤圆创始于 1894 年，迄今已有百余年历史，是有名的老字号名优小吃。其皮粑绵糯，柔滑洁白，滋润香甜，爽滑甜香。之所以叫赖汤圆，是因为创始人姓赖，叫赖源鑫。他从家乡到成都挑担卖汤圆，苦心经营。他的汤圆质好、味美，煮时不烂皮、不露馅、不浑汤，吃时不粘筷、不粘牙、不腻口，人称“赖汤圆”。赖汤圆有黑芝麻、玫瑰、冰橘、枣泥、桂花、樱桃各种馅料十多个品种，形状不仅有圆形的，还有椭圆形的、锥形的、枕头形的。

长沙姐妹汤圆已有 70 多年历史，由姜氏二姐妹创下品牌。姐妹汤圆小巧玲珑，色泽雪白，晶莹光亮，香甜味美。其以糯米、大米磨浆制皮，用枣泥、白糖、桂花做馅。

还有些汤圆别出心裁：四川彭水县心肺汤圆以馅儿里配卤煮的猪心、猪肺为特色，别有风味；苏州五色汤圆以五种颜色的糯米制成，甜咸皆备，五彩缤纷，是众口称赞的江南风味。另外安徽安庆韦家巷的汤圆也很有名。

三、元宵寄意

元宵节吃元宵，有象征团圆之意。南宋孝宗时的大臣周必大《元宵煮浮圆子》诗写道：

今夕是何夕，
团圆事事同。
汤官寻旧味，
灶婢诧新功。
星灿乌云里，
珠浮浊水中。
岁时编杂咏，
附此说家风。

这个“浮圆子”应该就是元宵。诗中的“团圆事事同”是说，元宵夜里月是圆的，圆子也是圆的，寓意人团聚的意思。

中国人向来重视年节饮食，“王者以民为天，而民以食为天”。人们通过丰盛的年夜饭，不仅表达一年来的收获，犒赏自家和亲朋，也是重视人与自然关系，追求“天人合一”境界的具体体现。中国人十分讲究进食与自然节律相协调，依据一年四季的气候变化，对应二十四节气耕作生活，寒热温凉，适时调整。故《礼记·郊特牲》载：“凡饮，养阳气也；凡食，养阴气也。”中国人春节的饮食，体现了自然节律的变化，体现了对生命的尊重，体现了“和而不同”的大境界和丰富而和谐、多样而统一的文化内涵。

第八章　歌舞游艺：长江流域春节的娱乐习俗

春节作为中国传统节日之首，其间有许多文化娱乐活动，人们借此机会娱神娱人、放松身心，交流拜会、游艺竞技。春节娱乐习俗颇多，摔跤角抵、蹬坛上梯，舞流星、捏泥人、演木偶、变戏法、要猴子、拉洋片，歌舞展演，杂艺百陈，游戏娱乐，应有尽有。长江流域许多娱乐习俗具有很高的民俗价值，其中不乏列入非遗名录的习俗。

第一节　歌舞展演

每逢佳节，民间歌舞、小戏纷纷上演，既增添了节日的气氛，又愉悦了人们的身心。春节作为中华民族最为重视，庆祝时间最长的节日，更是民间歌舞集中展现的时期。春节歌舞娱乐在古代即已开展得很活跃，《东京梦华录》记述北宋都城东京开封的春节盛况："正月一日年节……皆结彩棚、铺陈冠梳、珠翠、头面……玩好之类，间列舞场歌馆，车马交驰。"大年初一，人们张灯结彩，珠翠头面，舞场歌馆，车马交驰，歌舞娱乐，好不欢快。以中国范围之大，历史之久，全国范围内春节期间的歌舞民俗可谓五彩缤纷，应有尽有。长江流域以它特有的地理环境和文化渊源，形成了旱船、花鼓等几种有代表性的歌舞形式。

一、旱船

"旱船"，又名"花船"，或"跑旱船""采莲船""荡湖船""打渔船"，是长江流域流行的一种以舞为主、说唱为辅、群众自娱自乐的民间广场舞蹈，在庙会、乡会、民俗节日期间十分盛行。

早在唐代，民间就有旱船这一娱乐活动，郑处诲《明皇杂录》记载，唐玄宗李隆基在东都洛阳五凤楼下观百戏："府县教坊大陈山车旱船、寻幢走索、丸剑角抵、戏马斗鸡……"可见，旱船在唐代已作为百戏之一出现了。宋人周密在《武林旧事》中也记载当时正月元宵节期间，社火舞队中的一支为"旱划船"，与跑竹马、踩高跷、村田乐（秧歌的前身）等结队沿街演出，临安的民众纷纷拥上街头，"簇拥前后，连亘十余里"。南宋西湖老人编著的《西湖老人繁胜录》中也有杭州元宵节期间旱船随同舞队其他节目同时演出的记载。范成大《上元征吴中节物俳谐体三十二韵》中有描写旱船的诗句"旱船遥似泛"，他在句下作注释："夹道陆行，为竞渡之乐，谓之划旱船。"旱船作为一种具有生命力的娱乐形式，一直在民间延续，明清以后，旱船仍在全国许多地区流行不衰。清代《百戏竹枝词》中有《旱船》诗一首："罔水行舟古所难，居坐一叶下银滩。无边陆海吾何惧，稳坐鳌头背上看。"诗歌以戏谑的方式描写了这种无水行舟、稳坐鳌头、无所畏惧的旱船民俗。《燕京岁时记》中说明了旱船在清代的表演方式："跑旱船者，乃村童扮成女子，手驾布船，口唱俚歌，意在学游湖而采莲者。"现在旱船成为年节喜庆或农闲时的一项娱乐活动，表演形式几乎是对清代表演形式的延续。

旱船的主要道具是船，用木条、竹篾或秫秸扎成，船身长五至七尺，北方的旱船偏大，甘肃地区有一种大旱船身长一丈。船的形状各不一样，有龙形、鱼形、元宝形等，船体有顶无底，周边糊纸、布，饰彩绸、纸花。船体无底，因此坐船人实则是站在船中，为了逼真，用宽布带将船系在身上，船身下边用布围上遮住腿脚，腹前盘放假腿。表演时，演员双手拎住船边，走平稳快速的碎步，看起来似在水中行船。

旱船表演人数一般为两人，一人扮渔夫划桨，一人扮渔妇坐船，但也有例外，如湖南地区除渔夫外，还有一拉纤的，一撑篙的。各地民间跑旱船时，多与当地的民间小调结合一起，边歌边舞，伴以即兴动作。过去大部分地区将渔夫扮成小丑，画成小花脸，动作也多予丑化，以增强娱乐效。

旱船多表现渔家生活，很多地区的跑旱船都有类似的表演程式：渔夫持桨翻跟斗或走圆场入场，渔妇乘船荡入，再由渔夫划着桨领船在场内迅疾地跑数个圆场，然后停住，船在原地前后晃动，渔民夫妇悠然自得地荡舟歌唱。一段歌舞之后，又有一段激烈的迎斗风浪的动作：渔妇抖动身体，使小船上下左右摇摆，或者前进、后退、打转晃动，渔夫紧密配合船的颠簸，紧张地用力划桨，做一些“旋子”“虎跳”“扫堂腿”“蹦子”等技巧动作，与“风浪”搏斗。一阵激烈的表演后，节奏舒缓下来，二人继续唱起了悠扬的渔歌。

跑旱船在江浙一带多地流行，《嘉兴府志》《严州府志》等地方志都有记载。浙江省长兴县虹星桥镇农村还有一个关于旱船形成的传说：相传农历二月初二王母娘娘生日那天，众神仙扎了一条花船为她祝寿，张果老将此船借下凡间，由此形成了调旱船闹新春、庆丰收的习俗。上海川沙县（今浦乐新区）跑旱船叫“荡湖船”，表演者两人为一组，着古装戏服，姑娘在船中双手抓住船沿，男青年撑篙，作漂遥随波状，唱江南小调或古曲。

旱船又叫“采莲船”，采莲船的来历可以追溯到宋代，宋代《儒林公议》中说：“王建子衍，嗣于蜀，侈荡无节，庭为山楼，以彩为之，作蓬莱山。画绿罗为水纹地衣，其间作水兽芰荷之类，作《折红莲队》……复以杂彩为二舟，辘轳转动，自山门洞中出，载伎女二百二十人拔棹行舟，周游于地衣之上，采折枝莲到阶前，出舟致辞，长歌复入，周回山洞。”《宋史·乐志》也载：“采莲队，红衣罗生绰子，系晕裙，戴云鬟髻，乘彩船，执莲花。”长江中游的很多地方跑旱船也叫“采莲船”，采莲船将湖中划船采莲的动作加以夸张美化，边舞边歌，表现劳动或爱情生活，每逢庙会及年节，采莲船便跑起来。

地处长江中游的湖北省江汉平原湖水茫茫，莲湖飘香，采莲船这一艺术形式在当地十分流行，深受老百姓喜爱。当地传说，采莲船是为了纪念蔡状元修桥和观音娘娘坐船筹款的善举而产生的：江汉平原河流纵横，湖泊众多，人们出行不便，有个姓蔡的状元行善修桥，哪想到桥修了一半，资金不够只能停工，蔡状元到处去化缘，但是有钱的人家看他像个叫花子，老远就把门关上。蔡状元无计可施，来到河边望着修了半截的桥发呆。突然，河里漂来一只花花绿绿的彩船，划桨的是个赤脚老汉，坐在船上的是一个美如天仙的姑娘。人们都来看稀奇，老汉说：

“谁能用银子投中姑娘，就把她许配给谁为妻。”一听这话，公子少爷争相取来银两，往姑娘身上抛，可是抛了半天，抛去的银子都落在船舱，没有一人抛到姑娘身上。原来，划桨的老汉是赤脚大仙，船里坐的是观音娘娘，观音娘娘看蔡状元心善，专门用这个方法来帮他募款修桥。后来，人们为了纪念蔡状元和观音娘娘的善举，就玩起了采莲船。随着时间的推移，采莲船发展成为在重要节日，特别是在春节期间以祝贺为主要内容的表演。每逢正月初一至十五，彩莲船便边舞边唱，沿街串乡拜新年，给广大人民留下了难忘的印象。

江汉平原上的采莲船尤以仙桃地区最为闻名，曾多次参加湖北省民间舞蹈会演，并获好评。仙桃采莲船用竹木制作，船身长五六尺，高两米左右，宝塔亭阁型盖顶，扶栏和亭阁上挂有彩球，船上贴有剪纸图案，看上去好似披红戴绿的一叶扁舟，鲜艳夺目。仙桃的采莲船表演有三个演员，船头一个撑篙人，一手拿竹篙，一手牵引彩船不住地摆动；船中坐一年轻姑娘，穿彩衣，一手拿手帕，一手扶船栏；船尾配一丑角，名为“摆梢婆子”。摆梢婆子与两主角配合，言语幽默，动作滑稽，引人发笑。仙桃彩莲船有许多唱词，如：

彩莲船哪，哟哟，
两头尖哪，呀嗬嗨，
妹坐中间，呀儿哟，
帅哥牵哪，划着。
哟哟，呀嗬嗨。
帅哥牵哪，划着。

彩莲船哪，哟哟，
八方玩哪，呀嗬嗨。
俏俏姑娘，呀儿哟，
秀人前哪，划着。
哟哟，呀嗬嗨。
秀人前哪，划着。

彩莲船哪，哟哟，
过年玩哪，呀嗬嗨，
青老孩童，呀儿哟，
喜开颜哪，划着。
哟哟，呀嗬嗨。
喜开颜哪，划着。

彩莲船哪，哟哟，
众人玩哪，呀嗬嗨，
鞭炮齐鸣，呀儿哟，
鼓锣喧哪，划着。
哟哟，呀嗬嗨。
鼓锣喧哪，划着。

彩莲船哪，哟哟，
庆丰年哪，呀嗬嗨。
盛世农村，呀儿哟，
众民欢哪，划着。
哟哟，呀嗬嗨。
众民欢哪，划着。

彩莲船哪，哟哟，
上门玩哪，呀嗬嗨。
快快相迎，呀儿哟，
发香烟哪，划着。
哟哟，呀嗬嗨。
发香烟哪，划着。

彩莲船哪，哟哟，
拜新年哪，呀嗬嗨。
敬拜舅爷，呀儿哟，

夏先权哪，划着。
哟哟，呀嗬嗨。
夏先权哪，划着。

彩莲船哪，哟哟，
送金言哪，呀嗬嗨，
祝愿家家，呀儿哟，
年胜年哪，划着。
哟哟，呀嗬嗨。
年胜年哪，划着。

彩莲船哪，哟哟，
十五玩哪，呀嗬嗨，
玩过今朝，呀儿哟，
干新年哪，划着。
哟哟，呀嗬嗨。
干新年哪，划着。

彩莲船哪，哟哟，
月儿圆哪，呀嗬嗨，
祈盼金秋，呀儿哟，
又丰年哪，划着。
哟哟，呀嗬嗨。
又丰年哪，划着。

跑旱船也好，采莲船也好，说法不同，实质却相似，都是集音乐舞蹈、工艺美术、人物造型于一体的表演艺术，是春节期间人们喜闻乐见、流连忘返的民间娱乐形式。

二、花鼓

花鼓又称“花鼓子”“花鼓小锣”“地花鼓”“打花鼓”等，主要流行于长江流域的湖北、湖南、安徽、浙江、江苏等省。南宋吴自牧《梦粱录》中有临安（今杭州）节日中百戏艺人表演花鼓的记载。明朝嘉靖年间的《明斋真识·广陵韵事》中记载了江苏广陵（今扬州）的花鼓风俗："花鼓传来三十年，而变者屡矣，始以男、继以女，始以日、继以夜，始以乡野、继以镇市，始以村俗民氓、继以纨绔子弟。"清代《燕九竹枝词》中有"秧歌初试内家装，小鼓花腔说凤阳"之句。花鼓历史悠久，是元宵节或其他节日经常展演的民间艺术。花鼓的表演形式多样，不同地区的花鼓风格各不相同，具有很强的地域特色。长江流域的湖北花鼓戏、湖南花鼓戏都负有盛名。

一曲《刘海砍樵》唱响大江南北，每一个中国人都耳熟能详，该曲中脍炙人口的"比古调"唱段便是湖南花鼓戏的代表曲目。湖南花鼓戏已有二百多年的历史，不仅是国家非物质文化遗产，而且进入了剧院的舞台、艺术院校的课堂，是宝贵的文化财富。湖南花鼓戏由于流行地区不同而有长沙花鼓戏、岳阳花鼓戏、衡阳花鼓戏、邵阳花鼓戏、常德花鼓戏、零陵花鼓戏等六个流派之分，均以长沙官话为统一的舞台语言，各有代表性剧目和音乐声腔。

湖南各地花鼓戏的传统剧目约有四百多个，音乐曲调三百余支，音乐伴奏主要是地域特色明显的湖南花鼓大筒，以及唢呐、琵琶、笛子、锣鼓等民族乐器。湖南花鼓戏曲调活泼轻快，旋律流畅明快，根据曲调结构、音乐风格大致可分为三类：川调、打锣腔、小调。川调主要源于山歌及民歌，是湖南花鼓戏中最具代表性的调式，主要剧目有《刘海戏蟾》《鞭打芦花》《张光达上寿》《赶子上路》等。打锣腔源于哼歌及劳动号子，用锣鼓、唢呐伴奏，人声帮唱尾腔，主要剧目有《清风亭》《芦林会》《八百里洞庭》《雪梅教子》等。川调、打锣腔统称为正调，结构比较方整，大多以对仗或起承转合为结构形式，反复运用。小调是一些比较原始的民歌、山歌、城市小调和丝弦小调，表现情绪较为单一，代表曲目有《打鸟》《盘花》《送表妹》《看相》等。

湖南花鼓戏的表演艺术朴实、明快、活泼，清嘉庆二十三年（1818年）刊行的《浏阳县志》谈及当地元宵节玩龙灯情况时说："又以童子装丑旦剧唱，金鼓喧阗，自初旬起至是夜止。"湖南花鼓戏发展到后来有了生、旦、净、丑诸行当，但以小旦、小生、小丑为主角，小旦泼辣开朗，小生风流洒脱，小丑风趣幽默。湖南花鼓戏的步法和身段比较丰富，动作多模仿生活中的插秧划船、挑水砍柴、捣碓打铁、摸泥鳅、磨豆腐、放风筝、捉蝴蝶等，表演富有浓郁的生活气息，长于使用扇子和手巾等道具。

湖北花鼓戏主要流行于湖北仙桃、天门一带，最早叫“天沔花鼓戏”，20 世纪 80 年代易名“荆州花鼓戏”，进入 21 世纪后又改名为“湖北花鼓戏”。湖北花鼓戏的形成不迟于清道光年间，道光末年叶调元写的反映汉口生活的《汉皋竹枝词》中，有“土荡（街名）约看花鼓戏，开场总在两三更”的词句，说明当时在汉口已有花鼓戏。

湖北花鼓戏主要用打锣腔和大筒腔。打锣腔是在鄂东民歌小调的基础上，受清戏（高腔）影响而形成，当地称“哦呵腔”。唱腔结构以上下句为基本形式，常由起腔、正腔、腰板、落腔四部分组成，而又有多种板式变化。打锣腔是一种悲腔，曲调深沉、悲怆，多用于中、老年角色诉述惨痛往事和抒发悲痛的情感。打锣腔的代表剧目有《大清官》《荞麦记》《闹公堂》《告经承》《告堤霸》，常演的剧目还有《天仙配》《梁山伯与祝英台》《秦雪梅》等。

大筒腔因主奏乐器为大筒胡琴而得名，据清咸丰年间的《长乐县志》记载，这种调式来源于四川梁山：“正月十五夜……张灯演花鼓戏，曰闹元宵……演戏多唱杨花柳戏，其音节出于四川梁山县，又曰梁山调。”大筒腔的曲调有四个乐句组成，分为上下句唱腔和上下句过门。大筒腔常演剧目有《天平山》（《刘海戏蟾》）、《蓝桥汲水》、《杨氏送饭》、《打芦花》、《铁板桥》、《雪山放羊》等。

湖北花鼓戏常用的伴奏乐器主要是打击乐器，有大锣、小锣、海钹、马锣、堂鼓、板、竹兜（代边鼓）等。其中马锣、堂鼓的配合很有特色。随着社会发展，后来配上了二胡、京胡、琵琶、唢呐、笛子、大提琴、笙等小型民族乐队。现在的湖北花鼓戏增加了西方木管乐器，有些甚至还使用了铜管乐器。

湖北花鼓戏最初只有小生、小丑、小旦三个角色，后来发展到小生、生角、正旦、花旦、丑角五个行当。小生是男主角，多扮演青年男子；正旦是女主角，主要饰演端庄贤淑、性格刚强的中青年女子；花旦又称“铁扁担”，是女配角，或开朗泼辣，或活泼伶俐；丑角多饰演雇工、书童、店家、恶少等男配角；生角多扮演正直豪爽以及爱打抱不平的男性配角。

湖北花鼓戏充满浓郁的湖乡生活情调，其唱腔悠扬婉转、甜美悦耳，具有浓郁的民间生活气息，深受老百姓喜爱，当地有句俗话说："听了花鼓的哟喂哟，害病可以不吃药！"

花鼓戏融民间文学、说唱与表演为一体，大量使用方言口语，富有生活气息，故事情节曲折、悬念丛生且又通俗易懂，春节期间广为传演，为人们喜闻乐见。

第二节　百艺杂陈

春节期间，长江流域除了旱船、花鼓这类文化艺术展演，还有各类游艺竞技活动。新春伊始，人们开始一年新光景，村村寨寨，街道社区，宗族邻里，玩龙灯、舞狮子，强身健体，比试技艺，互动交流，增进团体的凝聚力，也彼此表达一年中的美好祝愿。

一、玩龙灯

自古至今，我国许多地区流行着玩龙灯的习俗。龙在神话中是海洋的主宰，是海洋之神，在泱泱农业大国中，龙很自然地做了农作物的司雨之神。在中国百姓的心目中，龙王行云布雨，掌握着人间的生命之水，而降雨的多少和时机都与农业收成休戚相关，特别是种植稻作的长江流域，对雨水更为敏感。因此，长江流域的人们把风调雨顺的憧憬寄托于想象中的龙王身上，在一年之始的春节期间要扛起旌旗、敲起锣鼓、吹起号角，大玩龙灯、各色各式的龙灯在锣鼓声中昂首摆尾，蜿蜒游走，人们用这种方式认真地讨取龙王的欢心，虔诚地向龙王表示丰收的愿望。

龙灯按照材质和装饰的不同有草龙、人龙、布龙、纸龙、花龙、板凳龙、扁担龙等之分，按照玩法又各有不同的名称，细算起来有百种之多。龙灯的节数一般为单数，七节、九节或十三节，有的地方遵循平年十二节、闰年十三节的规矩。龙灯主要由龙头、龙身、龙尾三部分组成，普通的龙灯制作材料是竹、木、纸、布等。龙头的制作非常讲究，纸制龙头是先制一龙头模具，将麻纸裱糊在模具上，待干后割开纸层取掉模具，然后再贴合，用颜色彩绘，用铁丝制作龙须，装上龙眼。龙头还有用竹子和铁丝编织，外皮用纱布包出来，再装上眼睛和龙须的。龙身的颜色大体有青、黄、金、乌等色，身长也不等。

玩龙灯是一项体力与技巧、智力与勇气兼具的活动。舞龙人一般头扎彩布，身着彩衣，脚穿薄底武生快靴，一身绚丽又轻便的装扮，便于施展拳脚，充分炫技。锣鼓响起，舞龙者碎步小跑，巨龙追捕着红色的宝珠腾飞跳跃："双龙戏珠""蛟龙漫游""龙头钻节""龙腾跳跃"，甚至"龙头龙尾齐钻节"。在激烈欢快的锣鼓伴奏声中，龙头忽高忽低，忽上忽下，高低错落，蜿蜒盘旋，一会儿腾空飞舞，一会儿入海破浪，舞者与观者都陶醉其中，不能自拔。长江流域的人们玩龙灯除了普通的龙之外，还有几种具有地域特色的龙，如香火龙、百叶龙、板凳龙等。

香火龙发源于广东佛山制陶古镇石湾镇，流传各地。位于湖南省东南部与广东接壤的郴州市汝城县在每年元宵来临之时，舞香火龙是一项必有的隆重庆祝活动，全县十多个乡镇三百多个村都舞香火龙。香火龙用竹子和稻草扎成，身上插满当地特制的罗汉香。舞香火龙一般同时有一条"母龙"，一条"子龙"，母龙长度一般为七节，子龙长度一般为五节，龙身上的香烛一般长一米左右。元宵之夜，土炮三响之后，鼓乐齐发，花炮齐鸣，众人手持火把点燃龙身全部香火，抬龙出游，整个龙体在夜幕中火光四射，熠熠生辉，十分壮观。手提火绣球的小伙子在前指引，数十甚至数百个年轻人一起将香火龙舞起：翻滚、跳跃、喷水、下沉、吞食、睡眠。香火龙生龙活虎，围观者欢呼雀跃，热闹非凡。香火龙在村镇的大街小巷来回穿梭，红光闪闪，所到之处，村民都会燃放鞭炮、烟花，迎接龙的到来，因为接来香火龙，新的一年就会有红红火火的好日子。

浙江省长兴县的百叶龙无疑是最有特色的舞龙表演之一，2006 年被列入第一批国家级非物质文化遗产名录。百叶龙源于长兴一个美丽的民间传说：长兴的天平村里有一片荷塘，荷塘边住了两户人家，一家有个儿子叫百叶，一家有个女儿叫荷花，两人两小无猜，长大结为夫妻。荷花生下一个儿子，腋下有龙鳞，人们都说是龙种，族长要杀死孩子，孩子化作小龙腾空离去，每逢干旱来布云施雨。当地老百姓为了感谢它，就从这个荷塘中采摘了七七四十九朵荷花，用了九百九十九叶花瓣，精心制作了一条花龙，每到春节就敲锣打鼓来舞龙纪念，因为龙身花瓣不到一千叶，所以叫“百叶龙”。

百叶龙堪称江南一绝，是一种构思、制作均极奇巧的龙。1980 年进京演出轰动北京城的百叶龙，光龙头就动了不少脑筋，一共有一百三十多道工序，八十多种材料，由一朵特大荷花精心构成；龙躯长十六米，分九段，每段九朵用布或透明双条彩绉制成花瓣，再叠成的荷花缀结；龙尾制作工艺很高，看似是蝴蝶，瞬间又可变为龙尾。除了龙尾，整条百叶龙的各个部位都具双重性质，既是龙躯龙头又是荷花。百叶龙在青翠滴绿的“荷叶”以及绚丽多彩的“荷花”簇拥下，俯仰翻滚给人以美不胜收的艺术享受。

板凳龙是长江流域春节期间普遍都有的传统民俗活动，重庆、湖北、浙江等地的人们都在元宵节期间玩板凳龙。任何一项受到欢迎的活动都会有一个美丽传说，板凳龙也不例外。相传在很久以前，一场大旱使得民不聊生，东海的一条水龙不惜违反天条为老百姓下了一场大雨，因此受到严惩，被剁成一段一段撒向人间，人们痛心地把龙体放在板凳上，并把板凳连接起来，希望它能活下来，舞“板凳龙”的习俗也由此产生。

板凳龙有多种式样的舞法，有独凳龙、多凳龙、篾扎板凳龙之分。独凳龙只用一条家用普通长条板凳，饰以彩龙，表演多半为三人，二人在前，各侧手执一板凳腿，后一人双手执板凳两腿。多凳龙表演人数不等，一般由五至十一人组成，每人各举一凳，打头一人是龙头，最后一人是龙尾，其余为龙身，另由二人举宝珠在前逗引。板凳龙舞动时按照规定套路，整条龙要求配合默契，合着鼓点，协调行动，龙身节节相随，时起时落，穿来摆去，有规律、有节奏地舞出各种花样，动作套路有“二龙抢珠”“金蝉脱壳”“黄龙盘身”“黄龙穿花”等。还有一种板凳龙用细篾扎成出龙头、龙尾、龙角、龙眼、龙嘴，再糊上各种颜色的鳞片，放在板凳上，四只木脚以示龙爪，形象生动。

在长江流域，每到元宵节时，龙灯在广场上狂舞，或表示欢庆，或祈求丰年，或者舞龙以求子，目的各不相同，却都是力的张扬，是压力的释放，更是对新生活的热烈拥抱。两千多年的龙灯史，孕育着一代代舞龙人，演绎着世世代代龙的传人积累的丰富舞龙灯艺术。

二、舞狮子

华夏先民把狮子看成是威武和祥瑞的象征，但是和龙、凤一样，狮子本是国人想象的动物，因为中国本无狮子。狮子的来历众说纷纭，但都与西域有关：一说狮子是文殊菩萨的坐骑，随着佛教传入中国；一说汉武帝派张骞把狮子与孔雀一同带回国；《后汉书》记载安息国和月氏国派使者送狮给汉王，狮子因此到了中国。唐代时舞狮已经盛行，唐朝诗人白居易有《西凉伎》诗：

西凉伎，西凉伎，
假面胡人假狮子。
刻木为头丝作尾，
金镀眼睛银贴齿。
奋迅毛衣摆双耳，
如从流沙来万里。
紫髯深目两胡儿，
鼓舞跳梁前致辞。
…………

诗歌对狮子的制作、舞法都有提及。唐人段安节《乐府杂寻》则叙述更为详细："戏有五方狮子，高丈余，各衣五色，每一狮子，有十二人，戴红抹额，衣画衣，执红拂子，谓之狮子郎，舞太平乐曲。"将狮子的高度、舞狮人数、装扮、舞狮音乐等说得很详细。

舞狮是全国各地都有的闹元宵民俗活动，但是各地有所不同，发展到现在，形成南北两大派。北派的造型酷似真狮，狮头较为简单，着重装饰在狮身，狮身披艳丽的金黄、橙、红色狮毛，与舞狮者的衣服、裤子、鞋浑然一体，故而未舞却看起来已经是惟妙惟肖的狮子。北派舞狮一般是雌雄成对出现，雄狮头上顶红结，雌狮头上饰绿结。北派舞狮一般来说是二人舞一头狮子，小北狮则是一人。北派舞狮还分文武，文狮主要表演狮子舔毛、抖毛、搔毛、打滚等温驯神态；武狮主要表演狮子跃扑、爬高、腾跃、踩球等勇猛动作。

南派的造型要大一些，狮身的装饰是大片鳞甲状的花纹。每个狮子由两个人来表演，但在做各种动作中可以露出人来。在引狮郎的逗引下，舞狮者表演摇头摆尾、张口露齿、献媚取宠的姿态讨人喜欢。南狮以岭南为中心，形成各自的特点，狮子的造型上有大头狮、鸭嘴狮、麒麟狮、公鸡狮等；安徽、福建、云南、贵州的狮子或大头大耳，或凸眼秃脑，各具特色。长江流域的人民酷爱舞狮，其喜爱程度，从长沙市流传的一首《赞狮子》可见一斑：

狮子头上一点金，
玉皇差我下凡尘。
玉皇差我无别事，
一年一度贺新春。
爷爷看了狮子灯，
牙齿脱了又发生；
娭毑看了狮子灯，
头发白了又转青；
嫂子看了狮子灯，
早生贵子跳龙门；
姑娘看了狮子灯，
挑花绣朵更聪明：
学生看了狮子灯，
进学中举点翰林。
打发狮子前门去，
后园黄土变成金。

狮子为百兽之尊，雄伟俊武的形象给人以威严、勇猛之感，是勇敢和力量的象征，人们在元宵佳节舞起雄狮，夸饰勇力，同时也祈望新年生活吉祥如意、事事平安。

第三节　大型集会

旱船、花鼓、狮子、龙灯，这些具体的文娱活动增加了节日的形式，丰富了节日的内涵，装点了节日的氛围，增添了节日的欢乐，是春节文化中不可忽视的部分。春节期间，长江流域除了这些具体的杂技百艺，还有一些大型综合表演项目，如社火、庙会、春会等。本节主要介绍长江流域几项被列入非物质文化遗产名录的综合性民俗。

一、社火

社火是春节期间流行于民间的一种娱乐民俗，在中国有着数千年的历史，主要流传于陕西、山西、河北、河南等北方地区。社火是古代中国劳动人民土地与火崇拜的产物，也是高台、高跷、旱船、舞狮、舞龙、秧歌等的通称，具体形式随地域而有较大差异。

2008 年 6 月 7 日，陕西省洋县民间社火（洋县悬台社火）入列第二批国家级非物质文化遗产项目扩展名录。“不吃元宵月不圆，不要社火不过年”，社火是洋县人最喜爱的春节娱乐活动。洋县社火起源于元末明初，清代达到鼎盛，它是一种融合装扮、造型、技巧表演为一体的民俗艺术。洋县社火按类型原可分为抬社火、地社火和骡马社火三种，现主要以抬社火和地社火为主。抬社火是洋县社火最具特色的形式，分为“悬台”、“转芯”和“小芯”三种。“小芯”即平台社火，二至三名儿童画脸谱、着戏装，三至四人抬着游街转乡，轻便易装，规模较小。“转芯”是指台面装有铁制或木制转轴，曲拐处精做扇面或古兵器样，角色站在上面，行走旋转，别有情趣。“悬台”是抬社火中难度最大、技巧性最高、最吸引人的一种。悬台社火最高可达六层、十二米以上，极为惊险、巧妙，扇面、碗盖、荷叶、花朵、枪头、棍端上皆可站人、挂人，具有极强的观赏性。悬台社火在剧目、化妆、着装和组装等方面吸收了秦腔、皮影戏以及杂耍等艺术品种的养分，表现形式独具一格。悬台社火类型多样，有单芯悬台、双芯悬台、小芯悬台、大芯悬台、挂芯悬台、转芯悬台等多个品种。“悬台”艺术形式为洋县社火所仅有，国内罕见，为研究汉水上游民俗提供了独特的资料。

二、庙会

庙会，又称“庙市”或“节场”，是中国集市贸易形式之一，多在庙内及其附近举行，主要内容是祭神、娱乐和购物。庙会流行于全国广大地区，北京市门头沟妙峰山庙会、北京市朝阳区东岳庙庙会、山西省太原市晋源区晋祠庙会、陕西省铜川市药王山庙会、山东省泰安市泰山东岳庙会、浙江省磐安县赶茶场、湖北省十堰市武当山庙会、湖南省长沙市火宫殿庙会、上海市徐汇区龙华庙会、广东省佛山市佛山祖庙庙会都是全国有名的庙会。庙会是中国民间宗教及岁时风俗，一般在新年、元宵节或者其他特定节日举行。2008 年 6 月 7 日，庙会经国务院批准入列第二批国家级非物质文化遗产名录。

这里重点介绍长沙火宫殿庙会。

长沙市火宫殿庙会于 2008 年被列入第二批国家级非物质文化遗产名录，是集民间信仰、民俗饮食娱乐为一体的综合性民俗活动。火宫殿庙会自腊月二十三民间祭灶日至次年元宵节止，持续时间长，节俗活动多，以庙会戏剧、曲艺说唱、民间绝活和其他少数民族风情表演为主，表演形式多样，文化内涵丰富。

长沙火宫殿庙会起源于古人类对“火”的崇拜，人们崇敬、供奉火神祝融，形成了一系列以敬火、拜火、用火、管火为主的祭祀礼仪，随着时代的更迭、思潮的融汇，佛道文化充盈其中，彰显着湖湘地域的多元魅力。火宫殿位于长沙市天心区坡子街，始建于明万历五年（1577 年），重建于清，其后多有修缮重建。

每值庙会，各种民间文化精彩纷呈，唱湘剧、演社戏、玩杂耍、唱长沙弹词、跳罗汉舞与蚌壳舞等，佳节喜气，热闹欢腾。春节期间，火宫殿庙会最缺不了“闹新春”的舞龙舞狮。人们借舞龙舞狮以驱魔辟邪，传递吉祥盛意，承载祝福祈盼，相聚酬神，娱乐休闲。也正是如此，围绕火宫殿庙会从最初的肩挑、摆摊卖小吃逐渐发展成了远近闻名、极具品牌力的饮食文化，包括油炸臭豆腐、姊妹团子、龙脂猪血、三角干子、牛肉蒸馓、红煨蹄花、荷兰粉、八宝果饭的八大小吃便是典型。此外，还有众多经典湘菜广聚庙会，红烧墨鱼片、东安子鸡、清炖龟肉、发丝百页、腊味合蒸等，口味特殊，技艺讲究，吸引着八方来客，绽放着湖湘韵味。

三、春会

除了社火、庙会，一些地方还有属于自己特色的地方性庆祝形式，如湘西土家族苗族自治州吉首市乾州春会。湘西人在春节期间，为祈新年风调雨顺、五谷丰登，时常要举行春会活动。乾州春会以其悠久的历史、宏大的规模、精巧的扎工、俊美的扮相深受广大群众喜爱，于2006年6月获批为湖南省第一批非物质文化遗产。

每年农历正月初三，乾州古城街便会因为春会活动而热闹非凡，在锣鼓鞭炮声中，一个穿着大红长袍，头戴官帽，脸上化着神秘浓妆的“春官”，一手拿树枝，一手拿沉甸甸的布袋，在“春”“夏”“秋”“冬”四个春姑的簇拥下，踏着红地毯，走上祭祀台，神情凝重地宣读“春”词，开始祭祀仪式。

祭祀台上左右各有一只香炉，香炉里各插一米多高的香烛，“春官”在祭台上颂万祷词后，便从布袋里掏出五谷，用力地向台下、空中抛洒，代表着上天的赐予，人们则开心地哄抢，抢到的、没抢到的无不喜笑颜开。“游春”开始了，长长的唢呐声响起，长号也对天而鸣，锣鼓喧天，彩旗飘扬，狮子、龙灯舞起来，罗汉蒲扇摇起来，采莲船、蚌壳灯、鱼虾等彩灯组成浩荡长队，人们荡开一条路，前呼后拥穿街走巷。

乾州春会在明嘉靖年间（1522—1566年）就已十分盛行，整个春会活动由“扎春”“演春”“游春”三大部分组成。“扎春”又分为“纸扎”“扮春”“绑春”。“纸扎”就是根据故事情节需要，用篾和纸扎成牛、龙、花船、鱼虾、蚌等。“扮春”就是选民间十岁左右长相俊美的童男童女，扮成神话或戏剧中的人物，俗称“春伢儿”。“绑春”就是在特制的抬架内，将扮好的春伢儿连一小马扎送上高杆摆好姿势。“绑春”分为“矮春”和“高春”，春桌上放板凳坐春伢儿的叫“矮春”，在一根杆子上站春伢儿的称“高春”。“绑春”时需在桌面上打洞插入硬木棒，再以软布条缚牢，若角色需一脚蹬起悬空或伸出巨掌，便扎假手脚配之，尤其惊险动人，显得出奇制胜。“演春”，即演“阳春戏”，就是阳春（农作）人演给阳春人看的戏，如今流行在湘西的小戏剧种“阳戏”也由此得名。“演春”经常上演的剧目有《捡田螺》《上茶山》《扯笋子》等数十个。“游春”是乾州春会活动的高潮。其时数灯云集，旗队、鼓乐队与一台台彩春依次排列，走街串巷，集中展示，气势壮观。乾州春会综合了民间手工技艺、民间美术绘画、民间故事等传统文化要素，以独特的形式再现了人类古老的文明，具有很大的文化价值。

生活从来不易，节日总是欢乐，渡过了酸甜苦辣、喜乐参半的一年，人们需要放松；迎来了充满未知，却又是希望满怀的新年，人们需要庆祝。放松和庆祝，都离不开文娱活动，人们在歌舞展演中沉醉，在百艺竞技中狂欢，也因此忘却过去的烦恼，迎接新生活的美好。

第九章　百艺争艳：长江流域春节的民俗艺术

作为中国最为隆重的节日，春节除了是美食的大集会、歌舞的大展演、娱乐的大爆发、信仰的大集中，还是民俗艺术的大汇展，年画、春联、灯谜，人们用诸种艺术形式表达祝福，寄寓美好。经过代代相传，辈辈积累，这些民俗艺术达到了很高的成就，成为中国人节日生活的一部分，也成为中华优秀传统文化的组成部分。

第一节　年画

“兰荷菊梅开满墙，满屋似闻花芬芳。引来燕雀檐前闹，直冲屋里抖翅膀。”这是一首写年画的诗，诗歌描绘了生动形象的年画引来喜鹊飞燕在门前抖翅翻飞，一派喜庆热闹的气象。年画是中国特有的民间美术形式，它与新年相伴出现，充满了喜庆意味和民众智慧。年画起源于汉代，发展于唐宋，盛行于明清，在宋代称为“纸画”，明代称为“画贴”，清初称“画张”“画片”“卫画”，直到清道光年间（1821—1850年）湖北黄州知府李光庭著《乡言解颐》一书，“年画”一词始见，该书中说：“年昼：扫舍之后，便贴年画，稚子之戏耳。”唐代以前的年画大都是手工绘制。现存最早的木刻年画是宋代刻画的王昭君、赵飞燕、班姬和绿珠的“四美图”。随着木刻印刷术的发展，后世年画内容逐渐丰富，清代顾禄引《杂志》云：“后世多画将军、朝官，复加爵鹿、蝠、喜、宝马、瓶鞍之状，皆取美名，以迎嘉祉。”年画题材十分广泛，有人总结为“巧画士农工商，妙绘财神菩萨，尽收天下大事，兼图里巷所闻，不分南北风情，也画古今逸事”。年画以吉祥的内容和民间的美感，将这个世代相传的传统佳节点缀得更加绚丽多彩。随着社会的发展，年画艺术似乎风光不再，其实它正以一种新的形式——挂历——出现在我们的生活中。

年画是一种中华民族共享的民间艺术，又是一部地域文化的辞典。因文化传统、地理风貌、民俗观念的不同，各地年画在题材、色彩、构图、造型、版味上都有自己的特征，从而形成了不同的艺术风格和明显的地方特色。长江流域的江苏苏州桃花坞木板年画、四川绵竹木板年画、湖南邵阳滩头木板年画等各有千秋，久负盛名，而且都是首批国家级非物质文化遗产项目。

一、苏州桃花坞木板年画

桃花坞位于江苏省苏州市以北，即今苏州市桃花坞大街及其周边地区。桃花坞名称由来已久，唐代诗人杜荀鹤曾作《桃花河》诗，南宋诗人范成大《阊门泛槎》诗有“桃坞论今昔”句。桃花坞柳堤花坞，风物一新，号称“江南第一风流才子”的唐伯虎晚年隐居在此，常与文人墨客聚饮，作有一首《桃花庵歌》：“桃花坞里桃花庵，桃花庵里桃花仙。桃花仙人种桃树，又摘桃花换酒钱……”该诗开头四句重复用了六个“桃花”，循环复沓，前后勾连，浓墨重彩，历来为人称道，桃花坞也因这首风神潇洒、灵巧别致的诗而闻名。苏州桃花坞木板年画是江南年画的优秀代表，因曾集中在苏州城内桃花坞一带生产而得名，民间画坛称其为“姑苏版”，它与天津杨柳青木板年画、河南朱仙镇木板年画、山东潍坊杨家埠木板年画、四川绵竹木板年画并称中国五大民间木版年画。

桃花坞木板年画源于宋代的雕版印刷工艺，由绣像图演变而来。明末清初是桃花坞年画的兴盛时期，桃花坞年画远销南洋各地。清朝中叶是桃花坞木板年画的鼎盛时期，与北方的天津杨柳青木板年画相抗衡，形成“南桃北柳”的局面。直至晚近，桃花坞年画因战火和经济的凋敝而走向衰落。20 世纪 50 年代成立的苏州桃花坞木板年画社，对传统技艺进行创新，推动了苏州桃花坞木板年画的发展。2006 年，桃花坞木板年画经国务院批准列入第一批国家级非物质文化遗产名录。

桃花坞木板年画扎根于吴中百姓生活，题材广泛多样，有反映苏州市井繁华景象的，如《姑苏阊门图》《姑苏万年桥图》等，描画出林立的楼台商肆、熙来攘往的人流、讨价还价的商贩、穿梭往来的船只；有描绘岁时节景的，如《端阳喜庆图》《元夕图》《岁朝图》等，渲染吴中岁时节景喜庆气氛；有描绘吴地耕作农事场景的，如《天下太平春牛图》《福寿双全春牛图》《大庆丰年图》《河蚌戏珠》《刺绣姑娘》《菱塘细雨》《桑园新绿》《卖花姑娘》等，再现吴中农村生活面貌及喜悦的劳动场景；有描绘吴门曲艺及传统江湖技艺活动的，如表现评弹会唱情景的《小广寒》《苏州评弹》，描绘民间技艺表演的《共乐升平》、民间戏曲内容的《邬飞霞刺梁》等；还有一些是表现吴中建筑、妇女服饰、水乡风貌的，如《水乡新貌》《水乡四季图》等，画着小桥流水、村落人家、绿树青山、黑墙白瓦、丽服村姑、质朴孩童，充满江南水乡的风俗人情和神韵。

桃花坞木板年画的题材主旨，也有一个演变的过程，顾禄的《清嘉录》称："夜分易门神。俗画秦叔宝、尉迟敬德之像，彩印于纸，小户贴之。"桃花坞木板年画最初多为门神，以治鬼的神明来应吴地除夕夜夜分易门神之俗；到了康熙时出现了《孝义一门族》《沈万三聚宝盆》《圆窗美人抚婴图》等劝诫人们孝父母、睦邻里以及希图安居守业、人财两旺的新内容；及至乾隆盛世，祈祷吉祥、富贵、幸福的题材大量增加，清代钱塘（今浙江杭州）文学家吴谷人《咏欢乐图》诗云："披图春色好，欢乐两相兼。自妙青红意，无烦笔墨添。紫衫仙乐部，翠烛美人帘。隔岁痕犹在，房栊一倒粘。"青红春色、紫衫仙乐、翠烛美人，旧痕犹在，新画再贴，一切以富贵吉祥为目标，以幸福美满为寄托。清末，桃花坞木板年画市场由城市转向农村，为了满足江南农民"画中要有戏，百看才不腻""出口要吉利，才能合人意""人品要俊秀，能得人欢喜"的审美趣好，《福禄寿三星》《寿字八仙》《合家欢》《花果山猴王开操》等一系列年画出现。

吴地山水绮丽，所谓"山温水软似名姝"，苏州是中外闻名的江南水乡，这里人杰地灵，孕育出来的艺术自然清丽温雅。元明时期，诸多文人、艺术家都活动于苏州一带，包括元代书画家赵孟頫在内的"元四家"，明代沈周、文徵明、唐寅、仇英等"吴门四家"以及董其昌等人组成的“华亭九友”，都先后生活、创作于苏州一带，他们的字画文章享誉江南，影响广泛。桃花坞木板年画吸收了江南文人艺术的特质，模仿宋、元、明以来中国传统绘画作品，透出一股书卷气，即使是后期面向农村的作品，也具有明显的细腻秀美的江南风格。整体来看，桃花坞木板年画构图丰满而不壅塞，稳重而不刻板；人物造型稳定生动，充满欢乐情绪；笔画线条简练明快，富有节奏感；色彩绚丽，对比强烈，具有装饰趣味。桃花坞木板年画的画风艳而不俗、俗中寓雅，具有鲜明的精细秀雅的江南民间艺术风格，创造了与同时代开封朱仙镇等其他地方木版年画明显不同的艺术风格和技艺。

《一团和气》是桃花坞木板年画中最具特色的代表作。画面采用圆形构图，画的是一个盘腿而坐的人，身体姿势构成一个大大的圆，这个圆完整饱满，非常符合民间“圆圆满满”的审美。人物有着一张胖墩墩、笑呵呵的团脸，既像老了几百年的慈祥老人，又像永远年轻的玉面童子：头梳两个丫髻，簪两朵红色小花，显得稚气十足而又老气横秋；细眯的眼睛，弯弯的眉毛，看起来喜气洋洋而又洞穿世事；双耳肥硕如弥勒，巨大的耳洞上悬挂金灿灿的耳环，让人觉得富贵又有些许俗气；红唇白齿，笑口常开，像是知足常乐，又像是讥讽嘲笑；胸前挂着黄澄澄的金锁，上书“长命富贵”或“天地同春”等四个小字。人物盘腿而坐，身子前倾，如同朝人打恭道喜。肉嘟嘟的双手朝下，捧着似乎正在展开的“一团和气”或“和气致祥”等四个楷书横卷。人物衣着花团锦簇，华丽富贵，祥云流苏，色彩明亮绚丽，黄、红、绿三色套用，极具民间特色，活脱寓意生机的本原、生活的红火、生命的意义。在一些版本中，人物上方还书有吉祥词语或画有吉祥图画。《一团和气》从构图到用色，充分体现了人们尚圆的审美心理，表达了人们对亲人团圆、家庭和睦、新年吉祥、喜气满门、生活美满、万事如意的美好愿望。《一团和气》是江南文化孕育出来的民间艺术精品，是苏州的名片，是桃花坞木板年画的象征符号。

二、四川绵竹木板年画

绵竹市是四川省历史文化名城，自汉初至今已有两千多年置县历史，在漫漫的历史长河中积淀了丰富多彩的地方文化，绵竹木版年画即其重要组成部分，与剑南春酒、绵竹绿茶素有“绵竹三绝”之美誉，并与川菜、川戏一道入选“四川文化三绝”。绵竹木板年画始于明代，清朝乾隆、嘉庆年间达到鼎盛时期，当年傅兴发的门神、云鹤斋的木版拓片、曾发皓的斗方都曾名噪一时。绵竹年画在清末民初时随经济的凋敝走向衰落，改革开放后得到新的发展。如今，绵竹木板年画被世界各地博物馆和专家、学者所收藏，绵竹年画社每年都有无数绵竹传统年画、手绘年画、蜀绣年画在国内外销售，或作为国事对外宣传的礼品馈赠外国友人。绵竹木板年画已于2006年获批为第一批国家级非物质文化遗产项目，每年的腊月二十三是绵竹的年画节，绵竹木板年画不仅是珍贵的国家非物质文化遗产，而且已成为绵竹走向世界的一张名片。

和各地年画一样，绵竹木板年画内容广泛，包含避邪迎祥、人物故事、民风民俗、花鸟虫鱼等。色彩上分为“黑货”和“红货”两类。所谓黑货是指以烟墨或朱砂拓印的木版拓片方式，即“捶墨”方式制作，多为山水、花鸟、神像及名人字画。红货指用填色的方式制作的年画，即彩绘年画，按填色方式繁简可分“明展明挂”“色金”“印金”“花金”“常行”“水墨”“填水脚”七种。绵竹木板年画艺人在长期的艺术实践中总结出一套用色规律，如“一黑二白三金黄，五颜六色穿衣裳”“深配浅，酽配淡，深浅酽淡要顾全”“红不靠黄，猩红不靠黑，绿不靠黄”“红配绿，苕（土的意思）得哭”等。“明展明挂”是绘工最为精细富丽的一种，色彩也异常艳丽多彩。“填水脚”又叫“添水脚”，即寥寥几笔大写意，是绵竹木板年画的特色绘法。旧时绵竹木板年画艺人在画铺或者作坊作画，必须按照常规的“明展明挂”等画法进行，艺人们在为老板做完年终活计之后，利用收拾画案的残纸余色，急忙印制几对门神以赚外快，由于时间匆忙，材料受限，画师们全靠平时积攒的功力，只用简单的一两个色料，寥寥数笔，状形写意，这就是所谓的“填水脚”。这类绘画气势磅礴、笔法雄健、天真质朴、粗犷有力、洗练概括、别有情趣，是绵竹木板年画中的上乘之作，尤为珍贵。

门画是绵竹传统年画的主要品种，人们根据年画专用粉笺纸的开张大小分为大毛、二毛、三毛之分。所谓大毛，就是整张粉笺纸上作画，大多绘武门神，贴于大门之上；二毛开张小于前者，所绘多为文门神，张贴于二门之上；三毛画幅小于二毛，大多为仕女、娃娃题材，如观花美人、八宝童子等，贴于寝室门或灶屋门之上。除了门画，绵竹年画还有斗方、横推、中堂、条屏等。斗方，多是讽刺寓意的独版小品，如《老鼠嫁女》《三猴烫猪》等；横推一般是表现人物众多的大场面的横幅画卷，如《迎春图》《百子图》等；条屏多刻绘孝道、福寿、戏曲内容，如《二十四孝图》《百寿图》《西游记》等；中堂均是表现吉祥内容，如《麻姑献寿》《紫微高照》等。

《迎春图》可算是绵竹木板年画横推的代表作，国家一级文物，是由清末绵竹画师黄瑞鹄为当地富商杜敬成创作的一组浪漫主义和现实主义相结合的长卷力作，此画描绘了清同治、光绪年间绵竹县迎春的盛况，被誉为“清代的《清明上河图》”。《迎春图》由表现川西民俗的《迎春》《游春》《台戏》《打春》4 幅画卷构成，每幅宽 48 厘米、长 150 厘米。

《迎春图》的第一幅《迎春》，描绘的是一个游行队伍，队伍的最前端有两人手持金鼓，肩上各自扛着一个条幅，上书“金鼓开道”，旁边的侍从手持“肃静”“回避”的牌子；紧接着是开道的衙役，衙役后面两位官员身穿红色官服，坐骑高头大马，相对交谈，身后侍从举着一面旌旗，上书“喜报阳春”四字，在画面中显得十分抢眼；紧接着是拿着各式乐器的乐队，乐队后是乘坐八抬大轿的县太爷，着深色官服，顶红色华盖，身后一个侍从高举一个巨大的“春”字；“春”字后还有连绵的队伍，队伍的两旁，渔樵耕读各色人等，各具情态。

《迎春图》的第二幅《游春》表现的是一个舞狮、舞龙的场景，画面活泼热闹舞狮。舞狮是画面的重点表现对象，三位舞狮人，一人舞狮头，一人舞狮尾，一人头戴笑脸面具，右手持一件类似拂尘的道具逗引狮子，三人配合紧密，抬腿躬身，顾盼流动，动作惟妙惟肖，狮头双眼突出，向后回顾，精神抖擞。舞龙的队伍由八人组成，一人手持宝珠在前诱引龙首，其余七人手执竿撑住一长须翘鳞的“龙”。大家表情各异，动作协调。舞龙尾的是一位官府衙役，头戴红盖黑翎的帽子，身穿蓝长衫红马褂，挽着右腿裤管，鞋子一白一黑，弓着背，仰着头，表现出唯“龙首”是瞻的神色。紧随舞龙队伍之后的是八仙，也是塑造得惟妙惟肖。

“台戏”又称“台阁”，是一种历史悠久的装扮型广场游艺表演，表演戏曲、传说、神话等故事。之所以叫“台戏”，是因为表演时需用一木制台架，将表演者分数层固定在竖杆上。在《迎春图》的第三幅《台戏》中，画面由六架台阁组成，每一架台阁由四人扛抬游行，阁上面有一至两位演员表演着川戏中的名段，表演者被固定在支架上，只有头和手能够自由活动，他们的身体因扛抬者步伐的变换舞动而颤动或摇摆。六个高桩平台上演了五个川剧折子戏，分别是《秋江》《香莲闯宫》《抢伞》《御河桥》《西游》。第三架“台戏”表演的是川剧《秋江》，此剧讲述的是南宋年间的书生潘必正和女尼陈妙常的爱情故事。画面上四名大汉抬着长方桌，桌上有一草鞋斗笠、白髯飘飘的老艄公，他左手持桨呈微微划，右手斜向上举起（当然是固定好的）一个头挽道髻、手持拂尘的纤细道姑，表现的是艄公帮助尼姑追赶书生的场景。

第四幅图是《打春》，表现的是抬春牛游行和鞭打春牛的场景。第一个场景中一头春牛立于方形桌面上，两条粗粗的木杠从桌下穿过，旁边一个穿粉色衣服的“春神”手挽牛绳，想必是抬着春牛游街；另一场景表现的则是四个衙役分立春牛两旁，手持彩仗，鞭打春牛，春牛被打碎，从肚子里流出预先装进去的五谷和小牛。旁边有很多围观的百姓，驻足翘首，神态各异。

《迎春图》结构严谨，采用散点构图方式，把不同视角的场景有机融入画面，内容丰富。画面以人物的表达为主，人物形态生动逼真，衣纹线条自然流畅、简练干净，色彩鲜艳明快，整幅长卷以暖色调为主，充满生机和活力，堪称绵竹木板年画的经典之作。

绵竹木板年画在绘制风格上，有一个明显区别于杨柳青、桃花坞、杨家埠的地方，那就是它是先印墨线稿，再手工彩绘，从不套色制作，经过不同艺人的手笔，呈现出不同的风格，即便是同一个艺人，绘制不同的画幅也会产生不同的趣味。绵竹木板年画绘画性强，色彩鲜艳明快，线条古拙流畅，它没有桃花坞木板年画乖巧的装饰意味，而是力求在真实的色彩中彰显吉祥，表达绵竹人民最真实的情感体验。

三、湖南滩头木板年画

滩头镇位于湖南省邵阳市隆回县的东南方，交通比较闭塞，经济不够发达，却是国家“民间文化绘画之乡”，滩头木板年画和滩头香粉纸和色纸并称“滩头三绝”。2003年，滩头木板年画获得中国传统工艺品金奖。2006年，滩头木板年画被列为首批国家级非物质文化遗产项目。从滩头年画《老鼠娶亲》上所刻的“楚南滩镇新刻老鼠娶亲全本”中“楚南”二字可知滩头木板年画自明代就已产生。至清嘉庆年间，因滩头五色纸被列为贡品，滩头木版年画也由此闻名遐迩。到民国初年，滩头木板年画开始产业化批量生产，“忠良美”“生盛昌”“和顺昌”“正大昌”都是当时有影响的年画作坊。和其他地方的年画一样，滩头木板年画也曾一度因为战争和经济的凋敝而衰落，如今，又因为自身的魅力和国家对传统文化的重视而再度受到广泛关注。

滩头木板年画的种类在最盛期达六十多种，多以新年祝福、喜庆丰登、辟邪纳吉等内容为题材，反映人们对生活的美好祝愿和精神寄托。从题材内容和品种来看，滩头年画可分为门神画像类、吉祥如意类、戏文故事类三大种。

滩头木板年画中的门神画像有“托货”、“广货”和“水货”之分。所谓“托货”，是指销往全国各地和国外的年画，内容主要是神荼、郁垒和秦叔宝、尉迟敬德的画像；“广货”专指销往广东、广西一带的年画，以关羽画像为主；“水货”又称“苗货”，主要销往湘西和云南、贵州的苗族聚居地区，以描绘苗族英雄神像为主，有专家认为，以少数民族英雄神像为门神，是滩头年画的独创。且门神在造型上大胆地将人体高度缩减为四个头高，体态作横向夸张，显得孔武有力。滩头木板年画神像类中的财神像，多见赵公明画像，这是因当地民间信奉道教，而道教尊赵公明为“正一玄坛元帅”。

吉祥如意类的滩头木板年画中，有《和气致祥》《子孙万代》《麒麟送子》《金玉满堂》等样本。《和气致祥》在当地也被称为《和气菩萨》，其造型构图与苏州桃花坞木板年画《一团和气》非常相似，但细微之处有差别：《一团和气》人物目光有神，开口而笑，显得富足和满足；《和气致祥》人物眼光安详，嘴唇合拢，显得淡定和超脱。二者在设色和线条用笔上也多有不同。

滩头木板年画还有许多表现戏曲的，如《桃园结义》《花园赠珠》《西湖借伞》《珍珠塔》《四美图》《西厢记》《老鼠嫁女》等，其中《老鼠嫁女》是代表作。

滩头木板年画艺人在长期的实践中摸索出一套规律，形成了自己的套路，如人像年画中的武将都是骑着枣红驹，戴着火兰盔，披着龙珠袍、鱼鳞钾，缠着鳞俏带，穿着虎皮靴，佩着青龙剑；美人都是瓜子脸、悬胆鼻、樱桃嘴、蚱蜢眼；其他人物则“贵家妇宫样妆，耕织女应时样，娃娃样要肥胖，庄稼汉衣裳越薄越显壮”。滩头木板年画在色彩运用上也有自己的经验，并形成了许多口诀，如“石青石绿为上品，石黄藤黄用亦佳，金色千年留宝色，章丹万载有光华”（色彩评价），“白间黑分明极，红间绿花团簇，粉笼黄胜金光，青间紫一堆屎”（色彩搭配），“浓不堆坨，淡不浅薄”“艳而不俗，厚而不浮”（色彩浓淡）等。

鲁迅先生在《狗·猫·鼠》中写道：“我的床前就贴着两张花纸，一是‘八戒招赘’，满纸长嘴大耳，我以为不甚雅观；别的一张‘老鼠成亲’却可爱，自新郎新妇以至傧相，宾客，执事，没有一个不是尖腮细腿，像煞读书人的。”鲁迅先生在文中说的“老鼠成亲”，就是滩头木板年画《楚南滩镇新刻老鼠娶亲全本》。“老鼠娶亲”作为民间故事广泛流传，也刺激了以老鼠送嫁为题材的年画、剪纸、刺绣、泥塑、蜡染、窗花等艺术形式的发展。

大部分地方的年画里都有老鼠嫁女这一题材，但又各有特点：四川绵竹印制的《老鼠嫁女》年画，表现一伙老鼠掮旗打伞，敲锣吹喇叭，抬着花轿迎亲。新郎头戴官帽，手摇折扇，骑在癞蛤蟆背，双目注视着一只大金箱。前面鸣锣开道的一对鼠兄鼠弟，其中之一已被一只大猫抓住，另一只则被猫咬在嘴上。桃花坞木板年画《老鼠嫁女图》场面宏大，老鼠众多，布局复杂，不仅有娶亲的队伍，还有酒席、娱乐场面，刻工和设色极具技巧。滩头木板年画《老鼠嫁女》中老鼠数量不多，整个画面有十四只老鼠，采用横向布局，一共两排。第一排十只老鼠，第一只老鼠鸣锣开道，第二只是新郎，骑着高头大马，新郎后面两只老鼠扛着旌旗，紧接其后的是四只老鼠抬着一顶花轿，花轿中坐着新娘，最后还有一只老鼠举着华盖；第二排有四只老鼠和一只猫，猫排在最前面，面朝娶亲的队伍，猫前面的第一只老鼠抱着一只鸡，第二只老鼠拎着一条鱼，第三、第四只老鼠吹着喇叭。从造型上看，老鼠们尖嘴猴腮，肥肚细腿，直立行走，除了骑在马上回头看着新娘的新郎外，其他的都神情呆板、动作机械。从比例上来看，所有的老鼠差不多大小，第二排的猫比第一排的马体量还要巨大。从用色上看，整个画面只有三种颜色，以黑色为主，嫩黄为辅，暗淡发黑的玫瑰红仅用来点缀，这在喜庆的年画中比较少见。这一切都显示出滩头木板年画独特的个性。

长江流域的年画艺术因地理位置、民风习俗、审美情趣的不同各有特点，桃花坞木板年画受文人画影响较大，造型写实，工艺繁细，风格雅化；绵竹木板年画人物表情怪诞，身体线条刻意扭曲，大量运用曲线以及半圆状和环状线条，细腻繁复，并大量装饰云纹、波浪纹；相比较而言，滩头木板年画基本没有受到传统文人画和西洋画的影响，最为写意，粗犷率性，不事矫饰，保持了古拙单纯、夸张粗犷等中国传统民间艺术的风格。

第二节　春联

“两姐妹，一般长，同打扮，各梳妆，满身都是红光，年年报吉祥。”这是一则谜语，谜底就是“春联”。每到春节，无论穷家或富户，都要贴春联，红艳艳的春联使高门大宅更气派，使陋宅寒舍生光辉，千门万户曈曈日，家家春联气象新。当代学者周汝昌先生说“春联是举世罕有伦比的最伟大、最瑰奇的文艺活动”，此说毫不过分。千百年来，人们在春联上寄托寓意，倾注深情，挥洒智慧，创制出诸多文、意俱佳的美联，成为中华民族宝贵的文化财富。

春联起源于桃符，清代《燕京时岁记》中说：“春联者，即桃符也。”最初人们以桃木刻人形挂在门旁以避邪，后来简化程序，直接画门神像于桃木上，再后来更简化为在桃木板上题写门神名字。《后汉书·礼仪志》里说：“桃符长六寸，宽三寸，桃木板上书神荼、郁垒二神。”到了五代十国，人们开始在桃符上题写联语，据《宋史·蜀世家》记载，后蜀主孟昶大臣题桃木板：“以其非工，自命笔题云‘新年纳余庆，嘉节号长春’。”据考证，这就是历史上的第一副春联。宋代桃符由桃木板改为纸张，叫“春贴纸”，并有大规模的春联创作活动出现。“春联”一词出现于明初，而且由于明太祖朱元璋身体力行地提倡，春联从宫廷走向民间，更为普及。到了清代，春联的创作更注重思想性和艺术性，春联的艺术性有了很大的提高，成为一种艺术价值很高的文学艺术形式。

一、春联的对称之美

春联，又叫“门对”“对子”等，是在门户上张贴的祈福攘灾的对偶文字。它以对仗工整、简洁精巧的文字抒发美好愿望，是中华民族特有的文学艺术形式。

1. 字数相等

春联在文体上属于诗歌、骈文的一种，一联上下两句，字数相等。因为春联是贴在大门上的，受门的高度限制，一般都是十字以内的短联，尤以五七言居多，因为五七言是最典型的诗歌形式，如“春风初应律，花信早传梅”“财源通四海、春色满人间”“春归大地千山秀，日照神州万木春”“五业并举家家乐，六畜兴旺户户欢”。四六言是典型的骄文句型，四六言春联也很常见：“一元复始，万象更新”“人臻五福，花满三春”“岁岁风调雨顺，年年物阜民康”“喜爆声声报岁，红灯盏盏迎春”。春联作为对联的一种，字数相等是基本要求，“中国人民，蒋介石”这样的对联，有意空出一字的位置，取意“蒋介石对不住中国人民”，只是个别的文字游戏，不是典型的对联。

2. 词性相同

“天对地，雨对风，大陆对长空，山花对海树，赤曰对苍穹。”作为对联的一种，春联必须上下句字数相等，还要两两相对。这首先表现在上下联对应位置用词的词性要相同：上联用了名词，下联相同的位置必须是名词；上联用动词，下联必须对动词；上联是形容词，下联必用形容词。如“楼外春阴鸠唤雨，庭前日暖蝶翻风”，名词“庭前”对“楼外”，“风”对“雨”，“蝶”对“鸠”，都比较常见；形容词“暖”对“阴”也说得过去；此联动词对得相当好，“唤”字用得神秘，“翻”字对得活泼。另外上联是数字，下联相同位置必须是数字；上联是颜色词，下联必须对颜色词。如“和顺一门有百福，平安二字值千金”，“二字”对“一门”，“千金”对“百福”；又如“春风吹柳绿，碧水育花红”，此联色彩词“红”“绿”相对，极为常见，“春风”和“碧水”对得并不严格，但因为整体看上去对称，也不会有人求全责备。

3. 结构相类

除了词性相同，上下联的结构还要一致。有些春联的上下联并非完整的句子，而是几个词组构成的短语，如“福旺财旺运气旺，家兴人兴事业兴”，上下联各由三个并列式词组组成一个联合结构的短语；“占天时地利人和，取九州四海财宝”是两个动宾结构的短语；“精耕细作丰收岁，勤俭持家有余年”是偏正结构的短语；而“春雨丝丝润万物，红梅点点绣千山”则是两个主谓宾齐备的完整句子。

更多春联的联句是复句形式，如“春风入喜财入户，岁月更新福满门”，上下联都是两个并列关系的小分句；“书作良田，百世耕之不尽；勤为至宝，一生用则有余”，上下联后一个分句都是对前一个分句的解释说明；“喜居宝地千年旺，福照家门万事兴”，上下联都是因果关系的分句。

春联的上下联之间，不管上联联句是什么结构，分句间是什么关系，下联都要完全一致，以示对称之美。上下联之间的关系，有的是同义加强，如“百世岁月当代好，千古江山今朝新”；有的是近义并举，如“福旺财旺运气旺，家兴人兴事业兴”；有的是反义对举，如“腊鼓催穷去，金狮送富来”。可见春联上下句之间不仅要有形式上的相同，意义上也必须有很强的关联性。

4. 节奏相称

除了句型的骈偶这一特点外，春联的音韵美更值得关注。一副好的春联不仅形式上要对称，寓意上要吉祥，音韵上也要和谐，读起来抑扬顿挫，铿锵悦耳，这是中国人审美上的苛刻之处，也是单音节汉字特有的功能。春联的音韵之美主要表现在节奏和平仄上。从停顿节奏上看，春联的节奏也和五七言诗歌及骈文大致相似。四言春联节奏均为二二式，如“春和｜景丽，国泰｜民安”。五言春联的节奏常见的有二二一和二一二式，如“笔耕｜桃李｜茂，德育｜子孙｜贤”“梅花｜报｜春信，瑞雪｜兆｜丰年”。六言春联在节奏上与骄文文句相似，有二二二式，如“人寿｜年丰｜福满，花香｜柳绿｜春浓”；有四二或二四式，如“白雪红梅｜报喜，黄莺紫燕｜迎春”“爆竹｜一声除旧，春联｜万户更新”；也有三三式，如“除旧岁｜破旧俗，迎新年｜树新风”。七言春联的节奏变化最为灵活，最常见的有四三式或三四式，如“千山齐唱｜迎春曲，万水同吟｜幸福歌”“迎新春｜江山锦绣，辞旧岁｜事业辉煌”；还有二二三式，如“福旺｜财旺｜运气旺，家兴｜人兴｜事业兴”。七言以上的春联停顿节奏也基本是这几种的组合变化，此处不一一分析。

5. 平仄相对

“平声平道莫低昂，上声高呼猛烈强，去声分明哀远道，入声短促急收藏。”这是古人对汉字四声特点的概括。古汉语声调分为“平、上、去、入”四种调式，“平”又分阴平和阳平。除了平声，其余三个声调统称为仄声。现代汉语没有入声，一般来说一、二声为平声，三、四声为仄声。春联讲究音调的平仄，一句之中，节奏点上的平仄交错；上下联之间，平仄要对立。比如“百年天地回元气，一统山河际太平”，平声用“—”表示，仄声用“｜”，表示如下：

百	年	天	地	回	元	气
｜	—	—	｜	—	—	｜
一	统	山	河	际	太	平
｜	｜	—	—	｜	｜	—

所谓“一三五不论，二四六分明”，是说在七字联中，一三五字上平仄不严格，因为节奏点在二四六字上，因此二四六字上平仄要对应。上副对联是一副七字联，上联二四六字“平仄平”，下联二四六字“仄平仄”，联尾字仄平相对，一句之中平仄交替，上下之间平仄相对，读起来抑扬顿挫，铿锵悦耳。但是，有的也并非那么严格，如：

春	回	大	地	千	山	笑
—	—	｜	｜	—	—	｜
福	满	人	间	万	民	欢
｜	｜	—	—	｜	—	—

上联二四六字“平仄平”，下联二四六字“仄平平”，上下联第六字上都是平声，但是整体上还是起伏顿挫，朗朗上口，这是因为除了这一个字，其他各节奏点，包括联尾平仄都合，第六字虽都是平声，但一个是阴平（山），一个是阳平（民），稍有不同，所以整体上看还是符合平仄的。

春联文辞讲究，音韵协和，是戴着镣铐的舞蹈，是中国人民智慧和审美的集中体现。

二、春联的吉祥之寓

1. 喜迎新春

除了合家齐欢乐，聚首庆团圆，春节的另一核心意义是迎接新年的到来。新的一年已经到来，新的生活拉开帷幕，人们用多种方式表达对新年来到的喜悦，春联便是最好的文字抒发形式，所以很多春联都表达了喜迎新春的含义。有的春联直接书写新春之喜，如“欢天喜地度佳节，张灯结彩迎新春”“人逢盛世千家乐，户沐春阳万事兴”“放眼神州，心旷神怡歌大有；举目大地，山欢水笑庆长春”。民间喜欢用十二生肖来指代年份，所以用十二生肖表达辞旧岁、迎新年的春联特别多，如“日新月异雄鸡去，国泰民安玉犬来”“蛇吐宝珠辞旧岁，龙含瑞气贺新春”。中国人向来具有诗人情怀，文字中总充满诗情画意，春联也不例外。春联中有很大一部分是写景的，有的描述新春河山风光之美，如“江山万里如画，神州四时皆春”“满室春风半庭月色，一窗竹影三径梅香”；有的呈现冬去春来之勃勃生机，如“冬去山川齐秀丽，春来桃李共芬芳”“寒尽桃花艳，春来柳叶新”。

2. 憧憬未来

一年之计在于春，新的一年新的希望，人们把对未来的美好期盼写进春联里，贴在大门上，处处“传佳音”、家家“报平安”、户户“送吉祥”，人们希望新春不仅带来春天的讯息，还带来各种美好。人们相信文字的魔力能给自己带来好运，能让自己在未来一年“财运亨通步步高，日子红火腾腾起”。

贫苦的生活让人困顿，对财富的期望是大多数生活并不富裕的普通人的共同心声，人们简单地相信，财富就是福气，就是喜事，所以春联里不乏“财”“富”“福”“喜”“运”等字样。这些词语在春联里是高频词汇，而且经常相伴相生，互为因果，如“财源滚滚随春到，喜气洋洋伴福来”“日日财源顺意来，年年福禄随春到”“春归大地人间暖，福降神州喜临门”“一年四季行好运，八方财宝进家门”。

人生苦短，生命无常，人们不仅希望能“福如东海长流水”，还期盼“寿比南山不老松”。在传统的五福观念中，“寿”排在第一位，因此春联中还有很多是表达期冀平安、健康、长寿的，如“岁岁皆如意，年年尽平安”“风调雨顺，人寿年丰”“家添财富人添寿，春满田园福满门”“天地人一体同寿，福禄寿三星共照”。人们希望福气能像东海的水一样长流不息，更希望身体能像南山的松一样永远不老。春联寄托人们福寿双全的愿望，表达了人们对未来生活的美好祝愿。

作为农业大国，农耕是中国人的主要生活方式，农业收成也是人们最为关心的问题，因此人们憧憬五谷丰登，希望“春种百花艳，秋收五谷香”，希望“一派丰收景，万家幸福图”，希望“和风吹绿野人勤春早，祥云吐细雨物阜年丰”，甚至说得更为直白：“肥猪出圈千斤肉，稻谷丰收万担粮”。马、牛、羊、猪、狗、鸡这些也是农业生活中的重要组成部分，人们用春联赞美它们的美德——“耕田哪计辛劳苦，俯首犹甘奉献多”；表达对它们的喜爱——“九天日暖舒鹏翼，田野轻风亮马蹄”；也给它们美好祝愿，在大红纸上写上“六畜兴旺”，贴在猪圈牛棚的门上。

3. 教育启迪

春联不仅书写喜迎新春之情，表达憧憬未来之意，还包含着中国传统文化、伦理道德观念，从春联中可以读出修身养性、知耻达礼、尊老爱幼、爱国爱家等诸多信息。歌颂美德的春联颇为常见，如“阖家传美德，百世继嘉风”“承家乡旧德，继世有清风”。很多春联都是告诫箴言，有劝人读书的，如“忠厚传家久，诗书继世长”“书作良田，百世耕之不尽；勤为至宝，一生用则有余”；有劝人勤奋上进、节俭持家的，如“精耕细作丰收岁，勤俭持家有余年”“勤劳能栽摇钱树，节俭会造聚宝盆”；有劝人忠厚、向善的，如“传家有道惟忠厚，处世无奇但率真”“天意回春万物光辉资发育，人心乐善四时和气获吉祥”“福祉常缘善念，春光永驻仁心”。这些都是中国人的处世原则、人生信条，人们将它们慎重地写在纸上，隆重地贴在门上，时时提醒自己，启迪后辈，这也是春联的一大社会教化功能。

4. 巧做广告

新春佳节，不仅各家各户贴春联，门铺店面也都要贴上大红春联，为自己做广告，这些行业春联往往结合自己的行业特征，写得颇为形象有趣。史书记载朱元璋酷爱对联，有一年春节，他微服巡访街市，欣赏各家春联，发现有一户人家没贴春联，原来该户主人是阉猪、杀猪的屠夫，既不识字，又觉自卑，所以没贴对联。朱元璋马上叫人取来纸笔，为其书写春联一副：“双手劈开生死路，一刀割断是非根。”这可以说是一副非常成功的行业对联，此后各行各业竞相效仿，创作出具有不同情趣，展现各自风采的各类行业春联。如书画店的“墨泼河山千幅画，联书岁月万家春”；报社的“喜字题春排首版，金猴读报看头条”；酒店的“已然入席闻年味，何不邀春品酒香”，木匠店的“曲尺能成方圆器，直线调就栋梁材”；药店的“但愿世间人常寿，不惜架上药生尘”；扇店的“影动半轮月，香生一握风”；鞋店的“依我绝尘奔富路，为君护足步青云”；理发店的“进门来苍头秀士；出户去白面书生”，或“新事业从头做起，旧现象一手推平”；美容店的“十美容颜，五分造化，五分天成；两倾品貌，一半生成，一半饰成”；伞铺和酒馆合写的“问生意如何，打得开，收得拢；看世情怎样，醒的少，醉的多”；甚至公厕门口的“任他盖世英雄，入此门，还得低声下气；凭你齐天大圣，闯其所，只宜屈膝弓腰”。这些春联通俗、幽默、语意双关，使人读后忍俊不禁。

关于行业春联还有一个有趣的故事：相传纪晓岚为老家乡邻写了一副春联，“惊天动地门户，数一数二数人家”，横批“先斩后奏”，口气之大，惹恼了皇上，查问起来，纪才子说是根据一家三兄弟的职业写的。原来这家老大是卖炮仗的，所以是“惊天动地门户”；老二是卖大米的，成天“一斗”“二斗”地数，所以是“数一数二人家”；老三是卖烧鸡的，所以是“先斩后奏”，这么一解释，皇上也释怀了。

新春之喜，未来之盼，教育后人，启迪智慧，广告传播，春联表达着人们的情绪，负载着人们的希望，其功能是多样的，寓意是吉祥的。

三、春联的谐巧之法

春联是一种文字艺术，智慧的人们便在文字上利用各种手法，创作出种种奇联妙对，传为佳话。总括起来，那些被人称颂的奇联妙对一般都使用了添字法、谐音法、叠字法、回文法等。

1. 添字法

东晋书法家王羲之曾经移居浙江绍兴，年终岁尾之际，他早早书写春联一副，贴在门上，不料第二天一开门，发现春联没有了，原来是有人景仰其书法艺术，趁夜揭走了。王羲之再写，再被揭走。反复两次，眼看第二天就是大年初一，左邻右舍都贴上了春联，唯独自己家门口空空落落，王羲之略一思忖，又提笔写了一副，贴在门上。晚上又有人来偷对联，可是看见对联写的“祸不单行，福无双至”，偷对联的人嫌其不吉利，只好作罢。第二天一大早，王羲之补书几字，接在后面，对联变成：“祸不单行昨夜行，福无双至今朝至。”

明代大学士解缙是江西人，他从小就是写对联的高手。一年春节，他受父亲之命，写了一副春联：“门对千根竹，家藏万卷书。”谢家门口竹林的主人是当地一富豪，他待谢家春联贴上后，便想为难一下小解缙，遂叫人把竹子砍了。解缙于是在上下联上各添了一字，成为：“门对千根竹短，家藏万卷书长。”富豪不罢休，索性让人把竹子连根挖掉，解缙又在上下联各添一个字，变为“门对千根竹短无，家藏万卷书长有”。

还有一个故事，从前有个少爷，吃喝玩乐，游手好闲，很快坐吃山空，年关将近，柴米无着，除夕之夜，这位潦倒的少爷写了一副春联贴于门口自嘲道：“行节俭事，过淡泊年。”村上有位老学究读后感慨，想点醒这位不懂事的少爷，便在春联的联首各加上一字，成了“早行节俭事，免过淡泊年”。

2. 谐音法

吕蒙正是北宋初年宰相，少时家贫，生活清苦。一年春节之际，家家户户张贴春联，吕蒙正家徒四壁，但还是写了一副春联贴在门上，上联“二三四五”，下联“六七八九”，横批“南北”。这是一副广为传颂的春联，用了缺字和谐音的方法：上联只写“二三四五”，单单没有“一”；下联“六七八九”，偏偏没有“十”；横批只有“南北”，没有“东西”，连在一起看，就是“缺一（衣），少十（食），没有东西”。这副对联充满言外寓意，弦外有音，别具一番情趣。短短十个字，把自己的贫苦处境写得惟妙惟肖，风趣幽默，显示了吕蒙正的聪明才智。

说起谐音，可能很多人都见过这副对联：“向阳门第春常在，积善人家庆有余。”这副对联本身并不谐音，但是这副对联有个有趣的故事。苏轼朋友甚多，其中有个诗僧佛印，佛印虽是出家人，却顿顿不避酒肉。一日佛印独自一人煎鱼下酒，正巧苏轼登门来访，佛印为避苏轼口舌，把鱼藏在大磬之下。苏轼进门闻到鱼香，却不见鱼，心生一计，故意说自己要写副对联，想好了上联，却不知怎么对下联。佛印忙问上联是什么，苏轼说：“向阳门第春常在。”佛印脱口便对：“积善人家庆有余。”话音刚落，苏轼哈哈大笑：“既然磬（庆）里有鱼（余），那就积点善，拿出一道吃吧。”

3. 叠字法

春联中有许多叠字的现象，如“举目望春春满目，开门见喜喜盈门”“行行业业家家旺，山山水水处处春”“重重喜事重重喜，喜年年获丰收；盈盈笑语盈盈笑，笑频频传捷报”“月月月明，八月月明明分外；岁岁岁安，暮岁岁安安始终”。叠字法作的春联节奏明朗，韵律协调，语音上和谐悦耳，从而能获得特定的表达效果，因此被广泛应用。修鞋师傅和油漆工合开一店，于是就贴了这样一副春联：“铁钉钉钉鞋，钉钉停停，停停钉钉，牢；树漆漆漆盘，漆漆歇歇，歇歇漆漆，亮。”国民党统治时期，各派系互相斗争，贪污腐败横行，欺压人民，搜刮百姓，弄得民不聊生。某年春节，有人写出一副叠字春联：“南南北北，文文武武，争争斗斗，时时杀杀砍砍，搜搜刮刮，看看干干净净；户户家家，女女男男，孤孤寡寡，处处惊惊慌慌，哭哭啼啼，真真惨惨凄凄。”

4. 回文法

回文联是我国春联修辞中的一朵奇葩。回文联既可顺读，也可倒读，不仅意思不变，而且颇具趣味。如“春回先富村，村富先回春”“贤出多福地，地福多出贤”“雨滋春树碧连天，天连碧树春滋雨”“风送花香红满地，地满红香花送风”“艳艳红花随落雨，雨落随花红艳艳”等。

从形式到内容，春联的艺术都是值得探讨的对象。春联在民俗中一直是以联对加横批的形式出现，这是约定俗成的形式。只有上下联，没有横批，不算一副完整的对联。所谓横批，首先是指书写方式，联对直书，横批因是贴在门楣上的，所以横着书写；“批”含有揭示、评论之意，横批的内容一般对整副对联的主题起补充、概括、提高的作用。

春联在漫长的历史发展过程中产生了很多附属的种类，如“春条”。春条是贴于门楹上的吉祥词句，不一定成双成对，四字词句为主，往往根据人们祈盼的愿望不同，贴在不同的地方：猪圈的墙上要贴“猪大自肥”；鸡窝的墙上要贴“金鸡满架”；粮仓的墙上是“五谷丰登”；大门口的墙壁上是“出门见喜”；床边的墙上是“身体健康”；水井、碾子、磨盘都要贴上“井泉兴旺”“白虎大吉”“青龙大吉”等。

有钱没钱，贴对子过年。大红春联红红火火，喜气洋洋，贴在门框上，扮靓了一个年，也表达了自己对新一年的希望，烘托出浓浓的节日气氛，更是用民间艺术形式表达传统文化的重要载体。

第三节　灯谜

灯谜是写在彩灯上面的谜语，灯谜来源于民间口谜，后经文人加工成为谜。灯谜早在宋代就出现了，时人将谜条系于五彩花灯上，供人猜射。明清时，猜灯谜在中国民间十分流行。现在，赏非遗、看大戏、猜灯谜的民俗文化味仍香飘长江流域。

一、灯谜与谜语

一时快乐一时愁，想起千般不对头。
如若想得千般到，自解忧来自解愁。

这是一个谜语，它的谜底正是"猜谜"。说到猜谜，先请大家猜两个谜。第一个，谜面："为奴舍身看家门，丈夫出门随主人，君子见侬常退去，只怕小人坏侬身。"谜目：打一生活用品。第二个，谜面："一分硬币。"谜目：打一生活用品。

这两个谜的谜底都是"锁"。第一个谜的谜面是一首四句歌谣，这个歌谣音调和谐，想象丰富：把锁身比作妻子，留在家里看家，钥匙拟为丈夫，跟随主人外出，妻子不担心正人君子，因为正人君子看见自己绝不骚扰，却担心小人盗贼，因为他们看见自己就会糟蹋。第二个谜从文字上着眼，谜面只有一个词组，"一分硬币"和锁的特征毫不相干，但是因为"锁"字可分解为小、金、贝，最小的金属货币，当然就是"一分硬币"了。这两个谜中前一个叫谜语，后一个叫灯谜，从这两个谜可以看出灯谜与普通谜语的不同之处：谜语是劳动人民的创作，灯谜是文人创作；谜语是语言游戏，灯谜是文字游戏；谜语的样式是分行的歌谣体，灯谜的样式只是一句话、一个词甚至一个字；谜语浅显易猜，灯谜深奥难懂。灯谜与一般谜语的区别不仅是灯谜在形式上是写在纸上，挂在灯上，更主要的是在内容上，灯谜是一种文化人的文字游戏。普通谜语的谜目只有事物或文字两种，而灯谜的谜目除了物和字之外，还包括诗词文句、人名地名、文学影视名称等若干种。但是，很多时候区分又不是那么严格，普通谜语也被叫作灯谜。

二、灯谜的源流

灯谜起源于春秋时期，当时叫"隐语"或"庾词"，是政客们隐喻影射国君的说辞。到汉代即有了文字形式的隐语，《三国演义》中有一首有名的童谣："千里草，河青青，十日卜，不得生。"《三国演义》虽为元末明初的作品，但是这首童谣在《后汉书·五行志》里已有记载。这是个隐语，也是一首谶谣，"千里草"合起来就是"董"字，"十日卜"合起来是"卓"字，"不得生"就是死的意思，小说中说这首童谣一经传唱，董卓很快就死于非命。

在中国的灯谜史上，东汉末曹娥碑阴的"黄绢幼妇、外孙齑臼"是一条划时代的谜语，因为后世许多人都认为它是灯谜的鼻祖。东汉时期，浙江有一个姑娘名叫曹娥，因为父亲淹死江中，未能打捞起尸体，她悲痛万分，投江自尽。上虞官府为了表彰她的孝行，专门为她修了孝女庙，并立了一块石碑，十三岁的才子邯郸淳文不加点，一气呵成写出一篇碑文。大文学家蔡邕读过碑文后，在碑的后面写下八字批语："黄绢幼妇、外甥齑臼"，意为"绝妙好辞"。原来古代丝绸称"绢"，"黄绢"是带颜色的丝，色丝即"绝"；"幼妇"是年少的女子，少女为一"妙"字；"外孙"是女儿的儿子，女子为一"好"字；"齑臼"是承受辛辣之物的器具，"受辛"是"辞"的古体字。合起来便是"绝妙好辞"四个字，是赞美曹娥碑文写得好呢。

灯谜的正式出现，应该是在宋代。两宋时期，谜与灯结合，成为一种新的艺术形式，灯谜的名称也得到确定。《武林旧事》中说："有以绢灯剪写诗词，时寓讥笑，及画人物，藏头隐语，及旧京评语，戏弄行人。"绢灯上写诗词隐语，戏弄行人，那就是猜灯谜了。大文豪苏轼、诗人黄庭坚、词人秦观、政治思想家兼文学家王安石都是制谜高手。王安石就曾创制一个谜语"画时圆，写时方；冬时短，夏时长"，谜底是"日"。民间还有一个王安石和诗友王吉甫互猜灯谜的故事。王安石出了一谜："左七右七，横山倒出。"王吉甫也以谜语作答，说道："一上一下，春少三日。你谜我谜，恰成一对。"原来王安石的谜语是个"婦"字：左七右七是个"女"字，山字横放，出字倒写是个"帚"字，合起来为"婦"字。王吉甫的谜语是"夫"字：一上一下是"二"字，春去三日余"人"字，合为"夫"，所以吉甫说"你谜我谜，恰成一对"。宋代不仅有大批的文人热衷灯谜，还涌现出一大批职业猜谜家，仅《武林旧事》记载，就有胡六郎等十三位之多。

明清两代是灯谜发展的极盛时期，明人马苍山首创了中国最早的谜格"广陵十八格"，谜格的出现标志着灯谜已发展到成熟阶段。明清时期先后出现了一批由文人辑录或创作的谜语书籍，如戏曲家冯梦龙的《山中一夕话·谜语》《黄山谜》，书画家徐渭的《徐文长逸稿·灯谜》，文学家张岱的《快园道古·灯谜》，有谜坛宗匠之称的黄周星的《八咏楼新编灯谜》等。清朝谜事活动更加兴盛，《嘉定县志》云："正月十五日为上元节，先数日卖灯谓之灯市……好事者成为藏头诗句悬杂物于几，任人商揣，曰灯谜。"清代诗词小说中也多出现灯谜的叙述和歌咏。

小说《红楼梦》几处谈及灯谜，而且与人物命运相关。第二十二回“听曲文宝玉悟禅机，制灯谜贾政悲谶语”讲的是正月十五元妃获准省亲，回宫后送出灯谜让弟妹们猜，贾母、贾政带领宝玉和大观园众姐妹制作灯谜，一共十个灯谜，每一个人制作的灯谜都是自己命运的谶语，探春创制的灯谜是“阶下儿童仰面时，清明妆点最堪宜。游丝一断浑无力，莫向东风怨别离。打一玩物”，谜底是风筝，断线风筝正是探春远嫁难归命运的写照。许传壬《成都年景竹枝词》云：“元宵灯谜妙无方，十字街前贴数张。几度费心猜得破，赢来多少好槟榔。”明清时期，以文化人与知识阶层为创作主体，侧重文意演绎，讲究别解为特色的“文义谜”即灯谜，彻底与民间歌谣式的“谜子”分道扬镳，成为一门内容丰富多彩、体格法规完备的独特文艺品种。至清末民初，政治上的大动荡、科举制度的没落，使得许多文人感到才华无处施展，纷纷把主要精力转化在灯谜这种文字游戏上而自娱，大量脍炙人口的灯谜佳作涌现。

灯谜是集知识性、趣味性于一体的文化娱乐活动，即便到了文化生活丰富多彩的现代社会，灯谜都长盛不衰，为群众文化娱乐内容的一部分。曾经有一段时间，电视、报刊、广播都不时播放和刊载新颖灯谜，人们饶有兴味地参与猜谜，估计很多中年人都有在报纸中缝寻找谜底的经历。

三、灯谜的猜制

灯谜是一种智力游戏，祖祖辈辈反复摸索，积累了丰富的猜、制经验，下面列举几种常见的方法。

1. 增损、离合法

增损、离合法是制谜猜谜最为常用的手法之一，它利用汉字可以拆分、拼合的独特性，对汉字偏旁部首、形状笔画进行添补、剪裁、离合，以寻求谜底。增损、离合的方式多种多样，或直接以谜面增损、离合暗示谜底，或由谜底增损、离合以切合谜面，或由谜底谜面各一部分一起离合成谜底，而且增损、离合之法往往结合在一起使用。

先看增加法。增即增补、增加，就是用谜面提示的字素，用增加的方法拼合在一起，以构成谜底。例如“一来就不熟”，猜一字，谜底是

“牛”。“一”加上“牛”为“生”，“生”不就是“不熟”吗？又如“点滴积累学友成”，猜一字，谜底是“字”。“点”和“滴”都有“、”，哪个字积累两个“、”就成“学”呢？当然是“字”。再如“一生为王”，猜一字，谜底是“土”。“一”生出来与土结合在一起就是“王”字。这些例子都是谜面的一部分和谜底加在一起切合谜面的一部分，猜的时候最好倒过来，在最后一个字上下功夫，如“见人点点头”，猜一字，谜底是“一”。这也是用增加笔画的方法制的一个谜：“一”加人，加两个“、”就是“头”，猜的时候最好倒过来在“头”字上做文章，去掉“头”字的两个“点”和“人”，那不就是“一”吗？

所谓减损法，就是谜面文字提示出要减去的部分，余下部分构成谜底。如“向西一直去”猜一字，谜底是“句”。因为谜面文字“向”的左半部分即“西”边的“丨”去掉，剩下的部分就是“句”字了。“俺大人不在”，猜一字，谜底是“电”。因为“俺”字去掉“大”“人”就剩下“电”字了。“半个朋友不见了”，猜一字，谜底是“有”。因为“朋友”两字各去掉一半，剩下的部分组合在一起就是“有”。又如“一落千丈”，猜一字，谜底是“仗”。“千丈”两字并列，“落去”“一”，便是“仗”，这个灯谜利用谜面两个字减损一个笔画，再组合在一起，就成了谜底。再如“背景分明”，猜一城市名，谜底是“北京”。这个灯谜同样最好从最后一个字入手，“明”字是由“日”“月”两字组成，将“背景”二字中的“日”“月”“分”离掉，不就剩“北京”二字了吗？

所谓离合法，是将谜面提供的字素分离、合并，组成谜底的方法。如“自小在一起，目前少联系”，猜一字，谜底是“省”。这是用的“合”法，“自”和“小”合在一起，就是“省”，“目”和“少”联系在一起也是“省”。“带头搞改革”，猜一字，谜底是“丰”。因为将“带”字的上半部分，变化一下，竖过来就是“丰”字，这是用的“离”法。以上两个例子都是比较简单的离合法，有些则略为复杂一些，如“人大改组”猜一字，谜底是“丛”。此谜将谜面文字“大”改动一下，再与“人”组合在一起，就成了谜底的“丛”字了，先离后合。又如“劈岩移山，筑田植柳”，猜一水果名，谜底是“石榴”。“劈岩移山”即移走“岩”上的“山”，便是“石”，这是离法；“筑田植柳”，将“田”植入“柳”中，便为“榴”，这是合法，也是先离后合。

2. 会意法

话说“十谜九会意”，因为汉字有一字多音、一字多义、一义多字的特点，许多灯谜需要循着谜面的文意去领会、联想、推敲，进行同音或同义词的相互置换来探索谜底。会意法灯谜重在“意”上扣合，或正扣，或反扣，或用典扣，或漏字扣，猜起来耐人寻味，是一种热门的猜、制谜法。

正面会意，即顺着谜面文字的意思展开联想引申，探寻谜底，这种顺向思考即正面会意。例如“一星期就会了”，猜《水浒传》中一人名，谜底是“周通”。因为“一星期”即一“周”，“会了”可理解为“通”了。“说话滴水不漏”，猜北京一地名，谜底是“密云”。因为古汉语称“说话”为“云”，“滴水不漏”可以理解为“密”。“婚姻法”，猜一数学名词，谜底是“结合律”。因为“婚姻”可解为“结合”，“法”可理解为“律”。又如“妻子很一般”，猜四字口头语，谜底是“太太平平”，“妻子”即“太太”，“一般”即“平平”。“从春到夏雨不停”，猜三字时间用语，谜底是“下半年”。因为一年四季，春夏半年，“雨不停”，连在一起就是“下半年”。“十五日后多云”，猜一种杂志，谜底是“《半月谈》”。这些谜语都是正面会意，通俗易猜。

反面会意则从谜面文字意思反面着手，根据上下、好坏、黑白、高矮等相反相对的词组引申和联想，寻找谜底。如“读新书，读好书”，猜四字成语，谜底是“不念旧恶”。谜面暗含的意思是“不读旧书，不读恶书”，也就是“不念旧恶”。“拜能者为师”，猜四字成语，谜底是“不学无术”。意思是“不向没有学问的人学习”，扣合谜面。“绝对静止的物体是没有的”，猜四字交通名词，谜底是“东西通行”。即物体（东西）都是（通）运动着（行）的，反扣谜面。另如“集体票请后入场”，猜四字荣誉称号，谜底是“先进个人”；“要言之有物”，猜三字军事设施，谜底是“防空洞”；“美食无需多”猜四字烹调用语，谜底为“味精少许”。这些谜，想通后无不让人恍然大悟，拍手称快。

3. 谐音法

谐音法主要是利用汉字同一读音有多个形、义不同的现象，以此字之音指彼字之形，从而达到谜面与谜底相扣之目的。例如“愤怒的大海”，猜一种广播器材，谜底是“扬声器”。“大海”暗指“洋”，谜面会意为“洋生气”，谐音法扣“扬声器”。再如“音乐之声”，猜古代一民族名，谜底为“月氏”。“乐之”读为一个词，前有“音”，后有“声”以示意，即发“乐之”的声音的词，谜目指定为古代民族名称，只有“月氏”切合。再如“33”，猜一四字成语，谜底为“靡靡之音”。在五线谱中“3”音“咪”，“33”音“咪咪”，谐音“靡靡”，谜底中用“之音”作补足性提示，切合谜面。

4. 象形法

象形法是将字的某个部件、字素的形状想象成生活中物体的形状，据以敷演成谜。如“凸”猜一运动场设施，谜底是“颁奖台”，因为谜面“凸”字的整体形状象形为颁奖台的样子；“远树两行山倒映，轻舟一叶水横流”，猜一字，谜底为“慧”字，因为“丰、丰”象形两行树，“慧”字中间部分象形一叶轻舟，“心”字的三个“、”象形为水流的平坦，这个谜语象形生动，且有诗意；“三人踢球，一人跌倒”猜一字，谜底为“似”，因为“似”字中有一个单人旁和一个“人”，中间的竖钩可以想象成一个倒过来的“人”，中间的“、”象形为“球”。

5. 典故法

典故法制成的谜语需要根据相应的成语典故、寓言传说联想得出谜底。例如“桃花潭水深千尺”，猜四字成语，谜底为“无与伦比”。此谜要根据李白的诗句“桃花潭水深千尺，不及汪伦送我情”来猜。又如“崔颢题诗在上头”，猜电影演员名字，谜底为“李默然”。这个灯谜则要根据一个典故：诗人李白本拟在黄鹤楼上题诗一首，但是因为崔颢曾写“昔人已乘黄鹤去，此地空余黄鹤楼。黄鹤一去不复返，白云千载空悠悠”的名句，李白甚为叹服，感喟“眼前有景道不得，崔颢题诗在上头”，依此事谜底扣“李默然”。

6. 漏字法

漏字法灯谜是选用有规律的词组、成语或常用语，故意地漏去一两个字，暗示谜底，猜的时候需要进行漏字联想，以漏掉的字配合适当的否定词来探索谜底。如“金银铜铁”，猜一地名，谜底是“无锡”；“赤、橙、绿、蓝、紫”，猜一成语，谜底是“青黄不接”；上节提到的春联

“二三四五，六七八九”，即一个谜联，谜底就是“缺衣（一）少食（十）”；“生旦末丑”，猜五字俗语，谜底为“眼不见为净”。

7. 借代法

此法指通过联想，用近义词替代谜面上的某个词或字，通过人名地名、天干地支、五行方位、历史朝代、数字符号、时间季节等的借代，形成谜底，这也是猜、制灯谜中常用的表现手法之一。例如，“天安门上太阳升”，猜一个字，谜底是“景”字：以“天安门”借代北京。又如“端午”，猜一句成语，谜底为“一马当先”：以十二生肖中的“午”代替“马”。“炫”，猜一外国名著，谜底为《红与黑》：以“火”代“红”，以“玄”代“黑”。

8. 问答法

谜面提出问句，谜底作为回答，然而这样的问答并非普通的常识测验。采用问答法的灯谜，一问一答之中充满谜趣，如“为何鼻青脸肿?”，猜交通用语，谜底为“打的”。谜面是问脸怎么肿了，回答说是被“打的”，风趣幽默。“功课不好怎么办?”，猜四字物理学科，谜底为“应用力学”。用力学，功课就好了，回答很有道理。“孟母因何要三迁?”，猜佛教词语，谜底是“舍利子”。孟母择邻而居，房舍的选择原则是对孩子教育有利。“李下缘何不整冠?”，猜四字哲学名词，谜底是“因果关系”：因为“瓜田不纳履，李下不整冠”以避嫌疑。“为什么要控制人口增长?”，猜一成语，谜底是“多难兴邦”：人口太多了难以让邦国兴旺。“春花秋月何时了?”，猜两个节气名，谜底为“夏至、冬至”。谜面出自南唐李后主李煜《虞美人》：“春花秋月何时了，往事知多少?”但是此处并不用词意，而是按字面解为春花秋月何时了结，那就是夏天到了、冬天到了的时候，所以谜底猜“夏至、冬至”。“钢铁是怎样炼成的?”，猜湖北一城市名，谜底是“大冶”：钢铁的炼成需要经过长期艰苦的冶炼。

9. 计算法

计算法是一种利用数学的加、减、乘、除等思维方式猜制灯谜的方法。例如“一鞠躬二鞠躬三鞠躬”，猜一时令俗称，谜底为“礼拜六”。谜面“一鞠躬二鞠躬三鞠躬”加起来一共鞠躬六次，就是“拜”了六下，所以猜“礼拜六”。“三男邺城戍，二男新战死”，猜一计划生育名词，谜底为“只生一个”。这是杜甫诗《石壕吏》里的句子，本意是三儿子戍边邺城，二儿子最近战死，但此处“不作本意商”，直接做减法，三减去二等于一，结果是“只生（活）一个”。

四、灯谜的价值

有华人的地方就有汉字，有汉字的地方就有灯谜。灯谜自古至今，举国上下、内陆海外盛行，男女老幼、高低贵贱参与，是一种生命力旺盛的民间艺术。民国小说家、谜家徐枕亚于《谈虎偶录》里说灯谜“无文章之用，而撷其精华；无诗词之功，而深其趣味。此盖宇宙间灵机之偶泄者，人籁亦天籁也”。

灯谜是聪明人的艺术，也是使人聪明的艺术。灯谜是一种智力活动，所谓谜贵别解，方显谜味。猜灯谜时需用到增损离合、正反会意、巧妙联想诸多方法，充分锻炼人们的形象思维、归纳演绎思维、发散思维、逆向思维等创造性思维能力，猜谜能激发大脑，开启智慧，因此猜灯谜不仅是一种游戏，更是一种大脑保健操。

灯谜是有趣的艺术。趣味是灯谜的灵魂，浓厚的趣味性令众多灯谜爱好者一入“谜”途，乐而忘返。碰到一个难猜的灯谜，往往让人茶饭不思，绞尽脑汁，但是一旦破解，马上就会产生“众里寻他千百度，蓦然回首，那人却在灯火阑珊处”那种惊喜莫名的感觉，这种茅塞顿开式的灵感凸现，急起直落，令人回味不已。

灯谜是百科丛书式的艺术。灯谜所包甚广，天地古今，事事物物，形形色色，无所不备，都是为谜的资料。各种社会科学和自然科学的知识，都可以通过某种艺术手段嫁接到灯谜中来。必须博览群书，通晓天文地理、诗词典故、文章辞赋、科学知识才能不被“谜”倒。

灯谜融知识性、趣味性和艺术性于一炉，这正是它流传千古，并且在今日仍具有顽强生命力的原因。

年画、春联、灯谜，这些和春节相伴相生的民间艺术，丰富了人们的心灵，充实了人们的生活，是长江文明的重要组成部分和不可忽视的精神财富。

第十章　传承发展：长江流域春节民俗的价值与保护

经过几千年的传承发展，春节成为中华民族参与度最高、庆典最隆重的节日，也列入了国家非物质文化遗产名录。作为一年之始的标志化节日，春节不仅象征天地自然和人生的节点，而且通过人们的集体参与催生出丰富的春节文化，凝练了天人合一、国泰民安、家庭和睦、人人幸福等文化精神内核。春节是一个蕴含丰厚的文化系统，包含了中华民族在长期历史发展中形成的观念、信仰、风俗、传统等内容，是中华民族历史经验和精神智慧的集中体现。春节对于中国人的价值和意义极其重大，如何挖掘、整理、保护、传承春节文化，是一个时代课题。

第一节　长江流域春节民俗的价值

过去，在民间流传着“小孩盼过年，大人望种田”的说法，意思是孩子们总是望着“过年”，因为“过年”的时候有许多好吃好喝好玩的东西，而大人们最关心的则是四季的耕作和一年的生计。如今，虽然大多数中国人的生活“天天都像过年”一样精彩，传统节日时筹备年货的繁忙、热闹气氛失去了实际性的价值和现实意义。但是不可否认，根植于历史文化和生活习惯的传统节日，不仅仍是我们日常生活的重要组成部分，而且其蕴涵的民族情感和人文精神，早已融入我们的血液中，成为我们的存在方式和文化象征。

一、天人合一的时间认识依据

中国是一个有着悠久历史和厚重文化的文明古国，农耕文化、游牧文化和海洋文化在中国历史发展过程中发挥过特殊的作用，各种文化相互碰撞、相互融合、长期共存，使多元一体的中华民族形成了内容丰富、形式多样、功能齐全的节日文化。节日是相对于常日而言的，是古人通过天候、物候和气候的周期性转换观察与把握而逐步约定成俗的。中华传统节日，可以说是感自然节律而起，孕人文精神而丰。它从历史长河中走来，在天人感应、天人和谐的主导观念中氤氲化育，在不断融入中外古今人文内涵和富有人文精神的故事中脱胎换骨。春节作为最具全民性、稳定性和持续性的中华传统节日，其意义不仅在于自然事件的四季循环，更在于人文时间的精神内核。

1. 周而复始的时间

中国年的起源和农业生产以及推算年、月、日的天文历法密不可分。“百节年为首”，春节是中国的第一大节。“年，谷熟也。”年，是一个象形字，最初的写法是一个沉甸甸低着头的谷穗。春节是自然节律、庄稼周期和劳动作息的综合反映。

虽然，在民间传说中，“年”是一种为人们带来坏运气的动物：“年”一来，树木凋敝，百草不生；“年”一过，万物生长，鲜花遍地。但是，这种与生产劳动相关联的时间动物“年”，显然是具有相当丰富的文化内涵和历史积淀的，在长期的民间口头传说和形象构建中，创造了内涵丰富的年文化，大大增加了中国时间文化的人文厚度，使中国年不仅具有神圣的上天性，也具有传奇般的人间性。“年”的概念与作物生长的周期性和人类生产劳动的重复性相关，与中国人对四时节气和日月星辰变化规律的认识相关。

2. 人生演进的节点

春节是一年中最盛大、最隆重、最热闹的节日，自古以来受到人们的高度重视和热烈欢迎。春节是一个人人必经的重要关口，是一个新旧交替的标志符号，具有一般岁时节日所不及的调整百姓生活节奏和文化心理的功能。从时节上看，从除夕之夜到第二天的元旦，便是“一夜连双岁，五更分二年”。这一夜的子时已过，就意味着“田增五谷人增寿”，今与昔大不相同，不是同日同年而语了。“爆竹一声除旧，桃符万户更新”，一元复始，并非简单的周而复始，而是万物复苏、万象更新的气象。

由于年节是新旧更替的标志，人们又会从中领悟到人生的成长，人们会虔诚地感受到：虽是“年年岁岁花相似”，却更有“岁岁年年人不同”的体味，在新旧更替的自然变化中，增添了“多吃了一年饺子”的人生经验，从而有了“四十自成岁”的人生洗礼和启迪。先秦时期，孔子曾发表年龄与人生成长历程之间关系的至理名言：“吾十有五而志于学。三十而立，四十而不惑，五十而知天命，六十而耳顺，七十而从心所欲不逾矩。”道出了每一个人的心理成长与生理年龄的密切关系。其中，这个生理年龄的获得，正是年节这一节庆符号所赋予的。

二、丰富多样的文化展示平台

从世界范围来看，节日及其相关庆典活动都有着丰富而特定的意义，“在庆典仪式上，人们常用丰富多彩的表演和式样繁多的装潢艺术手法，来表达内心的喜悦和富有创造性的想象力”[①]。同样，在历史悠久、热烈隆重的中国春节中，历代中国人更是充分展现和动用了自己的聪明和谋略，创造并确定了丰富而特定的春节符号。包括春联、旱船、长龙、爆竹、年画、窗花、饺子、年糕等喜庆娱乐类符号，门神、桃符、屠苏酒、五辛盘、椒柏酒等驱邪祛病类符号，香案、纸钱、灵位等祭祀纪念类符号。这些春节符号，传达了敬神祭祀、求吉纳福、辞旧迎新、欢乐喜庆等民俗内容，表现出特定的春节文化精神。

1. 亲人相聚的团圆文化

中国人具有浓郁的家国情怀，有家才有国，家是小的国，国是大的家，家是中国人心灵的港湾和情感归属地，与家人团聚，享受天伦之乐成为每个中国人的理想追求。除夕之夜围炉守岁，一家人围坐在炉火旁

① 理查德·M·道森：《庆典中使用的物品》，载［美］维克多·特纳编《庆典》，方永德等译，上海文艺出版社，1993，第32页。

游戏娱乐，亲切交谈，这样的场景，兴许是印在我们民族骨髓里最简单而又最具吸引力的幸福生活图示，有这样的图示，团聚就成为一个目标，团聚也成为一种伦理、一种动力。家是中国人的“圆心”，每逢春节，无论身在何处，都要千里迢迢往家赶，不论是为宏图事业远涉重洋的游子，还是为了生计奔波流动的农民工，不论“有钱”还是“没钱”，“回家过年”仍是中国人内心最深切的期盼。一年的辛劳，为的也是春节能与亲人更好地团聚，“一年不赶，赶三十晚”，因为家里有妻儿父母、兄弟姐妹，家乡有祖先庐墓和牵扯不断的乡土乡情。

春节期间，平日里紧张工作的人们终于可以获得短暂的放松，离开纷争功利的社会，回到宁静单纯的非功利氛围中，家人、朋友、师长、同学，便是非功利圈内的成员。在这个非功利圈内，人们能够找到古老而常新的人间真情，每一个人内心深处似乎已经沉睡的情感被唤醒，人们变得宽容豁达、乐观积极。拜年是自古就传承下来的春节文化传统，也是人们加强交流、增进感情的重要手段。过年期间，人们盛装出门，亲戚互访，朋友相会，邻里同贺。亲朋邻里之间相互拜年，重复强调了乡土社会人与人之间的亲友关系，体现的是一种更大范围内、更多层面上的团圆意识。

尚圆的观念贯穿了中国人的哲学思维和审美趣味。由于对“圆”的崇尚，春节团圆成为中国人执拗顽强、永不消退的文化情结。春节是旧的一年完满终结，是新的一年即将展开，喜欢圆满的中国人必须以“圆”的姿态团聚在一起。

2. 张弛结合的娱乐文化

对于长期处在农业文明的中国人来说，传统春节自然是人们尽情享受生活乐趣、细心品味人生意义以及沟通人我关系的绝佳时机。农忙时节，人们迫于生活的压力，只得专心于日常劳作，春节则是一年收获之后、春播之前的闲暇时光，是紧张劳作之后难得的休息和轻松时刻。在此期间，人们结灯彩、猜谜语、舞长龙、跑旱船、唱大戏，尽情狂欢。人们通过这些活动益智健身、储备体能、愉悦精神，以应对接踵而来的繁忙劳动生活的挑战；也在这些活动中同心同德、群策群力，加深感情。春节是中华民族最大的狂欢节日，从腊月初八到元宵节，持续时间长，参与面积广，人们不分老幼、尊卑、性别，广泛参与集体宴饮、歌舞、游行，在各种游艺展演会上相拥成伴、驻足观赏、放声叫好、慷慨助演，在娱神、娱人、自娱中舒展身心、放飞精神，在表演和观赏之中构筑起充满感性生命力、自在生活的场域。春节期间这种忘我的狂欢活动可以洗去日常生活中辛苦、单调劳作的烦忧，释放俗世生活久被压抑的心理郁积，感受生命的畅快和人生的飞扬美好。

3. 寓意丰富的吉祥文化

中国文化是尚吉的文化，古人创造了一系列吉祥动物、吉祥植物、吉祥人物、吉祥符号，这些日常的吉祥事象充分体现了中国人的尚吉心理。春节作为国人最为重视的重大节日，更是充满寓意丰富的吉祥文化。

从饮食方面来看，春节的食俗最为丰富，最具象征意义，腊八粥、屠苏酒、团年饭、饺子、年糕和元宵，这些节令食品绝不仅是果腹充饥的食物，而是一种心理，一种寄意，一种文化。人们相信，腊八粥有驱疫、辟邪、繁荣、昌盛之功，年糕是“年高年高年年高，一年更比一年好”，饺子象征元宝与财富，元宵寓意完满与团圆，鸡、鱼意味着“吉庆有余”。

从节日艺术符号来看，春联和年画不仅是节日的装饰品，更有丰富的吉祥寓意。春联大红的色彩，讲究的词句，承载着人们对福禄寿喜财的期盼。喜庆吉祥永远是年画的主题，群仙赐福、龙凤呈祥、新春大吉是年画的表现内容。还有窗花、“福”字，无一不是吉祥文化的载体。

4. 生动鲜活的审美文化

春节是亲族的大团聚，美食的大荟萃，更是艺术的大展演，是民众审美心理、审美趣味、审美风尚的集中呈现。人们年复一年地反复制作、展示和使用丰富而特定的春节符号，自然形成了审美趣味，有了审美能力和审美追求，春节节日符号的创造、制作、呈现、使用大都遵循和谐、对称、方圆、规矩等美学原则，有的还依托了夸张、比拟等艺术手法。

春节符号制作不仅能培养人们的审美意识，更能提升人们的审美技能和艺术实践能力，为春节文化和相关非物质文化遗产传承发展奠定活态基础。比如贴窗花，人们在清扫、洗刷、净化人居空间后，全家老少聚集在一起，从选材、设计到剪裁、张贴，整个过程不仅营造了浓厚的节日气氛，也普及了剪纸技艺，培养了人们的审美能力。再如写春联、贴春联，有条件的家庭自己准备材料、选定内容，书写、张贴春联，没有条件的家庭，或购买一副内容贴切、形式优美的春联，或邀请民间贤达到家书写春联，讲解春联艺术和故事，这样不仅可以加强文化教育，也能提升人们对书法艺术的欣赏力，促进春节文化理念的传承发展。

三、族群认同与秩序维护纽带

春节是中华民族共有的、历史最悠久的传统节日，每一个中国人都把过年看得特别重要。无论男女老少，无论富贵贫贱，无论身在何处，人们都会以特定的方式庆祝这个盛大的传统节日，分享过去一年的收获和喜悦，展望新一年的期许和美好。周而复始的春节活动不仅能增进人们对亲人、家庭、故乡、祖国的情感，也能加强人们的民族认同、国家认同意识，还能建立行为规范，维护人伦秩序。春节是人们表达情感、增进认同的媒介，也是维护社会规范与秩序的纽带。

1. 情感表达与族群认同

自古以来，中国人讲究家国情怀、重视家庭观念，视国家、集体为大家，自我家庭为小家，无论大家小家，家都是心灵的港湾、情感的归属地。过年是家人团聚的时刻，是中国人的精神牵挂，过年的一系列仪式活动更是人们精神的抚慰和情感表达。年节仪式增进了家人的交流，促进了家庭的团结，凝聚了家族的力量，具有重要意义。

文化是一个民族的心理、趣味、知识、信仰、价值、道德、风俗、习惯的综合构成，“它关涉到人们观察和解释世界、组织自身、指导行为、提升和丰富生活的种种方式……”①，从而成为人们认识世界和改造世界的指南。节日文化是一个民族生活文化的集中体现，节日的仪式是最具有保持和传承社会记忆功能的文化积淀和遗存。过年中诸多仪式的活动及展现，既是物质的，又是精神的，整个春节流程中包含着一系

① ［加］夏弗：《文化：未来的灯塔》，Twiekenhan：Adamantine Press，1998，第 41 页。

列民俗事象：吃腊八粥、敬灶神、扫扬尘、备年货、“洗疚疾”、剃年头、写对联、贴窗花、放鞭炮、吃团年饭、守岁压岁、闹元宵等。这些民俗组成了过年的仪式，使得春节的意义形象化和具体化。仪式蕴含着丰富的文化功能，正如美国社会学家坦姆比亚所说：“仪式是一种文化建构起来的象征交流的系统，它由一系列模式化和程序化的语言和行为组成，往往是借助多重媒介表现出来，其内容和排列特征在不同程度上表现出礼仪性的（习俗），具有立体的特征（刚性），凝聚的（融合）和累赘的（重复）特征。”① 春节中一系列有别于日常生活行为的特殊仪式，强化了人们的家族认同、宗族认同感与民族认同意识。

2. 社会规范与秩序维护

社会规范具有法律、纪律、道德和民俗四个层面，春节作为一种民俗，是一种更深层的行为和意识规范。春节期间人们的饮食起居习惯、言语禁忌风俗、行为交往模式都遵循着一定的规则，人们在无意中一致遵守春节民俗对自己的软控制，从而达成生活的共识，形成社会的和谐。

中国传统家族观念根深蒂固，宗法制度构筑了中国社会基本结构，社会规范和人伦秩序也在具体的家族、宗族中建立和展开。春节的一系列活动和仪式包含着规范和秩序，人们在年节中纪念先人、祭拜神灵、尊敬老人、关怀幼弱，在年节中不经意地践行长幼有序、尊卑有别、神人和谐。以拜年仪式为例，春节拜年具有一套十分讲究的礼俗，人们虔敬地拜天地、拜祖先、拜长辈，开心地拜亲戚、拜邻里、拜朋友，这样具有相对固定形式的仪式，将人们和祖先、社会联系起来，既是一种情感的表达，也能起到和睦与巩固族群关系、修复与牢固社会关系的作用。

四、文学艺术的创作源泉

作为中国人一年中的第一个也是最大的节日，春节一直是文人墨客

① ［英］菲奥纳·鲍伊：《宗教人类学导论》，金泽、何其敏译，中国人民大学出版社，2004，第178页。

抒情感怀的对象，是文学艺术创作的源泉。关于春节的诗词歌赋，辞彩华章，可谓汗牛充栋，究其主题，或悲观或乐观，或抒情或记事，不一而足。

1. 岁月的感怀

中国春节历史悠久，不同时期、不同环境的春节都会产生不同心境的文艺作品，历代文人墨客留下了诸多关于春节的艺术篇章，因为春节的岁时性特征，对岁月的感怀成为春节文学的一个首要主题。宇宙永恒，生命短暂，一年一度、新旧交替的春节，给人印象最深刻的是对于时间的感受，多愁善感的文人自然会借机抒发，油然感喟，这种时间易逝的感慨往往又与客居思乡、身病老迈、蹉跎岁月的悲观情绪交织一起。

因见除夕之夜家家户户灯火通明，欢聚一堂，而自己却身居客舍，远离家人，两相对照，不觉触景生情，高适写下《除夜作》："旅馆寒灯独不眠，客心何事转凄然。故乡今夜思千里，愁鬓明朝又一年。"除夕之夜，羁旅寒灯，故乡千里，生命有限，愁鬓添霜，作者将这些凄然感受放置在具有欢乐色彩的除夕之夜，起到倍增的艺术效果。文天祥在人生最后一个除夕之夜，一改"天地有正气"的豪迈和"留取丹心照汗青"的慷慨，用冲淡、平和的语气写下《除夕》："乾坤空落落，岁月去堂堂。末路惊风雨，穷边饱雪霜。命随年欲尽，身与世俱忘。无复屠苏梦，挑灯夜未央。"表达了大英雄欲与家人共聚一堂欢饮屠苏酒过新春的愿望，体现了丹心如铁的男儿钢铁意志之下的柔情刹那及肉身的真实性。

以"除夕""元日"等为题目的诗作当属唐代为多，这与诗歌发展到中唐，原本以山水意象为主体的近体诗一变而为摹写日常生活的人文诗有关。唐代诗人中，当属白居易春节题材诗句最多。白居易写于四十八岁的《除夜》："岁暮纷多思，天涯渺未归。老添新甲子，病减旧容辉。乡国仍留念，功名已息机。明朝四十九，应转吾前非。"诗人用个体化的语境书写春节感慨，表达了"天涯渺未归"的普泛悲哀和"岁暮纷多思"的共同感受；写于五十二岁的《除夜寄微之》："鬓毛不觉白毵毵，一事无成百不堪。共惜盛时辞阙下，同嗟除夜在江南。家山泉石寻常忆，世路风波子细谙。老校于君合先退，明年半百又加三。”写出了白居易与元稹“一事无成百不堪”的共同人生经历。写于五十九岁的《除夜》：“病眼少眠非守岁，老心多感又临春。火销灯尽天明后，便是平头六十人。”诗人还在感叹岁月。写于六十七岁的《三年除夜》：“晰晰燎火光，氲氲腊酒香。嗤嗤童稚戏，迢迢岁夜长。堂上书帐前，长幼合成行。以我年最长，次第来称觞。七十期渐近，万缘心已忘。不唯少欢乐，兼亦无悲伤。素屏应居士，青衣侍孟光。夫妻老相对，各坐一绳床。”则洋溢着节日的欢乐和生命仍然存在的恬然自得，“万缘心已忘”的闲适和“长幼合成行”的惬意。

2. 新春的希望

春节处于新旧交替之时，是生命流逝的标志和人生里程的界碑，最容易引发诗人的生命意识以及对于生命意义的思考，文人们用多愁善感的情怀，留下了诸多著名诗篇。同时，春节又是一个开启人生新篇章的节日，更多的文人墨客借它表达了一种新春的希望和对未来的期许。

王安石的《元日》：“爆竹声中一岁除，春风送暖入屠苏。千门万户曈曈日，总把新桃换旧符。”在热爱生活的诗人笔下，新春充满希望：春风送暖，新桃旧符，日光曈曈，爆竹声声，一派喜庆和欣欣向荣的气象。陆游的《除夜雪》：“北风吹雪四更初，嘉瑞天教及岁除。半盏屠苏犹未举，灯前小草写桃符。”描写了窗外大雪纷飞，诗人独自在屋里饮酒写春联、迎接新年来临的景象，虽没有王安石的《元日》喜庆气氛，但也不失人生兴味。姜夔的《鹧鸪天·丁巳元日》：“柏绿椒红事事新，隔篱灯影贺年人。三茅钟动西窗晓，诗鬓无端又一春。慵对客，缓开门，梅花闲伴老来身。娇儿学作人间字，郁垒神荼写未真。”词人笔下的新年犹如一幅质朴的风俗画，充满事事新的喜悦。更有“旧国当千里，新年隔数更”“寒犹尽北峭，风渐向东生”的词句，表达对新一年的希望与憧憬。

3. 民俗的记忆

有关春节的民俗，较早的记载见于南朝梁宗懔的《荆楚岁时记》，这本记载荆楚岁时习俗的著作中写到庭前爆竹、以次拜贺、进屠苏酒、插桃符等春节民俗。文学作为生活的记录，自然不会漏掉节日民俗的记忆，历代文人诗句中屡屡得见中国春节文化传统的记载。如唐代杜审言的《除夜有怀》："故节当歌守，新年把烛迎。冬氛恋虬箭，春色候鸡鸣。兴尽闻壶覆，宵阑见斗横。还将万亿寿，更谒九重城。"描写了除夜的把烛迎新、宵阑见斗、通宵不寐的守岁风俗以及兴尽闻壶覆的射壶游戏等等。李商隐在《隋宫守岁》诗中说："沉香甲煎为庭燎，玉液琼苏作寿杯。"虽是描写隋炀帝时宫中守岁淫奢的场景，也能看出当时春节隆重和复杂的仪式——燃起名贵的沉香，庭院中火炬灯烛照得一片通明，举起玉液琼浆美酒，来祝贺新的一岁之开始。

五、假日经济的消费动力

假日经济是指人们利用节假日集中购物、集中消费，带动供给、带动市场、带动经济发展的一种系统经济模式。假日经济属于消费经济范畴，其主要特征就是消费，既有休闲与旅游等方面的文化特征，也有人流、物流和资金流等流动与聚合的空间特征。

春节作为我国重大的传统节日，不仅具有丰富而厚重的文化价值，还能极大地促进社会消费、拉动社会经济增长，具有显著的经济功能。每逢春节，全国不仅出现人群、资金、信息、文化的大规模流动，也带动了文化、商业、交通、旅游、电信、金融、餐饮等各行各业的全面繁荣，形成了中国特有的"春节假日经济"。春节是假日中档次最高、时间最长的节日，也是人们最休闲最开心、最愿意花钱的节日。每当春节来临，买年货便成为重要准备活动。在农村，集市贸易空前活跃，商品货物堆积如山、应有尽有；在城市，超级市场、百货商场人头攒动，人人手中大包小包，平时节俭甚至吝啬的人也变得爽快大方，不惜花钱。购置年货品种繁多、内容丰富，食品、时装、家电、数码产品一应俱全。购置年货渠道也是多种多样，既有当地购买，也有外地代购、邮寄；既有实体店购买，也有网店购买。无论是在家过年，还是外出旅游过年，每一个中国人，每一个中国家庭，都在春节这个特殊的时间变成强有力的消费主体。过年时节，老百姓穿新衣、食美食、送大礼、出门游，用现实的购买行为"高调"过年，宣泄新年情感、传递美好祝福，以丰富的物质享受表达对新年的重视、对未来的憧憬，极大地促进了假日经济发展。

第二节　长江流域春节民俗的保护

随着科学技术迅速发展和人们生产生活方式的不断变化，春节文化传承与发展受到了冲击和挑战，春节文化的传承与发展需要不断挖掘民族文化资源，提升其审美价值，增强人们的文化认同、文化自信与自觉，并应理性顺应人们不断增强的文化消费需求，拓宽春节文化传承发展平台，壮大春节文化的自身魅力与生产力。

一、加强春节文化意识，推动春节文化建设

1. 提高认识，启动春节文化建设工程

改革开放以来，我国制定了正确的政治战略、经济战略、外交战略、军事战略，并取得了巨大的成功，但是，在文化上的战略意识还不够。文化是人类社会特有的现象，是各地民众在各自的地理、历史环境中创造的，因而具有鲜明的民族性。近百年来，我国的固有文化大面积流失，中华传统文化在人们心中变得陌生。目前，各级政府和社会各界对中华传统文化十分关注，但是，仍存在认识模糊的现象。有的人对传统文化采取抽象地肯定、具体地否定；有的人则是笼统地肯定、具体地否定。面对外来文化的冲击和自身文化把握意识不强等原因，如何系统梳理中国文化，讲好中国故事，做出科学阐述，须将传承和发展中华传统文化当作新时期文化建设的重大工程来抓。

春节文化是中华文化的重要组成部分，将其纳入全局性的国家文化战略，既是对春节传统文化的保护和传承，也是弘扬中华传统文化的重要举措。启动春节文化建设工程需要从国家意识形态视角思考春节文化工程建设的意义。国家文化战略的关键在于准确把握文化建设与经济建设、政治建设的关系，从国家意识形态上理解文化安全和文化发展，为打造高端的文化作品和时代经典、树立国家文化形象、形成国家对外交流主体地位奠定基础。中国春节具有悠久的历史和深厚的文化底蕴，影响面广，根植于中国人内心，把春节文化纳入国家文化工程，不仅具有

深远的理论意义，也具有重要的现实意义。

2. 加强引导，强化春节文化传承保障

党的十八大明确指出，经济建设、政治建设、文化建设、社会建设和生态文明建设“五位一体”是中国特色社会主义伟大事业的总体布局。“五位一体”建设的全面推进、协调发展，才能形成经济富裕、政治民主、文化繁荣、社会公平、生态良好的发展格局。其中，文化建设作为总格局的灵魂，离不开经济建设的基础性支持和政治建设的组织保障，特别是离不开有关文化建设和发展的法律制度建设。文化的法律制度建设，既是中国特色社会主义法律体系不可或缺的重要内容，也是中国特色社会主义文化建设的重要保障。社会主义文化事业的健康发展、社会主义文化大发展大繁荣，都需要政策指引和法律保驾护航；人民群众的基本文化权益，需要立法来确认和保障；人民群众文化消费行为和文化产业发展，需要通过法律法规来进一步规范；各级政府在文化建设中的责任，需要相关法规政策加以明确和强化；春节文化保护和传承，需要相关政策的扶持和支撑。目前，我国文化领域立法相对滞后，从国家层面来讲，只有《文物保护法》、《著作权法》、《非物质文化遗产法》和《全国人民代表大会常务委员会关于维护互联网安全的决定》、《全国人大常务委员会关于网络信息保护的决定》等法律法规，其中，上述“三法两决定”对春节文化保护和传承的规定也不多，执行难度较大。从地方行政法规和部门规章来看，虽然有一些相关规定，但是，少数法规制度还存在着调研不够，内容脱离现实甚至相互抵触，在实际工作难以贯彻执行或出现“依法打架”等现象；一些部门规章更像政策性文件，只有原则性要求，没有具体的行为规范，没有违反规定应承担的责任和处罚性条款，在实际工作中往往无所适从。因此，从国家层面来看，需要从春节假日时间、春节文化产业发展等方面给予制度性保障。从地方层面来看，需要结合地域性特点，从春节文化符号、仪式活动等方面，建立和完善科学可行的政策法规，立章建制、加强引导、规范管理、科学运行、大力扶持，确保春节文化传承发展工作的健康有序进行。

强化春节文化传承保障还需要建立健康向上的春节文化消费式传承

发展氛围。虽然文化传承是一种自觉行为，但是从某种意义上讲，它更是一种社会强制。这是因为，每一个人一生下来就会处在某个社会群体中，成为该社会的一员，这是人的社会本质属性。正因为这种社会属性的存在，才使得人们必须以一定文化为背景，或浸沐在一定的文化氛围中，下意识地承袭这种文化，自觉地把这种文化传给后代，形成一种基因复制式的社会强制，这便是文化传承发展的传统方式。在一个地域或一个民族的文化传承过程中，每个社会成员正是在传承共同的民族文化而成为这个民族成员的。随着社会发展和科技进步，这种社会强制并非一成不变，在生存环境改变或多元文化影响下，人们往往会形成新的文化价值选择，文化传承的社会强制作用也会失效。因此，大力营造春节文化消费式传承发展的良好环境，是促进春节文化传承发展的关键。

3. 加快公共文化事业建设，夯实春节文化发展基础

文化是民族的血脉，是人民的精神家园。春节文化传承发展，需要通过扩大春节文化消费，增强人们的文化认同，培养人们文化自觉和文化自信；需要通过深化文化体制改革，加强公共文化体系建设，弘扬中华文化，推动社会主义文化大发展大繁荣，建设社会主义文化强国。其中，加强公共文化服务体系建设，是推动春节文化传承发展的基础，它不仅有助于满足人民群众基本文化需求，保障人民基本文化权益，提高人们文化素养，而且能为春节传统文化的传承、发展创造良好的体制和载体。

公共文化服务包括物质性的公共文化设施、非物质性的公共文化服务意识和服务体系，它是地区文化系统的基本组成部分。发展公共文化服务，加强春节文化消费式传承，首先，需要进一步完善现有财政政策，积极解决公共文化服务建设的政府主导性投入问题。一方面，要进一步强化公共文化服务建设的政府主导责任，明确量化公共文化服务投入份额和增长幅度。公共文化服务投资主体是政府，2007 年《中共中央办公厅国务院办公厅关于进一步加强公共文化服务体系建设的若干意见》明确要求："中央和省级财政每年对文化建设的投入增幅不低于同级财政经常性收入的增幅"，要"从城市住房开发投资中提取 1%用于社区公共文化设施建设"。2011 年《中共中央关于深化文化体制改革推

动社会主义文化大发展大繁荣若干重大问题的决定》也要求："把主要公共文化服务产品和服务项目、公益性文化活动纳入公共财政经常性支出预算。"这些政策都强调了政府在公共文化服务体系建设中的责任意识。另一方面，要加大中央政府财政转移支付，整合资金，健全公共文化服务体系建设专项资金制度。

其次，要建立和完善地区公共文化服务指标体系。公共文化服务体系建设的根本目的是保障和满足公民的基本文化需求，不断提升文化生活品质。其中，基本文化需求关乎人民群众的基本文化素质，关乎人们的学习能力、生存能力和发展能力，进而关系到一个家庭、一个地区、一个国家的未来。加强地区公共文化服务体系建设，不仅要大力加强公共文化设施建设，科学规划公共文化服务设施的空间布局，改善文化消费环境，营造良好的公共文化服务空间。同时，还要结合本地区经济社会发展实际，以及人民群众文化消费需求特点与发展趋势，挖掘春节文化资源，将春节文化活动与公共文化服务项目有机切合，加强公共文化服务指标体系建设的针对性，丰富文化服务项目，改进文化服务方式，发挥文化服务效能，促进公共文化服务体系建设的均等化、标准化发展，让人民群众既能更好地体验春节文化，也能在公共文化服务体系中分享春节文化带来的红利，在不断增进春节文化对外交流中加以传承和发展。

二、挖掘春节文化资源，弘扬春节文化传统

1. 挖掘春节文化资源，提升春节文化魅力

文化传承是以价值选择与判断为特征的文化动态运行模式，其基本要求是根据主体价值判断和选择作出适时调整，保持相对稳定、模式化的阶段性和时代性的文化特征。由于审美价值是春节文化传承发展的原动力，因此在春节文化传承和发展中，首先需要把握春节文化基因，奠定春节文化传承根基。文化传承的基础是文化消费主体拥有文化消费需求，并乐意接受，依据自我价值判断力选择文化，使之能为社会所接受，而成为世代相沿、促进社会发展的稳定要素。文化传承是各种文化要素的传递，其方式有语言传承、行为传承、器物传承等诸多形式，关

键点是心理传承。这是因为，文化的核心要素是深层的心理结构，各种文化要素受制于核心要素的影响，春节文化传承也是一样，其他形式的传承都受制于心理传承。心理传承是春节文化传承中最为稳定和持久的内容，各种文化传承形式都围绕心理传承而进行，并能最终将其作用反馈到心理传承之中。同时，文化传承又是文化内核与审美价值的传递，它蕴含着文化的选择机制和价值判断。这是因为，任何文化都包含着一种价值，这是文化的内在属性，文化传承是其审美价值不断延续和提升的过程，自然也包含着文化选择属性的传递。文化选择机制是以价值判断为主要特征的，价值判断是文化传承的基础，它不仅与文化选择机制相伴而行，而且还会制约和影响文化传承机制的运作，使文化在传承发展中保持稳定的、模式化特征，文化主体通过价值判断作出合乎时代的选择，从而形成更具阶段性和时代性特征的文化形式。当然，文化选择机制和价值判断的基础在于文化基因与内核的把握。只有准确把握春节文化的基因与内核，才能使人们自觉、自信地接纳春节文化，使春节文化传承发展具有更为强大的推动力。

春节文化内容十分丰富，表现形式也多种多样。概括起来，春节文化大致包括两大类：一类是典籍中传承的春节文化，另一类是生活习俗中流传的春节文化。从其影响面和价值作用来看，“习俗文化”比“典籍文化”的影响更大，其价值作用也更具不确定性，也就是说，对“习俗文化”的传承更需要理性思辨。2013 年 8 月，习近平总书记在全国宣传思想工作会议上，针对性地提出了“四个讲清楚”的重要指示，为我们正确对待中华传统文化、加强春节文化传承发展指明了方向。因为，春节文化是中华传统文化的重要组成部分，包含着中华民族最根本的精神基因。我们必须挖掘好、保护好、利用好这一宝贵财富。只有沿着历史的脉络，把中华文化的传统和优势讲清楚，把春节文化的审美价值讲清楚，才能坚持古为今用，去粗取精、去伪存真，经过科学的扬弃使之为我所用。“四个讲清楚”的关键在于准确把握春节文化基因，并能够指导人们对春节传统文化基因“理清楚、学清楚、讲清楚、用清楚”；“四个讲清楚”为更好挖掘春节文化资源，彰显其审美特性，提升其审美价值指明了方向。

其次，需要不断彰显民族文化的审美特性，使其融入文化消费之中。春节文化的审美特性，是在充分挖掘其文化资源基础上，根据其自身特点，通过生动形象的充分展现，春节文化给人以审美感染，使人们从中获得愉悦和幸福，并不断提升精神境界的文化属性。在消费时代的今天，由于大规模的商品消费正在逐步改变人们的生活内容和方式，也在不断改变着整体性的文化传统，人们不由自主地陷入对名利的追逐与攀比中，许多优秀的、固有的传统价值取向也被盲目而理直气壮地摒弃与践踏。春节文化只有真正展示自身的审美特性，体现出时代文化信仰，为广大民众文化消费提供丰富的营养和独特的审美价值，才能促使消费主体接纳和认同，为春节文化创新和发展提供坚实的生存基础。春节文化只有回归到人民大众的文化消费之中，拥有坚实的生活基础和广阔的生活场域，才能更显其绚丽的色彩。扩大春节文化消费份额，提升人们对春节文化消费体验，不仅能促进民族文化事业的蓬勃发展，也能增强春节文化的审美再生产能力，不断提升春节文化的审美价值，更好地满足人民群众不断发展的、多元的审美需求和审美偏好。

2. 加强引导，提升人民群众春节文化生活品质

满足人民群众文化消费需求过程，其本质是在社会主义核心价值体系引领下，不断丰富人民群众文化消费内容、规范文化消费行为、提升文化消费技能、提高文化消费质量的过程。文化消费内容质量好坏，不仅直接影响着人民群众的文化消费品质，也关系着文化建设与价值作用的发挥。提升人民群众的文化消费品质，一方面需要发挥社会主义先进文化的引领作用，使之能与人民群众的春节文化生活紧密结合，提高人民群众的春节文化生活水平。另一方面需要挖掘春节文化资源，贴近人民群众生产生活实际，开发创新人民群众满意的春节文化消费内容。因为，春节文化是人们在长期生产生活实践中形成的生活知识、能力和习惯，具有一定的区域性和时代性。随着社会的进步发展，春节文化的审美价值需要不断提升，只有这样，才能进一步繁荣和发展春节文化，增强春节文化消费的吸引力和感染力。

我国是一个统一的多民族国家，地域辽阔，地形复杂。受自然、地理等非经济因素影响，形成了不同的生活习俗和地域情感，对文化消费需求也有不同偏好。由于春节文化来源于本区域人们的生产生活实践，

贴近人们生活，为人民群众所喜爱，是世代相传的区域文化，蕴含着优秀的文化传统和人们赖以生存的文化基因。只有不断创新春节文化形式和内容，立足实际，开发符合经济社会发展规律的高质量、多类型的春节文化产品和春节文化活动，培育吸引力和感染力强的新型春节文化消费形态，才能不断提升人民群众的春节文化消费水平，才能夯实春节文化的传承发展基础。

3. 讲好中国春节故事，传承中华传统美德

春节是展现中华优秀传统文化的典型性场景，许多伦理关系在这里得到确认和彰显。讲好中国春节文化，是讲好中华优秀传统文化、讲好中国故事的具体表现。首先，讲好春节文化中的“尊老爱幼”传统。尊老是中国传统道德的精华。早在周代，周文王每年都要举行一次敬老大典——乡饮酒礼。汉代尊敬老人更是蔚然成风。《汉书·地理志》有“长老不自安，与幼少相让”的记载。康熙帝在自己六十九岁生日时，曾邀请全国七十岁以上老人赴京应宴，几千人参加的“千叟宴”，充分体现“尊老”意识，至今为人津津乐道。春节期间，“拜年”是一幕不可缺少的节日场景，这是“尊老爱幼”这一传统美德的集中体现。在“拜年”这一节日场景中，老人是节庆的核心和主角，是最受人崇敬的角色，由晚辈向长辈郑重行礼，向长辈表达健康长寿、幸福如意的真诚祝愿。老人要给小孩“压岁钱”，以此表达对晚辈的祝福，祝愿晚辈平平安安、顺顺利利。老人受到人们的尊敬，长辈受到晚辈爱戴，既是年高德劭的必然结果，更是中国传统文化中的长幼有序观念的现实反映。

其次，讲好春节文化中“仁爱”传统。“仁爱”思想是儒家伦理的核心，也是千百年来中华民族精神的源头活水。《论语》说：“仁者，爱人也。”“仁”就是爱人，就是要有仁德之心，要尊重他人，关心他人。“仁爱”思想的具体行为准则表现为“忠恕”，采取的实施方法是推己及人，将自身对于生活的美好期盼与情感体验作为基准，推想他人之所需所求，将“爱人”高尚情操逐渐发展为“泛爱众”的社会理想，从而构建一个和谐美好的社会面貌。春节期间，债主不向借债人催债，即便举债在身也能过个安心年，监狱放犯人回家过年，让罪人也得与家人团聚；腊八施粥，更是仁爱之举。这些春节民俗无一不体现中国传统文化

仁义敦厚的美德。

三、保护春节文化生态，放大春节文化效应

春节是建立在农耕文明基础之上的，农业生产生活方式是春节文化传承发展的基础，一直以来，许多春节传统民俗保留在农村，春节节日产品的生产也主要在农村。传承和发展春节文化应当与加强农村文化建设，特别是适应现代农村城镇化发展形势，保护春节文化生态，将春节文化传承发展纳入新农村文化建设之中，不断丰富人民群众的春节文化生活。同时，也要围绕春节文化传承发展和节庆活动开展，加强城市、农村文化的互动交流，促进保留在农村的传统春节民俗在城市得到弘扬和发展，成为推动城市发展的文化软实力；促使城市文化创意和知识信息流向农村，活跃农村文化，真正使春节文化价值在城乡文化互动中得到放大。

1. 构建政府主导、社会参与、市场运作等多方联动的春节发展模式

春节是我国参与面最广、影响力最大的节日活动。营造全社会共同参与、共同分享的节日气氛，是传承发展春节文化的基础。各级政府和社会各方面力量，应该本着“节俭、参与、共赢”的原则，采取“政府主导、社会参与、市场运作”的建设模式，积极倡导社会各界及各类企事业单位投资或赞助的形式，挖掘富有地方特色的春节文化元素，营造具有地区特色的春节文化氛围，创建全员共建、共享的春节文化体验平台，夯实春节文化传承发展基础。特别是应将春节文化与旅游产业相结合，围绕春节黄金周，由政府主导策划内涵丰富、生态休闲的春节文化体验活动。能够将民间艺术和旅游相结合，打造地方民间艺术特色品牌，吸引外地游客到本地旅游过年，这既能起到宣传民间艺术的作用，又能拉动城市经济增长，提升城市知名度。应结合自身资源优势和季节性旅游特点，推出“欢乐祈福游”和“民俗风情游”等旅游活动，实行吃、住、行打折优惠让利政策，吸引游客、聚集人气，放大春节文化体验效应。

2. 构建传统与时尚的多元化过年方式，丰富春节文化表现形式

与时俱进的文化才是先进的文化，多元化的表现形式更是先进文化的重要特点。随着生产生活方式的转变，春假文化和过年方式发生了变化，催生了一系列富有生命力的新型春节文化表现形式。比如，包括电话拜年、短信拜年、网络过年等形式的数字化过年。人们以短信息作为主要媒介的交往方式，逐渐取代了以往的许多交流手段。一些由民间人士创作的短信息成为发送频率极高的“段子”，在亿万人之间流通，感染大众的心灵，沟通人们的情感。又如，随着网络和宽带的普及，人们在过年时通过在线的方式聚在一起过春节，视频聊天。过年的时候，每一个网页都贴上喜气洋洋的祝福话语，每一个虚拟社区里都有各种节日活动，网上既能够“享受”到大闸蟹、鲍鱼等美味佳肴，又能“驾驶”心仪的快车，将全国各地甚至全球旅游景点一“网”打尽——网络贺卡、网上拜年、网络视频，礼尚“网”来，春节简直可以一“网”搞定。再如，健身过年。随着人们健康理念的增强，春节不再是大家聚在一起大吃大喝，围着麻将桌转，而是相约走出家门、离开酒桌，走进体育馆、走向大自然。打球、爬山、滑雪、游泳等多种健身活动成为新的选择，城市的健身中心都在春节期间举行“健康大拜年”和“正月文体活动月”等春节活动。政府可以向大众免费开放公共体育场馆、体育健身公园，让人们能够走进体育场馆感受运动的魅力，过一个健康快乐的新年。此外，还有旅游过年、充电过年。人们利用春节七天长假，一家人在一起享受一次愉快的旅行休闲。城里人自驾休闲，走进乡村体验农家乐趣；农村人进城购物，感受现代都市气息。也有许多年轻人选择利用春节长假进行“充电”，提升自己的工作能力和知识技能。

3. 延长春节假期，为老百姓“过大年”提供充足的时间保障

春节是我国文化传承、合家团聚、探亲访友和旅游度假的首要节日。然而，由于春节放假时间太短，导致一些明显弊端：交通拥挤，春运期间“一票难求”，未能充分发挥春节对促进经济发展的效益；在外农民工因在家时间短，影响家庭和谐，造成离婚率上升等一系列社会问题。正是这些问题的出现，近些年关于延长春节假期的呼声越来越高，人大代表、政协委员在广泛了解民情、搜集民意的基础上，提出了很多

的建议和提案。多数人希望春节放假延长至正月十五。有关网站对“春节假期够不够用”进行网上问卷调查，其中81.1%的网友觉得七天假期不够用，61.3%的网友希望春节长假能放到元宵节。采取灵活形式，适度调整春节假期，已是势在必行。

四、完善春节文化符号，做好春节文化产业

1. 面向文化消费市场，丰富春节文化内容

古往今来，人类社会的进步和文化发展都与市场紧密相连。经济学家把市场比作经济发展的驱动器，对于文化来讲，市场就是文化的一个重要传承场。在市场上，有琳琅满目的生产生活用品，也有民间土特产品、手工艺品、民族饰品等，市场不仅能实现商品的交换和流通，也促进了文化的展示和交流，人们在展示自己的劳动成果、生活方式的同时，展现了自己的审美情趣和精神风貌。文化消费市场繁荣、文化产业发展，为春节文化消费式传承拓宽了渠道。当然，面向文化消费市场，并不是要求春节文化传承发展全面走向市场化，更不是要使春节文化传承成为市场的奴隶，而是要求春节文化传承要有满足人民群众文化消费需求的意识，掌握民众文化消费的兴趣、爱好、特点、行为、能力与质量需求等，依照当地人们的文化消费需求，不断丰富春节文化内容，提升春节文化审美价值。

传统春节文化符号产生于一定的生产生活环境之中，并随着生产生活方式变迁而不断演化和流变，创造出新的活态形式和传承传播方式。特别是伴随着电子技术和商品经济发展，春节文化符号制作工艺、材质、形式以及外在表现都发生不同程度变化，催生出诸多新的春节文化符号。电子印刷的春联，卡通化的生肖图像，电脑刻印的窗花、“福”字等，在快捷、广泛传播的同时，不同程度地消解了原有的底蕴和意味，为春节文化符号传承发展带来机遇和挑战。适应时代发展要求，设计和构建好春节文化符号体系，不仅能保留丰富的春节文化内涵和韵味，坚守春节文化精神、提升春节文化价值，同时，也可以在进一步扩大人们的春节文化符号消费，壮大春节文化符号的经济效能。

当今时代是一个追求产业品牌化，同时也追求品牌产业化的时代。

春节符号作为一个品牌化的产业不断扩张、延伸和输出，形成一个具有经济价值和文化价值的产业链。把春节符号植入相关产品中，制作印有春节符号的商品和商品包装盒或礼品盒，进而能提升商品的文化价值和经济价值。

无数经济学案例告诉我们，市场是一双无形的手，它在资源的配置和利用方面，表现出巨大的效率。但同时，市场又是一头莽撞的牛，它在发展中的盲目性不仅会在经济领域内造成巨大破坏，而且在生态和社会文化方面，也会显示它与生俱来的破坏性的一面。面向文化消费市场，春节文化传承必须要用好市场手段，趋利避害，充分发挥市场在传承和发展春节文化方面的功效。具体来讲，面向文化消费市场，就需要克服外来文化的影响，特别是拜金主义和西方腐朽思想及文化的影响，抵制一些低俗文化、攀比之风、赌博和封建迷信等不良文化消费行为。在准确把握春节文化基因的基础上，不断丰富其文化内容、拓宽其表现形式等，做好春节文化保护性传承和再生性发展。既要能大力培育和践行社会主义核心价值观，又要注重挖掘富有地方特色的优秀民间文化资源，培育植根于地域文化土壤和民众心灵的积极向上的价值观念和人文精神。要按照“面向基层、延伸到村组、与农民群众面对面”的要求，做好春节文化与人民群众文化消费需求“对接”规划，让人民群众乐意接受、自觉参与春节文化消费，在扩大消费中强化对春节文化的保护和传承。

2. 释放文化消费红利，激活春节文化的创新潜能

所谓文化消费红利，是通过人民大众的文化消费活动给文化产品和服务生产者及提供者、文化消费者等带来的全部有益成果的总和，主要包括经济红利和精神红利两大方面。

春节文化具有广阔的消费市场和强大的消费潜能，文化消费红利内涵广、影响大、潜在能力强。春节文化消费既有资源的属性，是传统春节文化资源在市场机制下得到开发与运作的具体表现，可以说是一种经济形态，具有潜力巨大的经济红利；同时，它具有精神和价值属性，给人们带来更多的是精神红利。随着经济全球化和文化多元化的日益推进，春节文化消费面临大众文化消费和现代文明的巨大冲击，处于急剧

转变和消失之中，春节文化的经济红利和精神红利也都受到限制。因此，一方面，需要积极释放春节文化消费的经济红利。通过政府减免税收等优惠政策，鼓励、支持和引导社会各界、民间团体和公民个人等各方面力量兴办春节文化产业，扶持民间特色团队和民间艺人开展春节文化活动，鼓励社会力量创新春节文化符号和春节文化产品，繁荣和活跃春节文化内容和消费市场。另一方面，要大力释放春节文化消费的精神红利。通过政策引导和行政命令，要求各大媒体、出版集团等文化事业单位积极为基层服务，为基层人民群众提供更多、更贴近生活的春节文化产品和服务，加强社会主义精神文明建设；通过提升人们的春节文化消费体验，让广大人民群众在分享春节文化传承发展和公共文化服务建设成果基础上，感受到春节文化消费后的精神愉悦和素质提升，能鼓励和引导广大人民群众自觉投身到春节文化传承和公共文化服务建设之中。

3. 加大春节文化产业发展，增进春节文化传承发展助推力

当今世界，一个国家和地区的发展不仅是经济的发展，其竞争已不再是过去那种单一的资源竞争和力量竞争，而是一种综合的、全面的竞争，并凸显文化竞争的主导地位。经济是基础，没有经济基础作保障，就无法谈论如何追求高品质的文化生活。经济发展为文化消费活动的开展提供物质基础和经济保障；文化消费的增长为经济社会发展提供强大动力。在经济转型的今天，文化产业已成一个国家经济发展的重要引擎，文化消费作为文化产业链上的终端环节，它不仅是文化产业发展的最终目的，也是文化产业发展的现实基础和重要推动力。

文化产业作为知识经济催生出来的产物，深刻地改变了传统的生产方式和产业结构，并作为生产要素时时处处影响着经济和社会发展的进程，在现代社会发展中日益呈现出强劲的发展势头。文化产业越来越受到各国的重视，与文化公益事业一同构成了文化建设的重要内容，被一个地区乃至一个国家上升到战略发展高度。春节文化产业则是一种主要从事春节文化活动和春节文化产品生产、销售、服务等的文化产业类型。春节文化丰富多彩，既有标志性的物质文化，也有特色性的精神文化，春节文化产品自然包括了物质性的春节文化符号，也包括精神性的

春节文化符号。因此，一方面，需要进一步挖掘和利用春节文化资源，在传承春节文化符号核心价值的基础上，不断创新发展春节文化符号形式与内容，并把春节文化符号形式与内容有机地转化到春节文化产品生产和服务之中，彰显春节文化产品魅力和春节文化产业竞争力，在扩大文化消费市场的“活环境”中实现春节文化的传承发展。另一方面，需要结合当地经济社会发展实际，充分发挥春节文化产业资源与当地第一、二、三产业资源的综合优势，特别是发挥文化产业资源的软性力量，构筑和形成与第一、二、三产业融合的综合竞争力，在加快经济建设、政治建设、文化建设、社会建设、生态文明建设“五位一体”协调发展中，为春节文化传承发展奠定坚实的物质和精神基础。

参考文献

著作类

1. 中国民间文艺家协会编，冯骥才主编：《我们的节日·春节》，宁夏人民出版社，2009年版

2. 萧放：《节日里的中国·春节》，天津人民出版社，2023年版

3. 萧放：《传统节日与非物质文化遗产》，学苑出版社，2011年版

4. “民族传统节日与国家法定假日”课题组编写：《中国节典——四大传统节日》，安徽教育出版社，2008年版

5. 顾希佳主编：《中国节日志·春节（浙江卷）》，光明日报出版社，2014年版

6. 忻平主编：《中国节日志·春节（上海卷）》，光明日报出版社，2017年版

7. 周建新主编：《中国节日志·春节（江西卷）》，光明日报出版社，2017年版

8. 王作新主编：《中国节日志·春节（湖北卷）》，光明日报出版社，2019年版

9. 漆凌云主编：《中国节日志·春节（湖南卷）》，光明日报出版社，2019年版

10. 卞利、汤夺先主编：《中国节日志·春节（安徽卷）》，光明日报出版社，2014年版

11. 吴效群、彭恒礼主编：《中国节日志·春节（河南卷）》，光明日报出版社，2014年版

12. 金艺风主编：《中国节日志·春节（四川卷）》，光明日报出版

社，2019 年版

13. 张跃主编：《中国节日志·春节（云南卷）》，光明日报出版社，2019 年版

14.（梁）宗懔著，姜彦稚辑校：《荆楚岁时记》，岳麓书社，1986 年版

15. 李英儒编著：《春节文化》，山西古籍出版社，2003 年版

16. 张志春：《春节旧事》，河北大学出版社，2009 年版

17. 边长庆、闫春生编著：《春节》，吉林文史出版社，2010 年版

18. 曲丹编著：《迎春纳福的除夕》，吉林出版社，2015 年版

19. 史建平、李宪亮编著：《中国年俗文化概观》，朝华出版社，2014 年版

20. 红苇：《神性记忆：中国年》上海人民出版社，2010 年版

21. 黎莹、黎北北编著：《福禄寿禧：中国春节习俗典故》，大众文艺出版社，2002 年版

22. 叶春生：《春俗如歌：广东春节》，广东教育出版社，2010 年版

23. 王树村：《中国门神画》，天津人民出版，2005 年版

24. 王树村、王海霞：《年画》，浙江人民出版社，2005 年版

25. 吴恭亨撰，喻岳衡校注：《对联话》，岳麓书社，2003 年版

26. 李金龙主编：《中华灯谜纵横谈》，北京邮电大学出版社，2015 年版

27. 傅德岷、韦济木、马培汶：《中国八大传统节日》，重庆出版社，2005 年版

28. 韩致中：《新荆楚岁时记》：上海文艺出版社，2001 年版

29. 张晓华主编：《中国传统节日文化研究》，中国青年出版社，2007 年版

30. 中国民俗学会、北京民俗博物馆编，金宏图、李萍主编：《传统节日与文化空间——“东岳论坛”国际学术研讨会专辑》，学苑出版社，2007 年版

31. 张君：《神秘的节俗：传统节日礼俗、禁忌研究》，广西人民出版社，2004 年版

32. 韩养民、郭兴文：《节俗史话》，社会科学文献出版社，2011

年版

33. 胡波、胡全：《循环与守望——中国传统节日文化诠释与解读》，广东人民出版社，2015 年版

34. 杨琳：《中国传统节日文化》，宗教文化出版社，2000 年版

35. 李松、张士闪主编：《节日研究（第 1 辑）》，山东大学出版社，2010 年版

36. 胡幸福：《中华民间崇奉与节日风俗》，宁夏人民出版社，2010 年版

37. 常建华：《岁时节日里的中国》，中华书局，2006 年版

38. 韩养民、郭兴文：《中国古代节日风俗》，陕西人民出版社，2002 年版

39. 杨景震：《中国传统岁时节日风俗》，西北大学出版社，2006 年版

40. 巫瑞书：《南方传统节日与楚文化》，湖北教育出版社，1999 年版

41. 庞丹丹、苏珊：《节日与习俗》，山西教育出版社，2016 年版

42. 罗杨主编：《节日文化纵横》，民族出版社，2015 年版

43. 舒静庐主编：《节日礼仪》，上海三联书店，2015 年版

44. 徐雪辉、单天罡：《节日民俗事象与文学书写》，山东大学出版社，2014 年版

45. 廖冬梅：《节日沉浮问：节日的定义、结构与功能》，广西师范大学出版社，2007 年版

46. 张勃、荣新：《中国民俗通志・节日志》，山东教育出版社，2007 年版

47. 夏日新：《长江流域的岁时节令》，湖北教育出版社，2004 年版

48. 雷学华：《天人同娱：长江流域的岁时节令》，武汉出版社，2006 年版

49. 赵东玉：《中华传统节庆文化研究》，人民出版社，2002 年版

论文类

1. 高丙中：《作为一个过渡礼仪的两个庆典——对元旦与春节关系

的表述》，《中国人民大学学报》2007 年第 1 期

2. 何星亮：《春节文化的特点与功能》，《中南民族大学学报（人文社会科学版）》2013 年第 2 期

3. 张士闪：《春节：中华民族神圣传统的生活叙事》，《河南社会科学》2010 年第 1 期

4. 乌丙安：《中国春节：祭典与庆典严密组合的传统行事》，《江西社会科学》2011 年第 1 期

5. 陈建宪：《春节：中华民族的时间元点与空间元点》，《民俗研究》2010 年第 2 期

6. 陈连山：《春节民俗的社会功能，文化意义与当前文化政策》，《民间文化论坛》2004 年第 5 期

7. 王玲、张克复：《春节文化的传承与创新》，《甘肃社会科学》2012 年第 4 期

8. 潘鲁生：《从春节符号谈文化传承与创新》，《山东社会科学》2012 第 1 期

9. 向云驹：《关于推动春节成为国际性节日的思考》，《江西社会科学》2011 年第 1 期

10. 李俊群：《论春节的传统意义》，《广西民族研究》2007 年第 1 期

11. 刘铁梁：《社会发展与春节文化》，《山东社会科学》2012 年第 1 期

12. 刘铁梁：《身体民俗学视角下的个人叙事——以中国春节为例》，《民俗研究》2015 年第 2 期

13. 萧放：《文化遗产与文化资源——现代语境下的春节习俗意义》，《江西社会科学》2002 年第 2 期

14. 乌丙安：《中国春节：祭典与庆典严密组合的传统行事》，《江西社会科学》2011 年第 1 期

15. 毛巧晖、张歆、杨赫：《非物质文化遗产与节日民俗的资源转化》，《中国非物质文化遗产》2022 年第 5 期

16. 季中扬：《传统节日文化传承与乡村发展——以皖南绩溪县伏岭村春节为例》，《中原文化研究》2020 年第 1 期

17. 萧放、贾琛：《中国传统节日的传承与变革》，《社会治理》2020年第7期

18. 王丹：《传统节日研究的三个维度——基于文化记忆理论的视角》，《中国人民大学学报》2020年第1期

19. 高丙中：《节日传承与假日制度中的国家角色》，《绍兴文理学院学报》2009年第5期

20. 田敏、陈文元：《论民族关键符号与铸牢中华民族共同体意识——以南宁市三月三民歌节为例》，《云南民族大学学报（哲学社会科学版）》2019年第1期

21. 李银兵、段成名：《生活、文化与政治：少数民族传统节日的当代复兴》，《文化遗产》2022年第6期

22. 曹大明、陈颖：《节日文化空间中的民族交往交流交融——以湘西州泸溪县婆落寨跳香节为例》，《中南民族大学学报（人文社会科学版）》2022年第4期

23. 石磊、薛蕾：《从节日影像志看中华民族共同体文化与认同》，《民族学刊》2021年第5期

24. 张勃：《节日的定义、分类与重新命名》，《节日研究》2018年第1期

25. 张勃：《建构时代的中国节日建设》，《民俗研究》2015年第1期

后　记

小的时候盼望过年，是因为记忆中的年总和一些好事情相关：新的衣服，丰盛的食物，可以放在自己口袋过一晚上的一两分钱；父母不仅在家的时间多了，脸上的表情也会比平日放松许多；到处是炊烟袅袅、热气腾腾和奔走的小孩。现在这一切都成了记忆，新衣服虽然还是让人开心的东西，但分外容易得到了；因为担心体重秤上的数字，丰盛的食物已然成了需要尽力抵抗的诱惑；父母随子女进城多年，由于经济条件的好转和年岁的增长，曾经的压力与焦虑也不再写在脸上。除了这些改变，少时过年的喧闹与繁忙、礼俗与热情，恐怕也都只留在记忆里了。

现在已是大人，春节带给自己的不再是期盼和欢喜，更多的是安顿父母子女的责任，是拜望亲友师长的人情，是虚度时日、青丝白发的感喟。再说，如今过年也没有什么特别的，偌大的城市，一到春节差不多成了一座空城，没有烟花爆竹，没有年画门神，没有旱船花鼓，没有狮子龙灯；腊八粥还是喝的，灶神还是祭的，元宵还是闹的，但多半是在微信朋友圈进行。春节的氛围越来越淡，大家都关起门来过自己的年，春节晚会看腻了，红包也不想抢了，在节日的平淡中，让人感受到这个社会的倦怠：对节日的倦怠，对仪式的倦怠，对传统的倦怠，对人生的倦怠。过去的人，虽然物质生活匮乏，但并不消极，忙年过年，迎年颂年，辞年拜年，一切都兴兴头头的，匮乏反而带来生机与活力，物质的丰盈与富足使人不再寄望祖宗，不再迷信神灵，娱乐方式的现代化和多样化使人不再在狮子龙灯中消耗体力，也不再在灯谜、春联中倾注深情。

但是，我们无须怀念过去，更没有必要回到过去，一切的发生都是必然，当下的存在即是合理，今天的人用今天的方式过年，再正常不过。在飞速发展的今天，我们需要轻装上阵，努力前行，但偶尔也应驻足回望，打量滋养我们的文化，知道我们曾经的模样。本书的意图，也许就在于此。

本书是我与贾璐博士合作的结果。感谢贾璐搜集整理相关资料，写作修改相关内容，相信她在过程中定有所得。对我来说，本书是长期教学科研工作的结晶。虽然从本科到硕士，再到博士，我先后学习的是汉语言文学、文艺学、文学语言学，并没系统地学习民俗学。但是，兴趣一直是最好的老师，民俗学或许不算高深，可却带着生活的温度，散发着人间烟火的气息，深深地吸引着我。因为热爱，所以执着。自2008年博士毕业后，我先后给本科生和硕士生开设过“民俗文化学”“民俗文艺学”“中国民俗与传统文化”“田野调查”等课程，在教学中我发现，民俗在生活中的视觉传达与在文学中的文字表现也同样能让时尚的年轻人着迷。这些年，本人所做科研也一直围绕民族、民间、民俗三个关键词来进行。2008年至今，我几乎走遍了南方各民族地区的村村寨寨，充分感受到来自民间和大地的力量，这种力量使我变得更强大，更勇敢，更包容，更平静。2016年，本人的“民族院校民俗文化教学及价值建构”获得湖北省教学研究项目立项（项目编号：2016199），加深了我对民俗学教学和研究工作的结合。2018年，本人的“瑶族传统节日文化创造性转化与传承研究”又获得国家社会科学基金资助（项目编号：18BMZ051），先后在《中南民族大学学报（人文社会科学版）》《人民论坛》等重要报刊发表《利用传统节日提升民族团结进步创建的效能——兼论民族团结进步创建的人文化、实体化、大众化》《传统节日如何促进民族团结进步》等理论文章数篇。本书是在以上研究基础上，对春节文化研究的深入化和具体化。

民俗文化是丰富多彩的文化，民俗学是接地气的学问。我不知道这样的一本书将会去向何处，多半可能在陈年的书架上蒙尘，又或者会有人因为错爱而将它捧在手里，这些都不必去关心。在于我，完成了一个任务，了却了一段心愿，本身就很有意义。

杨秀芝

2023年10月